Band 8 | 2022

Regensburger Land

Der Landkreis Regensburg in Geschichte und Gegenwart

50 Jahre

Landkreis Regensburg

Gemeinsam stark im Landkreis

Herausgeber:

Kommunal Regional Emotional

WIKOM MEDIA

Verlag für Kommunale- und Wirtschaftsmedien GmbH

Herausgegeben in Zusammenarbeit mit dem Landratsamt Regensburg und den 41 Städten, Märkten und Gemeinden im Landkreis Regensburg

WIKOMmedia Verlag
für Kommunale- und Wirtschaftsmedien GmbH
Blaumeisenstraße 9, 82140 Olching
Registergericht München HRB Nr. 216280; USt.IdNr.: DE 298734057

Geschäftsführung:
Peter F. Schneider
Telefon: 08142 4222954 · Fax: 08142 4222955
E-Mail: info@wikom-media.de · Web: www.wikom-media.de

Autoren:
Petra Gürtler, Sabine Hatzfeld und Herbert Scheubner

Redaktion:
Herbert Scheubner

Grafik & Satz:
INWIEDU – Hoyer und Müller GbR
Am Sandberg 10 · 86415 Mering
Web: www.inwiedu.de

Druck:
Druckerei & Verlag Steinmeier GmbH & Co. KG
Gewerbepark 6 · 86738 Deiningen

Bildnachweis Umschlagfotos: Stefan Gruber

Bildnachweise Innenteil: Rechte der Bilder in den Firmenportraits liegen, wenn nicht anders vermerkt, bei den jeweiligen Institutionen und Gemeinden sowie beim Landratsamt Regensburg. Sollten unwissentlich Urheberrechte Dritter verletzt worden sein, wird um Kontaktaufnahme mit dem Verlag gebeten.

Das Buch verwendet das generische Maskulinum, ohne Frauen und Diverse mit ihren geschlechtsspezifischen Interessen auszuschließen oder abzuwerten. Sie sind immer gleichwertig gemeint und angesprochen.

1. Auflage 2022
ISBN 9783949986017

Inhalt

Auf ein Wort mit Landrätin Tanja Schweiger 6

Der Landkreis im Überblick
Der Landkreis Regensburg 8
Zahlen und Daten 9
Wappen des Landkreises 20

Gebietsreform 20
Gebietsreform 1972–1978

Verdiente Bürger 47

Das Aufgabenspektrum des Landkreises
Klimaschutz und Energie 55
Landkreis Regensburg – Wegbereiter in Sachen Klimaschutz und Energie

Wirtschaft 70
Regensburger Land – erfolgreicher (Wirtschafts-)Standort mit Zukunft

Digitalisierung 97
Digitalisierung im Landkreis Regensburg

Mobilität und Verkehr 102
Mobilität im Wandel

Gesundheit 109
Gesundheitsregion^{plus} – Netzwerk für passgenaue gesundheitliche Angebote in der Region

Bildung 116
Bildung im Fokus und angepasst an gesellschaftliche Entwicklungen

Ehrenamt 125
Die Freiwilligenagentur – Ihre Anlaufstelle für „Bürgerschaftliches Engagement"

Regionalentwicklung und -management 132

Tourismus 143
Tourismus und Naherholung im Regensburger Land

Sport 150
„Meister dahoam" – Sport-Meisterschaften im Landkreis Regensburg

Kultur 156
Kultur erleben im Regensburger Land

Landratsamt als Dienstleister 175
Landratsamt Regensburg – ein modernes Dienstleistungszentrum

Abfallwirtschaft 180
Abfallwirtschaft im Landkreis – eine 50-jährige Erfolgsgeschichte

Gemeinden des Landkreises
Gemeinde Alteglofsheim 10
Gemeinde Altenthann 13
Gemeinde Aufhausen 15
Gemeinde Bach a.d.Donau 18
Gemeinde Barbing 19
Markt Beratzhausen 24
Gemeinde Bernhardswald 25
Gemeinde Brennberg 27
Gemeinde Brunn 28
Gemeinde Deuerling 31

Markt Donaustauf 36
Gemeinde Duggendorf 39
Gemeinde Hagelstadt 40
Stadt Hemau 42
Gemeinde Holzheim a. Forst 49
Markt Kallmünz 51
Gemeinde Köfering 52
Markt Laaber 54
Markt Lappersdorf 60
Gemeinde Mintraching 62
Gemeinde Mötzing 67
Stadt Neutraubling 68
Markt Nittendorf 88
Gemeinde Obertraubling 92
Gemeinde Pentling 106
Gemeinde Pettendorf 107
Gemeinde Pfakofen 108
Gemeinde Pfatter 122
Gemeinde Pielenhofen 124
Markt Regenstauf 128
Gemeinde Riekofen 131
Markt Schierling 136
Gemeinde Sinzing 152
Gemeinde Sünching 154
Gemeinde Tegernheim 162
Gemeinde Thalmassing 163
Gemeinde Wenzenbach 164
Gemeinde Wiesent 167
Stadt Wörth a.d.Donau 168
Gemeinde Wolfsegg 174
Gemeinde Zeitlarn 177

Firmen des Landkreises stellen sich vor

arganprodukte.eu 12
Vision des fairen Handels

Auto Weißdorn GmbH 16
Von der Ein-Mann-Werkstatt
zum Tophändler von Skoda

Silberhorn Blechtechnik GmbH 30
Laserschneiden mit Präzision

Autohaus Praller GmbH 35
Fahrspaß, der bewegt

Gutthann HIW Architekten 38
Stark verwurzelt in der Region

Pöllinger Leder & Tracht 43
Hohe Qualität nach Säcklertradition

Holzbau Semmler GmbH 44
Holzbau in der 5. Generation

Naturalis Energiesysteme GmbH 46
Spezialist für ökologische Heizsysteme

**Zweckverband zur Wasserversorgung
Landkreis Regensburg-Süd** 64
Ihr zuverlässiger Wasserversorger immer an Ihrer Seite

GSB Gebäude Schadenservice Bayern 66
Spezialist für Komplettsanierung

B-Horizon Microelectronics 73
Wir gestalten Technologien von morgen

BRITA Vivreau 75
Zukunftsweisende Trinkwasserversorgung

Krones AG 76
Von Deutschland in die ganze Welt

Drehteile aus Hemau 78
Die Unger GmbH feiert über 50-jährige Erfolgsgeschichte

DüKa® Düngekalk GmbH 80
Aus der Natur für die Natur!

Geschmacksfestspiele 81
Das Restaurant zu Hause

Elektro Gröschl 82
Maßgeschneiderte Lösungen

Das Hörhaus GmbH & Co. KG 83
Top-100-Arbeitgeber im deutschen Mittelstand

Zimmermann Sanitäts- und Orthopädiehaus GmbH 83
Seit 100 Jahren für mehr Lebensqualität

Broll Systemtechnik KG 84
Die Broll KG – Spezialist für Systemtechnik und Tunnelausleuchtung

Götz-Gebäudemanagement 86
Full-Service-Anbieter

Kiessling-Spedition 87
Vier Generationen inhabergeführtes Familienunternehmen

Sammüller GmbH 90
Reisen für alle Budgets und Zeitrahmen

REWE Steidel 91
Frische Lebensmittel und viele Extras

Richter+Frenzel 94
Führend durch Know-how, Service und Persönlichkeit

Saatzucht Bauer GmbH & Co. KG 96
Seit über 130 Jahren Nutzpflanzenzüchtung

Thomas Wiser Haus 114
Mensch sein, sich begegnen und erleben

Sanitätshaus Röger GmbH 115
Individuelle Lösungen zum Wohl des Kunden

Hofmann Druck und Verlag 130
Über 50 Jahre Partner in Sachen Druck

Metzgerei Brunner 135
Tradition mit Zukunft

Tele Radio GmbH Funkfernsteuerungen 138
Weltweit agierendes Unternehmen

LIKE-ICE Science GmbH 139
Eislaufen OHNE Energie und CO_2

LABERTALER Heil- und Mineralquellen Getränke Hausler GmbH 140
Besonders reines Wasser aus der Natur

HOLMER Maschinenbau GmbH 142
Weltmarktführer für Zuckerrüben-Erntetechnik

Compassio-Seniorendomizile 165
Rundum gut versorgt – Pflege und Betreuung aus einer Hand

Reitenspies GmbH & Co. KG 165
Spezialist für Schädlingsbekämpfung und Taubenabwehr

Kwitek Krane GmbH 166
Hohe Erwartungen? Kwitek Krane ist für Sie da!

Kreisklinik Wörth a.d.Donau 169
Gemeinsam für Ihre Gesundheit

Kartonagen und Hülsenfabrik Erich Müller 173
Erich Müller GmbH & Co. KG

HAHN KOMPOST 183
Aus der Natur, zurück zur Natur

Meindl Entsorgungsservice GmbH 184
Spezialist für Entsorgungsdienstleistungen

Allgemeine Informationen

Gemeindenverzeichnis 185

Branchenverzeichnis 186

Weitere Chroniken im WIKOMmedia-Verlag 190

Städte im Wandel der Zeit 191

Podcast für Kommunen 192

Auf ein Wort mit Landrätin Tanja Schweiger

Wie fällt nach 50 Jahren die Bilanz der Gebietsreform aus?

Ausgesprochen positiv: Die Erfolgsgeschichte, die der Landkreis Regensburg in den letzten 50 Jahren geschrieben hat, wäre ohne die Gebietsreform sicher nicht möglich gewesen. Durch weniger Kleinteiligkeit sind definitiv größere, handlungsfähigere Einheiten entstanden. Gut sichtbar wird das vor allem in den Gemeindeverwaltungen, die der immer größer werdenden Aufgabenfülle und der starken Bevölkerungszunahme des Landkreises in den vergangenen fünf Jahrzehnten immer noch gewachsen sind. Die vielen Gewerbegebiete zeugen vom wirtschaftlichen Erfolg unserer Kommunen.

Was hat sich zum Positiven verändert?

Es sind in den letzten Jahrzehnten zahlreiche kleine bis mittelständische und insbesondere innovative Unternehmen entstanden. Für den wirtschaftlichen Fortschritt am bedeutendsten war sicherlich die Ansiedlung des BMW-Werkes im Raum Regensburg, für das im Landkreis Flächen zur Verfügung gestellt wurden. Auch die Fusion mit der Stadtsparkasse zur gemeinsamen Sparkasse vor 30 Jahren ist beispielhaft für größere, schlagkräftigere Strukturen. Kulturell hat es der Landkreis geschafft, seine alten Schätze – ob Brauchtum oder Denkmäler – zu bewahren und lebendig zu halten. Zusammengehalten wird dies vor allem durch Ehrenamtliche. Deren Vernetzung ist in den letzten Jahren verbessert worden und damit auch das kulturelle Angebot, das maßgeblich zur Attraktivität des Landkreises beiträgt.

Ist das Zusammenwachsen mit den eingegliederten Altlandkreisen erfolgreich abgeschlossen oder gibt es hie und da noch Besonderheiten, Unterschiede oder gar Vorbehalte?

Die eingegliederten Gebiete aus den umliegenden Altlandkreisen haben sich erfolgreich integriert, das Zusammenwachsen wird aber wohl nie ganz abgeschlossen sein. Es gibt natürlich weiterhin viele regionale Besonderheiten im ganzen Landkreis, aber das ist ja nichts Schlechtes. Im Gegenteil: Die Vielfalt ist eine Stärke, die unterschiedlichen Landschaften und Charaktere der Menschen machen den Landkreis Regensburg aus.

Wie sehr sind die Folgen der Reform noch bemerkbar? Gibt es noch Menschen, die sich nach den alten Strukturen sehnen?

Die Folgen der Gebietsreform sind im Landkreis Regensburg auf Schritt und Tritt bemerkbar, vor allem, wenn man sich die Entwicklung der Bevölkerungszahlen, der Infrastruktur oder der wirtschaftlichen Leistungsfähigkeit anschaut. Die große Mehrheit hat die Gebietsreform und die damit verbundenen Veränderungen nie infrage gestellt. Und die nachfolgenden Generationen kennen die früheren Strukturen sowieso nur noch vom Hörensagen.

Ist die jetzige Struktur aus Ihrer Sicht auch für weitere 50 Jahre leistungsfähig oder bedarf es in absehbarer Zeit weiterer Änderungen?

Veränderungen bedarf es immer. Aber dass es dazu eine neue Gebietsreform braucht, hoffe ich nicht. Trotzdem müssen wir uns permanent überlegen, wo wir uns noch besser vernetzen können, um dadurch noch schlagkräftiger zu werden.

Klimaschutz, Nachhaltigkeit, Energieversorgung, Ausbau, Unterstützung des ländlichen Raums, Breitbandausbau und Digitalisierung: Wo sehen Sie den größten Handlungsbedarf für die kommenden Jahre, und wie schätzen Sie die Chancen des Landkreises auf eine weiterhin gute Entwicklung ein?

Wir müssen zweierlei tun: zum einen die tagespolitischen Herausforderungen, die sich uns immer wieder stellen – zum Beispiel aktuell durch die Corona-Pandemie oder den Krieg in der Ukraine, wie bisher aktiv und engagiert angehen. Wir werden daher als Landkreis dort, wo wir Zuständigkeiten haben, mit vielen Initiativen und Projekten die Rahmenbedingungen weiterhin kontinuierlich verbessern und ausbauen. Zum anderen gilt es, auch die mittel- und langfristigen Perspektiven für eine gesicherte und zukunftsfähige Infrastruktur – etwa in der Mobilitätspolitik oder im Bildungsbereich – im Blick zu behalten und konsequent weiterzuverfolgen. Dann wird der Landkreis auch in Zukunft das bleiben, was er jetzt schon ist: ein attraktiver Wohn-, Lebens- und Wirtschaftsstandort und gemeinsam mit der Stadt Regensburg eine der erfolgreichsten Regionen Bayerns.

Digitalisierung ist derzeit als das Zukunftsthema schlechthin in aller Munde. Wie sehen Sie den Landkreis hier aufgestellt?

Die Auszeichnung als digitales Amt sowie der 2. Platz im bundesweiten E-Government-Wettbewerb 2021 im Themenfeld OZG in der Kategorie bestes Kooperationsprojekt (mit der Projektgruppe des Innovationsrings des bayerischen Landkreistages „Digitaler Werkzeugkasten 2.0") bestätigen uns darin, dass wir im Bereich Digitalisierung gut aufgestellt sind. Ich nenne hier beispielhaft nur die digitale Akte, die es seit 15 Jahren im Landratsamt gibt, unsere mobilen Arbeitsplätze, über 100 Dienstleistungen, die man bei uns per Onlineverfahren erreichen kann, und die jüngsten Projekte Chatbot und virtuelles Bürgerbüro. Digitalisierung bringt sehr viele Chancen und Erleichterungen mit sich, allerdings ersetzt sie nicht den direkten Kontakt zu den Menschen. Der ausgewogene Mix persönlicher und digitaler Angebote stellt deshalb eine wichtige Säule unseres Dienstleistungsangebotes für die Landkreisbevölkerung dar. Und wir bleiben weiter dran, den Landkreis noch smarter werden zu lassen.

Was macht für Sie persönlich den Landkreis Regensburg in wenigen Worten aus?

Es sind die Menschen, die hier leben und sich für ihre Heimat engagieren.

Der Landkreis Regensburg

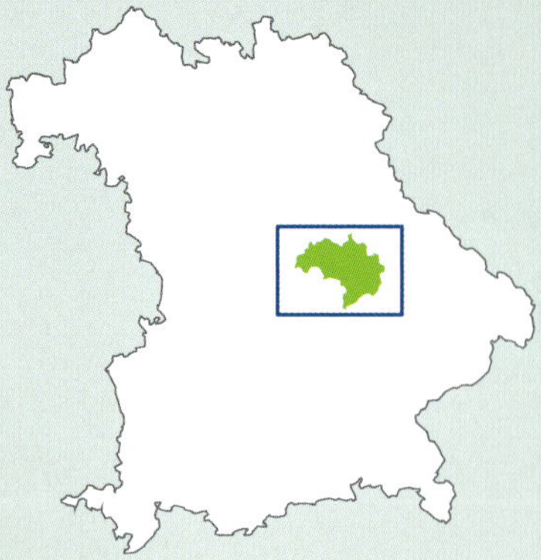

Mit 41 Städten, Märkten und Gemeinden ist der Landkreis Regensburg der südlichste Landkreis des Regierungsbezirks Oberpfalz.

Hier treffen vier Naturräume aufeinander:

- Oberpfälzer Jura
- Falkensteiner Vorwald
- Gäuboden
- Donau-Isar-Hügelland

Zahlen und Daten

Bevölkerung

195 225 Einwohner
(Stand: 31.12.2021)

Das ist Rang 5 von 71 Landkreisen in Bayern.

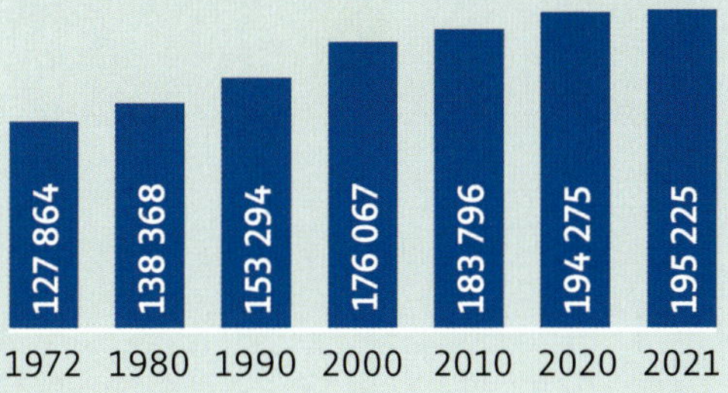

Kreisgebiet

Fläche des Kreisgebietes
1 391,7 km²
(Stand: 31.12.2020)

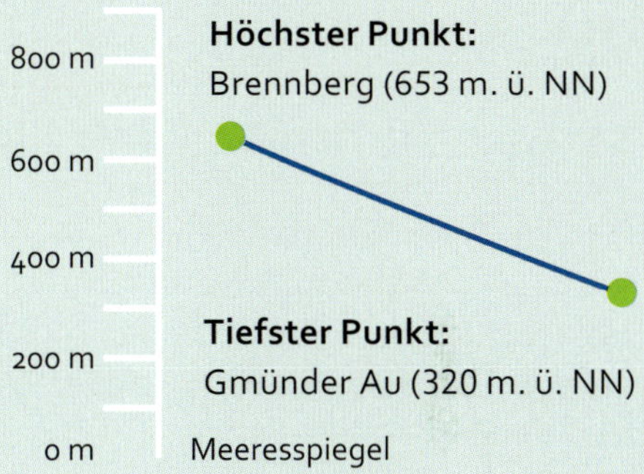

Das ist Rang 10 von 71 Landkreisen in Bayern.

Die Nutzung teilt sich wie folgt auf:

- Landwirtschaftliche Fläche 51 %
- Fläche von Wald, Moor und Heide 35 %
- Siedlungs- und Verkehrsfläche 11 %
- Sonstige 3 %

Erwerbstätigkeit

Sozialversicherungspflichtige Erwerbstätige am Arbeitsort im Landkreis Regensburg (Stand 30. Juni des jeweiligen Jahres)

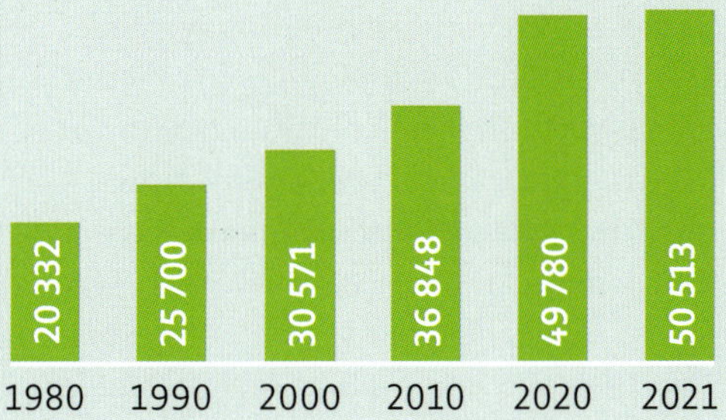

Investitionsprogramm im Haushalt 2022

- Allgemeine Verwaltung
- Öffentliche Sicherheit und Ordnung
- Schulen
- Wissenschaft, Forschung, Kulturpflege
- Öffentliche Einrichtungen, Wirtschaftsförderung
- Gesundheit, Sport, Erholung
- Bau- und Wohnungswesen, Verkehr
- Soziale Sicherung
- Wirtschaftliche Unternehmen, allgemeines Grund- und Sondervermögen

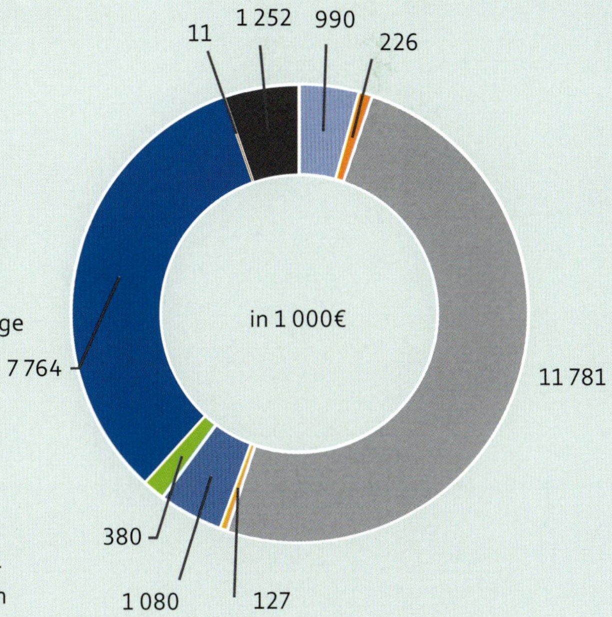

Gemeinde Alteglofsheim

„In Blau ein geflügelter goldener Löwenkopf."

Der geflügelte Löwenkopf ist das Wappenbild des Geschlechts der Eglofsheimer, die ihren Namen vom Ort abgeleitet haben. Sie sind seit Mitte des 12. bis Ende des 14. Jahrhunderts als bischöfliche Ministerialen nachweisbar.

Fotos: Gemeinde Alteglofsheim

Ortsteile

Die Gemeinde besteht aus den beiden Ortsteilen Alteglofsheim und Aumühle.

Fläche:	13,22 km²
Einwohner:	3 386 (30.6.2022)
Bürgermeister:	Herbert Heidingsfelder

Musikakademie im Schloss

Die Anfänge von Alteglofsheim gehen zurück auf die Jungsteinzeit. Funde aus dieser Zeit werden immer wieder gemacht. Im Frühen und Hohen Mittelalter waren hier reiche bayerische Adelsfamilien sesshaft, die bekannteste von ihnen ist ein Ortsadelsgeschlecht: das Geschlecht der Eglofsheimer. Alteglofsheim war eine Hofmark, in der verschiedene Adelsfamilien Grund- und Gerichtsherrschaft ausübten.

Ab dem 14. Jahrhundert ist der Name Alteglofsheim gebräuchlich, denn da wurde die Burg Neueglofsheim, heute Schloss Haus genannt, errichtet. 1659 baute der Enkel des Freiherrn von Königsfeld, der später Vizekanzler bei Kaiser Karl VII. war, Reichsgraf Johann Georg II. von Königsfeld, die Alteglofsheimer Burg in ein Schloss um. Von der damaligen Burg steht heute noch der Burgfried. Bekannte Künstler wie die Gebrüder Asam, der Stuckateur Carlone und Dominikus Zimmermann arbeiteten hier.

1810 hatte das Adelsgeschlecht derer von Königsfeld keine Nachkommen mehr; das Schloss wurde von den Freiherrn von Cetto übernommen, kam 1835 in die Hand der Fürsten von Thurn und Taxis, danach gehörte es einem Pfarrer, später seiner Haushälterin.

In dieser Zeit verfiel es, alles Wertvolle wurde aus dem Schloss gebracht. Heute ist das restaurierte Schloss im Besitz des Freistaates. Darin eingerichtet wurde die 3. Bayerische Musikakademie. Die Einweihung fand im September 2000 statt. Sie ist für die Gemeinde eine ungemeine Bereicherung und machte Alteglofsheim weithin bekannt.

Die Wieskapelle im Jahr 2020 Foto: R. Heindl

Wieskapelle zum gegeißelten Heiland

Der Standort der Wieskapelle hat auch heute in seiner Abgeschiedenheit noch eine besondere Wirkung. Er ist einer jener Kraftorte, die ihre Ausstrahlung nicht verlieren.

In dem Gebiet, in dem die Wieskapelle steht, sind Spuren bronzezeitlicher Besiedelung nachgewiesen worden. 1970 wurden nahe der Kapelle etwa 4 000 Jahre alte Gräber aus der Bronzezeit sowie ein Bajuwarengrab aus dem 7. Jahrhundert nach Christus entdeckt.

Altarfigur des gegeißelten Heilands Foto: R. Heindl

Die kontinuierliche Fortschreibung der historischen Bedeutung erfuhr die Gegend durch die Handelsstraße von Regensburg nach Salzburg, an der die Wieskapelle erbaut wurde.

Der Streckenverlauf ist in der Salzstraßenordnung von 1518 als Schlussabschnitt der von Salzburg nach Regensburg führenden „Salzstraße" vermerkt. Relikte des Weges sind in Waldgebieten heute noch nachweisbar, in freier Flur ist der Verlauf nur noch über historische Flurkarten nachvollziehbar, so auch im Raum Alteglofsheim nach Süden zwischen Köfering und Langenerling.

Vorbild Gnadenfigur in der Wieskirche Steingaden

Die Wieskapelle war 1744 mit offener Vorhalle auf Säulen sowie großem Garten und einer Einsiedelei erbaut worden. Die Einweihung war am 22. Juli 1748, dem Festtag der hl. Magdalena. Im Zentrum der Kapelle steht auf dem Altar die Skulptur des gegeißelten Heilands. Sie wurde nach dem Vorbild der Gnadenfigur im Wallfahrtsort Wieskirche in Steingaden angefertigt und mit der wundertätigen Statue dort in Berührung gebracht, bevor die feierliche Aufstellung in der Alteglofsheimer Wieskapelle erfolgte. Der gegeißelte Heiland ist umrahmt von seiner Mutter Maria und dem hl. Apostel Johannes. An beiden Seiten des Altars steht je ein Engel.

Schwere Sturmschäden

Ein heftiger Sturm entwurzelte 1968 die an der Westseite stehende Linde und richtete an der Kapelle schweren Schaden an, insbesondere am Dachstuhl. Forderungen zum Abriss der Kapelle wurden laut. Der Gemeinderat bemühte sich im November 1968 um eine Abbruchgenehmigung bei der Aufsichtsbehörde, erhielt diese aber nicht. Bei den darauffolgenden Reparaturarbeiten 1969 durch freiwillige Helfer wurde die offene Vorhalle entfernt. Der Dachstuhl wurde in reduzierter Form und vereinfacht wiederhergestellt. 2018 wurde eine aufwendige Sanierung vorgenommen, die Vorhalle wurde dabei allerdings nicht rekonstruiert.

ARGANPRODUKTE.EU

Vision des fairen Handels

Arganprodukte.eu ist ein Unternehmen der ETI Equal Trade International GmbH, Alteglofsheim. Die Firma hat die Vision, landwirtschaftlichen und Frauen-Kooperationen in Marokko eine direkte Vertriebsmöglichkeit nach Deutschland zu ermöglichen und dabei Fairtrade-Produkte anzubieten.

Das dazugehörige Auslieferungslager nennt arganprodukte.eu liebevoll den „marokkanischen Hofladen". Damit verweist das Unternehmen auf die Regionalität, mit der Marokko und seine Produkte sich in Sengkofen präsentieren möchten.

Spezialität aus Nordafrika

Interessenten finden dort zahlreiche Produkte rund um das seltene Arganöl, eine echte Spezialität aus dem nordafrikanischen Land. Das Pflanzenöl findet seinen Weg nicht nur in die gehobene Küche, sondern verfeinert auch einfache Gerichte wie Fisch, Braten oder Salate auf eine köstliche und gesunde Weise. Als ungeröstetes und kalt gepresstes Öl wird es in der Hautpflege verwendet, oft mit wohlriechenden Extrakten versehen aus Zitronenkernöl oder Arnika, um nur zwei Beispiele zu nennen.

Arganprodukte.eu importiert das Originalöl seit zwölf Jahren direkt aus Marokko ohne Zwischenhändler. Deshalb garantiert das Unternehmen höchste Qualität und einwandfreie Herkunft.

Eigenes Hotel in Marokko

Die Firma betreibt in Marokko auch ein eigenes Hotel; das befindet sich in der Stadt Essaouira direkt am Atlantik und bietet Individualisten zahlreiche Möglichkeiten, Land und Menschen kennenzulernen – wie auch die Handwerkskunst, für die Marokko weltberühmt ist. Vorab kann man im Onlineshop von arganprodukte.eu viel über das Reiseland, die Menschen, die Kultur und die Sehenswürdigkeiten erfahren. Die Firma versendet ihre Produkte europaweit.

Fotos: Marion Beckhäuser

Foto: Gemeinde Altenthann

Gemeinde Altenthann

„Unter schwarzem Schildhaupt, darin eine silberne Zange, in Gold auf grünem Dreiberg eine grüne Tanne."

Die Tanne im Wappen „redet" für den Namen der Gemeinde und symbolisiert die geografische Lage im Bayerischen Wald. Die Zange im Schildhaupt ist dem Wappen der Familie Zenger entnommen, die seit 1392 als Inhaber der Hofmark Altenthann nachweisbar ist. 1664–1803 war die Hofmark im Besitz des Klosters Frauenzell. Aus dessen Wappen stammt der grüne Dreiberg.

Ortsteile

Altenthann, Aschenbrennermarter, Auersölden, Bachmühl, Berghof, Bruckhäusl, Brunnstuben, Eichhof, Forstmühle, Geishof, Göppenbach, Gottesberg, Gsellhof, Gsellmühle, Haid, Heuweg, Hörglhof, Hornismühle, Jagdhaus Thiergarten, Kagerhof, Kropfersberg, Landsgrub, Oberlichtenwald, Ödgarten, Orhalm, Pfaffenfang, Pfittershof, Pielhof, Pömerlmühl, Refthal, Reinhartswinkl, Röhren, Roidhof, Sägmühl, Scharr, Scherbatzen, Schmatzhäusl, Seehof, Spieshof, Spitz, Steinbuckl, Steinklippen, Stubenthal, Thiergarten, Unterlichtenwald, Weiherhaus, Weihersölden, Wiesing, Willmannsberg, Ziegelhaus, Zimmerhof

Fläche:	24,24 km²
Einwohner:	1 553 (1.7.2022)
Bürgermeister:	Harald Herrmann

Malerisch eingebettet im Vorderen Bayerischen Wald

Die Gemeinde Altenthann liegt malerisch eingebettet nur 20 Kilometer nordöstlich von Regensburg im Vorderen Bayerischen Wald, dem sogenannten Vorwald, umfasst 24,24 Quadratkilometer mit insgesamt 52 Ortsteilen und betreut Straßen auf einer Länge von über 40 Kilometern im Winterdienst. Fernab vom lauten Verkehr, umgeben von Wäldern und in einer Höhenlage von 500 Metern bietet der sympathische Ort Erholung zu jeder Jahreszeit. Infolge seiner beglückend schönen Lage, umgeben von einem weiten Hügelland mit Ausblick auf die großen Waldungen des Fürstlichen Thiergartens und den im Nordwesten liegenden Judenberg, ist der Vorwaldort Altenthann heute ein gern besuchtes Wanderziel und ein Eldorado für Erholungssuchende.

Sieben Wanderwege erschließen die Altenthanner Vorwaldidylle, führen zu zahlreichen Naturdenkmälern sowie landschaftlichen Besonderheiten und leiten teilweise mithilfe des Rittersymbols der Regensburger Burgensteige zu Burgruinen.

Weithin bekannt ist auch das Heimatmuseum des Landkreises Regensburg in Altenthann. Mehr als 20 Jahre lang sammelte der 1987 verstorbene Lehrer und Kreisheimatpfleger Hans Hemrich in Altenthann Objekte aus dem bäuerlichen Bereich. Das Museum zeigt die ländliche Kultur in der Zeit vor der Industrialisierung sowie den tief greifenden Wandel durch Mechanisierung, Elektrifizierung, neue Verkehrswege, neue Kommunikationsmöglichkeiten und neue, industriell hergestellte Produkte. Dieser Wandel prägte und veränderte die sozialen Beziehungen im Alltag des Dorfes entscheidend. So werden bäuerliche Arbeit, Landhandwerk und Waldarbeit, aber auch die Arbeit der Frau im Haushalt und in der Landwirtschaft sowie das Leben der Kinder zwischen Schule und Arbeit präsentiert.

Guggenberger See
Foto: Harald Hünn (www.derfilmograph.de)

Foto: Gemeinde Aufhausen

Gemeinde Aufhausen

„In Rot ein silberner Schrägbalken, der mit drei senkrechten blauen Lilien belegt ist; oben eine goldene Krone."

Das ehemalige Wappen des Hochstifts Regensburg, in Rot ein silberner Schrägbalken, bildet die Grundlage des Gemeindewappens. Der Schrägbalken kann als Symbol für die früher durch den Ort führende wichtige Altstraße, die „Ochsenstraße", gedeutet werden. Die blauen Lilien stammen aus dem Wappen des Klosters St. Emmeram. Außerdem verweisen sie auf die viel besuchte Marienwallfahrt Maria Schnee in Aufhausen. Die goldene Krone steht für die Nennungen Aufhausens als Königsgut im 9. und 10. Jahrhundert.

Ortsteile

Die Gemeinde Aufhausen besteht aus den Ortschaften Aufhausen, Hellkofen, Irnkofen, Niederhinkofen, Petzkofen und Triftlfing.

Fläche:	27,31 km²
Einwohner:	1 974 (30.6.2022)
Bürgermeister:	Toni Schmid

Auf geht's zum Markt!

Seit 1267 wird der Kirchweihmarkt, der sogenannte „Bartholomäus-Markt", durchgeführt. Die Bedeutung des Marktes und der Ortschaft Aufhausen für die Versorgung des Umlandes ergibt sich daraus, dass in der Gemeinde fast sämtliche Handwerkszweige und Dienstleistungen vertreten waren. Bis zum Beginn des 20. Jahrhunderts war mit dem Jahrmarkt auch ein Viehmarkt verbunden. Diese jahrhundertealte Tradition des heimischen Handwerks ist auch der Grund, warum der Kirchweihmarkt auch heute noch zu den bestbesuchten Märkten des südlichen Landkreises und des Labertales zählt.

Hoch oben auf dem Berg

Besonderes Wahrzeichen von Aufhausen ist die Wallfahrtskirche „Maria Schnee". Entstanden ist sie durch das Wirken von Pfarrer Johann Georg Seidenbusch in Aufhausen. In der ersten, hölzernen Kapelle stellte Seidenbusch eine Marienstatue auf. Als erste Gebetserhörungen vor dem Marienbild bekannt wurden, entwickelte sich daraus die „Maria-Schnee-Wallfahrt". Bald erwies sich die hölzerne Kapelle, ebenso wie der Nachfolgebau – das „Marianische Haus", die erste Wallfahrtskirche – als zu klein. 1733 war diese Kirche in einem baufälligen Zustand und wegen der zunehmenden Wallfahrten auch nicht geräumig genug. Deshalb wurde Johann Michael Fischer (1692–1766), einer der bedeutendsten Baumeister des süddeutschen Spätbarock, mit der Aufgabe betraut, eine neue Wallfahrtskirche zu errichten. Aus finanziellen Gründen verzögerte sich die Vollendung des Baus und seiner Ausstattung bis in das Jahr 1740. Wegen des Österreichischen Erbfolgekrieges und der Kriegslasten konnte die Wallfahrtskirche erst 1751 geweiht werden.

In neuerer Zeit wurde das Kirchengebäude dreimal restauriert, und zwar in den Jahren 1901 bis 1903, 1933 und 1978 bis 1990. Eine weitere umfangreiche Dachsanierung steht an.

Von der Ein-Mann-Werkstatt zum Tophändler von Skoda

Firmengründer Franz Weißdorn, Inhaberin Silvia Ebenhöh, Tochter Simone Ebenhöh, Geschäftsführer Armin Ebenhöh

Wer hätte 1975 gedacht, dass aus einer Ein-Mann-Werkstatt einer der besten Skoda-Händler deutschlandweit entsteht? Firmengründer Franz Weißdorn hat 1975 am Standort Seilerberg 3 in Aufhausen aus einem Kuhstall eine Werkstätte gebaut. Damals war die Werkstatt noch ohne Heizung und wurde nur mit Heizstrahlern gewärmt. Wenige Zeit später wurde ein geschlossener Vorbau umgebaut, um die Kälte etwas einzugrenzen. 1976 wurde bereits der erste Lehrling eingestellt, kurze Zeit später ein weiterer Geselle.

Wichtigstes Standbein der Werkstätte waren Kfz-Reparaturen aller Fabrikate und die Vermittlung von Fahrzeugen. Damals setzte Franz Weißdorn schon alles daran, mit der neuesten Technik zu arbeiten, was zu dieser Zeit in einer solchen Firmengröße nicht üblich war. Da an diesem Standort eine Erweiterung nicht möglich war, stand der Entschluss bald fest, eine neue Werkstatt zu bauen. Diese wurde im Oktober 1983 am jetzigen Standort Seidenbuschstr. 78 in Aufhausen neu eröffnet. Obwohl die finanziellen Möglichkeiten limitiert waren, konnte Franz Weißdorn die Firma durch Einsatz, Fleiß und Fachwissen kontinuierlich voranbringen. 1993 wurde die Werkstatt um eine Direktannahme erweitert, und durch die stetige Weiterentwicklung und Ausbildung von Lehrlingen wurde der Betrieb weiter ausgebaut.

Vertrag mit Skoda

1999 besuchte der Gebietsleiter von Skoda das Unternehmen und fragte an, ob Auto Weißdorn Skoda-Händler werden mochte. Zu diesem Zeitpunkt war Franz Weißdorn noch ein Verfechter freier Werkstätten und sagte erst einmal ab. Der Skoda-Gebietsleiter ließ sich aber nicht beirren und wurde noch dreimal vorstellig. Bei seinem letzten Besuch teilte er mit, dass er die Konzession an einen anderen Händler vergeben würde, sollte Franz Weißdorn nicht zustimmen. Daraufhin fasste Franz Weißdorn im Dezember 1999 den Entschluss, den Vertrag als Unterhändler für ein Jahr zu unterzeichnen.

Nach Ablauf des Vertrages wurde ein halbes Jahr später ein Vertrag als Haupthändler für Service und Vertrieb abgeschlossen, da die Statistiken außerordentlich gute Zahlen lieferten. Vertragsinhalt war nun der Bau einer Neuwagenhalle. Seit 2003 ist Auto Weißdorn somit Vertriebs- und Service-Händler von Skoda Auto Deutschland.

Armin Ebenhöh wurde von Franz Weißdorn als Kfz-Mechaniker ausgebildet. Schnell stellte sich heraus, dass sein Interesse nicht nur der Arbeit galt, sondern auch der ältesten Tochter Silvia. Somit wurde schon damals der Fortbestand der Firma intern beschlossen. Silvia Ebenhöh lernte den Beruf Bürokauffrau beim damaligen Autohaus Gebhardt in Regensburg. Seit Ende 1999 waren beide zusammen im Betrieb tätig und unterstützten Franz Weißdorn in allen Bereichen.

Übergabe an die Tochter

Nach einer zehnjährigen Probezeit entschloss sich Franz Weißdorn, die Firma 2010 an seine Tochter Silvia zu übergeben,

Firmengelände von Auto Weißdorn in Aufhausen

um den Ideen der Jugend nicht im Weg zu stehen. Seit diesem Zeitpunkt wird das Autohaus von Silvia und Armin Ebenhöh erfolgreich geführt und entwickelte sich zu einem festen Skoda-Standpunkt im Landkreis Regensburg.

Nachdem Skoda 2013 neue Standards forderte, dauerte es einige Zeit, bis sich Silvia und Armin Ebenhöh entschlossen, die hochgesteckten Forderungen des Autobauers zu erfüllen. Nach diversen Planungs- und Genehmigungsverfahren wurde 2016 mit den Umbaumaßnahmen begonnen. Sie wurden 2017 erfolgreich nach Skoda-CI-Vorgaben abgeschlossen.

Familie Weißdorn/Ebenhöh in der 3. Generation

Dabei entstanden nicht nur neue Büroräume, sondern auch eine Verdoppelung der Ausstellungsfläche sowie eine Vergrößerung der Werkstatt und der Neubau einer Aufbereitungshalle. Der Altbau wurde teilweise erneuert, und eine neue Vermessungshalle wurde gebaut für den Anspruch der neuesten Assistenzsysteme. Etwas Besonderes ist die externe Auslieferungshalle, hier erlebt der Kunde eine einzigartige, in Ruhe geführte Fahrzeugübergabe.

Die offizielle Einweihungsfeier fand im August 2017 statt, als drei Tage lang für alle Besucher aus nah und fern Tag der offenen Tür gefeiert wurde.

Wichtigster Grundstock für diese gute Entwicklung waren und sind gute und loyale Mitarbeiter, die treu und zuverlässig und durch langjährige Zugehörigkeit die Säulen der Firma bilden. Dadurch hat das Autohaus Weißdorn es in kurzer Zeit geschafft, Großkunden-Leistungszentrum und Gebrauchtwagen-Plus-Händler zu werden.

Top-25-Skoda-Händler

Des Weiteren wurde das Autohaus nicht nur bester Skoda-Händler im Landkreis Regensburg, sondern auch deutschlandweit unter die besten 25 Skoda-Händler gewählt. Und auch die Zukunft des Autohauses bleibt vielversprechend – nicht nur aufgrund der Weiterentwicklung alternativer Antriebe der Marke Skoda. Tochter Simone und ihr Freund Tobias Mayer sind bereits seit über fünf Jahren fester Bestandteil des Autohauses.

Den Schlüssel zum Erfolg sehen Silvia und Armin Ebenhöh unisono in den Werten Ehrlichkeit und Freundlichkeit und in der Nähe zum Kunden. Bei Auto Weißdorn ist der Kunde deshalb noch Mensch und keine Nummer.

Fotos: Auto Weißdorn GmbH

Fotos: Gemeinde Bach a.d.Donau

Gemeinde Bach a.d.Donau

„Unter von Blau und Silber im Wellenschnitt geteiltem Wellenschildhaupt durch einen silbernen Wellenpfad gespalten; vorne in Rot auf silbernem Berg ein silberner Nadelbaum, hinten in Rot über silbernem Berg eine silberne Weintraube mit einem Blatt."

Die Farbgebung des Gemeindewappens orientiert sich am Wappen der Regensburger Patrizierfamilie Aunkofer. Die Silber-Rot-Tingierung im Wappen soll diese historische Beziehung verdeutlichen. Die geografische Lage der Gemeinde an der Donau und an der Einmündung des Perlbachs wird durch das Wellenschildhaupt und den Wellenpfahl symbolisiert. Der Wellenpfahl „redet" auch für den Ortsnamen. Der silberne Nadelbaum im vorderen Feld verweist auf den angrenzenden Forst, die Weintraube im hinteren Feld auf den heute noch gepflegten Weinbau. Früher war Bach sogar Sitz eines Weinmeisteramtes. Die silbernen Berge erinnern an die Lage der Gemeinde am Rande des Bayerischen Vorwaldes.

Ortsteile

Bach a.d.Donau, Demling, Frengkofen

Fläche:	14,7 km²
Einwohner:	1 955 (1.6.2022)
Bürgermeister:	Thomas Schmalzl

Im Herzen der Baierwein-Region

Üppig gedeiht der „Baierwein" nicht mehr, seine Blütezeit erlebte er im Mittelalter, er gilt heute aber als Geheimtipp. Das Zentrum des Baierwein-Gebiets lag im Raum Regensburg, im Donaubogen von Kelheim bis Straubing erstreckte sich eine geschlossene Weinlandschaft. Über Jahrhunderte trug der in Altbayern gewachsene „Baierwein" seinen Namen, weinrechtlich heißt er heute „Regensburger Landwein".

Einen besonders guten Ruf genoss der „Baierwein" früher nicht. Böse Zungen sprachen vom Essigwein, wie etwa Enea Silvio Piccolomini, der spätere Papst Pius II., der als Kanzlersekretär Kaiser Friedrichs III. um 1450 zum Reichstag nach Regensburg kam. Dank engagierter Winzer aus Bach und Kruckenberg überlebte der Baierwein auf kleinster Fläche und gewinnt heute zunehmend Freunde. In der Gemeinde Bach, dem Herzen der Baierwein-Region, ist ein Museum in einem Biethaus aus dem 14. Jahrhundert eingerichtet. Dort wird die jahrhundertealte Tradition des Weinbaus entlang der Donau hochgehalten und weitergeführt. Deshalb darf sich die Gemeinde Bach offiziell „Genussort 2018" nennen. Das Biethaus beherbergt eine originale, funktionsfähige Baumpresse aus dem Jahr 1615 und gewährt einen imposanten Blick in die kulturelle Vergangenheit. An den Hängen rund um das Museum sind nicht nur die wichtigsten Rot- und Weißweinsorten der Region vorzufinden, detaillierte Informationstafeln und Flyer präsentieren zudem ausführliche Informationen über das kleine Weinanbaugebiet entlang der Donau.

Als beliebtes Ausflugsziel kann die jahrhundertealte Winzertradition auch mit dem Rad entlang des Donauradweges erkundet werden. Ebenso mit öffentlichen Verkehrsmitteln und dem Schiff von Regensburg aus bietet sich das Kleinod im östlichen Landkreis als ideales Ziel für einen Tagesausflug an.

Fotos: Gemeinde Barbing

Gemeinde Barbing

„Gespalten von Rot und Silber; vorne ein silberner Schrägbalken, hinten ein oben gezinnter blauer Balken."

Barbing gehörte seit dem Spätmittelalter herrschaftsgeschichtlich zum Hochstift Regensburg. Dessen Wappen, ein silberner Schrägbalken in Rot, bildet die vordere Hälfte des Gemeindewappens. In der hinteren Hälfte steht das Wappen der Barbinger, ein oben gezinnter Balken. Dieses Adelsgeschlecht ist ab 1130 belegt. Nach deren Aussterben erwarb das Hochstift Regensburg 1463 die Festung Barbing.

Ortsteile

Altach, Auburg, Auhof, Barbing, Eltheim, Friesheim, Illkofen, Mooshof, Naßenhart, Sarching, Unterheising

Fläche:	30,52 km²
Einwohner:	6 050 (Stand Juli 2022)
Bürgermeister:	Johann Thiel

Gemeinde unterhalb des nördlichsten Donaubogens

Zum Ende der letzten Eiszeit vor etwa 8 000 Jahren zogen auf der Kreisstraße R 23 Wollhaarmammuts dahin. Davon zeugt ein Mammutzahn, der direkt neben der Straße beim Kiesabbau zwischen Sarching und Barbing gefunden wurde. Bei Bodenarbeiten wurde 2010 außerdem das äußerst gut erhaltene und etwa 4 300 Jahre alte Skelett eines Kriegers aus der Glockenbecherzeit gefunden. Der beigelegte Goldring war der älteste Goldfund in Bayern.

So alt wie die beiden Funde ist der Landkreis nicht. In seiner heutigen Form, die er bei der Landkreisreform 1972 erhielt, blickt er heuer auf 50 Jahre Bestehen zurück. Durch diese Reform war Barbing nicht direkt berührt. Dafür kam der große Umbruch bei der sechs Jahre später folgenden Gemeinde-Gebietsreform. Dabei schlossen sich die ehemals selbstständigen Gemeinden Eltheim, Friesheim, Illkofen (mit Altach und Auburg) und Sarching freiwillig mit Barbing zusammen. Allerdings verlor die Gemeinde den Osthafen, was die Gewerbesteuer-Einnahmen zunächst ins Bodenlose sinken ließ. Die neue Gemeinde Barbing blieb davon unbeeindruckt, und im Laufe der Zeit trat die finanzielle Erholung ein.

Barbing bietet Raum für zahlreiche sportliche Aktivitäten in den örtlichen Sportvereinen. Das Naherholungsgebiet „Sarchinger See" ist zu jeder Jahreszeit ein beliebtes Ausflugsziel. In Einrichtungen für die Kleinkinder und in die Schulen fließen jedes Jahr hohe Beträge. Kulturelle Aktivitäten können in verschiedenen Vereinen wahrgenommen werden. Für die Ausübung eines Ehrenamtes gibt es zahlreiche Möglichkeiten. So nimmt es nicht Wunder, dass die Einwohnerzahl der Gemeinde von 1978 bis heute von ca. 3 000 auf über 6 000 gestiegen ist und sie mit dem Slogan wirbt: Barbing – ein Ort zum Leben.

Gebietsreform 1972–1978

Straffere kommunale Strukturen, um noch leistungsfähiger zu sein – das war das Ziel der Gebietsreform in Bayern von 1972 bis 1978. Sie hat den Grundstein für die positive Entwicklung des Regensburger Landes in den letzten 50 Jahren gelegt. Aus 107 zumeist kleinen wurden 41 schlagkräftige Gemeinden. Die Fläche wuchs um 30 Prozent auf 1 394 Quadratkilometer an. Die Bevölkerung stieg um 25 Prozent von 102 062 auf 128 036.

Die Landgerichte

Vor über 200 Jahren entstanden im Zuge umfassender Verwaltungsreformen aus vielen kleinteiligen Ordnungsstrukturen in Bayern neue Einheiten – die Landgerichte (LG). Im Raum des Altlandkreises Regensburg wurde 1803 das LG Stadtamhof errichtet. 1811 kam das LG Regenstauf hinzu, 1850 wurde aus dem bisher Thurn und Taxisschen Herrschaftsgericht das LG Wörth gebildet. Die Landgerichte hatten sowohl einfache rechtsprechende Funktionen als auch Verwaltungsaufgaben wahrzunehmen. Eine fundamentale Neuorganisation erfolgte 1857 mit der Bildung des LG Regensburg, welches den gesamten südlichen Teil des bisherigen LG Stadtamhof umfasste. Die namensgebende Stadt gehörte diesem neu geschaffenen LG jedoch nicht an, da für Regensburg aufgrund seiner Größe und historischen Sonderstellung schon im Jahre 1810 ein eigenes Stadtgericht errichtet worden war.

Kleinteilige Verwaltungsstrukturen

Die Verwaltungseinteilung Bayerns bis zur Reform zeichnete sich vor allem durch ihre Kleinteiligkeit aus. Die im Prinzip seit 1818 bestehenden mehr als 7 000 Gemeinden waren auf 143 Landkreise verteilt. Durch ihre große Anzahl waren die von den Kreisbehörden verwalteten Gebiete nicht sonderlich bevölkerungsreich. Nur drei Landkreise überschritten die Grenze von 100 000 Einwohnern, hingegen wiesen 89 Kreise eine Einwohnerzahl von weniger als 50 000 Personen auf, 18 davon hatten gar weniger als 25 000 Einwohner.

In der Oberpfalz lagen um 1970 mit Beilngries, Oberviechtach und Waldmünchen die drei kleinsten Landkreise Deutschlands mit je etwa 17 000 Einwohnern und 300 Quadratkilometern Fläche. Der Landkreis Regensburg hingegen umfasste bereits über 1 000 Quadratkilometer Fläche bei circa 99 000 Bewohnern, womit er zu den größten Kreisen Bayerns zählte. Diese massiven Unterschiede bei den Landkreisgrößen hatten deutlich negative Auswirkungen auf ihre Entwicklung. Die Zeit des wirtschaftlichen Booms stellte neue Anforderungen an die Verwaltung: Die Bürger wünschten den Ausbau von Frei-

Wappen des Landkreises

Heraldische Beschreibung

„Unter Schildhaupt mit den bayerischen Rauten gespalten von Rot und Silber; vorne ein silberner Schrägbalken, hinten ein rotes Tatzenkreuz."

Genealogische Erläuterung

Zuoberst im Schild ist das Rautenwappen der bayerischen Herzöge, zu deren Machtbereich der größte Teil des Landkreisgebietes gehörte. Das im unteren Schildteil durch einen silbernen Schrägbalken geteilte rote Feld erinnert an das ehemalige Hochstift Regensburg mit den Herrschaften Donaustauf und Wörth. Das rote Tatzenkreuz (St. Georgskreuz) im silbernen Feld stammt aus dem Wappen des Klosters Prüfening. Es versinnbildlicht gleichzeitig auch den reichen, ehedem enklaveartig eingestreuten Grundbesitz der übrigen Klöster.

zeit- und Kulturangeboten, die Einrichtung von Räumdiensten, Mülldeponien etc. Die Kleinlandkreise waren mit den neuen Aufgaben finanziell und personell überfordert. Der bayerischen Staatsregierung war klar, dass die Probleme der Verwaltung nur durch eine Reform zu lösen sein werden, die Landkreise ähnlicher Einwohnerzahl zu schaffen hatte, um die neuen Verwaltungsaufgaben entsprechend erfüllen zu können.

Ein Mammutprojekt mit wenigen Entscheidungsträgern

Die Gebietsreform in Bayern in den 1970er-Jahren war ein Mammutprojekt, das jahrhundertealte Strukturen neu ordnen sollte und auch auf langfristige Gültigkeit angelegt war. Dementsprechend war klar, dass viele harte und umstrittene Entscheidungen von den politisch verantwortlichen Akteuren getroffen werden mussten. Die Reform in Bayern sollte deshalb von einer breiten Basis getragen werden, weswegen – anders als in anderen Bundesländern – auch die niederen Verwaltungsebenen in den Entscheidungsprozess eingebunden werden sollten.

In der Realität wurden die Verhandlungen im Rahmen der Gebietsreform im Landkreis Regensburg jedoch nur von einer Handvoll Männern geführt. Neben Vertretern des Innenministeriums und der dem Ministerium unterstellten Regierung der Oberpfalz entschieden Landrat

Zeitgenössische Karte des Bezirksamtes Regensburg

Foto: Staatliche Bibliothek Regensburg

Leonhard Deininger und dessen Stellvertreter im Amt, Rupert Schmid, über die Ausgestaltung dieses gewaltigen Projekts im Regensburger Land.

Die Mitwirkungsmöglichkeiten der Gemeinden waren offiziell auf ein Anhörungsverfahren gegen Ende des Reformprozesses beschränkt, wo sie den vorgesehenen Änderungen nur zustimmen oder sie ablehnen konnten. Jedoch war Landrat Deininger für die Bürgermeister ein wichtiger Verbündeter, der ihre Vorstellungen in den Verhandlungen mit den Vertretern des Innenministeriums und der Bezirksregierung vertrat. Auf der anderen Seite verstand es der Landrat, die Gemeinden seines Landkreises hinter sich zu versammeln und einheitliche Äußerungen im Anhörungsverfahren zu erreichen, was Geschlossenheit vermittelte und dem Erreichen der eigenen Ziele förderlich war.

Die Reform – ein Parforceritt

Die Gebietsreform in Bayern zielte auf die finanzielle und rechtliche Stärkung der mittleren und niederen Verwaltungsebenen und war in mehreren Phasen geplant. So sollte den Gemeinden zunächst ermöglicht werden, sich freiwillig mit den Nachbarn zusammenzuschließen, bevor ab 1976 von der Staatsregierung verfügte Zusammenlegungen erfolgen würden. Gleichzeitig versuchte man, die Reform insgesamt anzuschieben, indem man die Landkreis-Gebietsreform von Beginn des Neugliederungsprozesses an vorantrieb.

Die Neuordnung der Landkreise sollte einen „point of no return" schaffen, wodurch die als unabdingbar angesehene Landkreis-Gebietsreform von den sich formierenden Kritikern nicht mehr verzögert oder gar verhindert werden konnte. Deshalb wurde alles darangesetzt, die Landkreis-Gebietsreform innerhalb des Jahres 1971 vollständig abzuschließen.

Der Ablauf der Landkreis-Gebietsreform

Januar 1971 –
Ankündigung der Gebietsreform
Die Reform wurde vom bayerischen Ministerpräsidenten Alfons Goppel im Zuge seiner Regierungserklärung am 27. Januar 1971 offiziell angekündigt und sollte bis zu den Kommunalwahlen zu Beginn des darauffolgenden Jahres abgeschlossen sein. Die Bezirksregierungen sollten bis Ende Februar erste Vorschläge einreichen. Da die Stadt Regensburg Anfang Februar die Eingemeindung von 29 Gemeinden mit etwa 50 000 Einwohnern forderte, sah Landrat Deininger die Zukunft seines Landkreises bedroht. Er vertrat fortan die strikte Devise, keinerlei Gebietsverluste zu dulden.

März 1971 –
Vorschlag der Regierung der Oberpfalz
Der der Staatsregierung am 1. März 1971 zugesandte Vorschlag der Bezirksregierung sah für den Landkreis Regensburg vor, dass sich dessen Fläche und Einwohnerzahl um etwa 50 Prozent erhöhte. Begründet wurden die Maßnahmen mit der engen Bindung dieser zusätzlichen Gebiete zum Regensburger Raum. Das steuerstarke Gebiet um Burglengenfeld sollte die finanziellen Einbußen durch die in den Augen der Regierung unvermeidlichen Eingemeindungen in die Stadt Regensburg abmildern, die jedoch erst später genauer ausgestaltet werden sollten.

Mai 1971 –
Vorschlag der Bayerischen Staatsregierung
Die Staatsregierung präsentierte am 18. Mai 1971 ihren eigenen Vorschlag der Öffentlichkeit. Die Eingliederung des Raumes Burglengenfeld war darin nicht mehr vorgesehen, stattdessen wurde das Gebiet um die Gemeinde Schierling im Süden dem Landkreis zugeschlagen. Im Osten und Norden des ursprünglichen Landkreisgebietes sollten Ausgliederungen einzelner Gemeinden vorgenommen werden, was zum Teil auf enormen Widerstand vor Ort und bei Landrat Deininger stieß. Bei der Frage der Eingemeindungen musste sich die Staatsregierung in der Folge eingestehen, dass wegen der Widerstände in den betroffenen Gemeinden im Zuge der Landkreis-Gebietsreform wohl keine Lösung gefunden werden konnte. Man wollte den vorgegebenen Zeitplan nicht gefährden und die Landkreis-Gebietsreform 1971 abschließen, weswegen man

Beratung des Innenministers Dr. Merk und seiner mit der Gebietsreform befassten Spitzenbeamten mit dem Präsidenten der Regierung der Oberpfalz im Jahre 1971
Foto: Landratsamt Regensburg – Registratur

Der spätere Landrat Rupert Schmid, Regierungspräsident Prof. Dr. Ernst Emmerig und Landrat Leonhard Deininger (v. l. n. r.) waren Hauptakteure der Gebietsreform im Landkreis Regensburg
Foto: Landratsamt Regensburg – Registratur

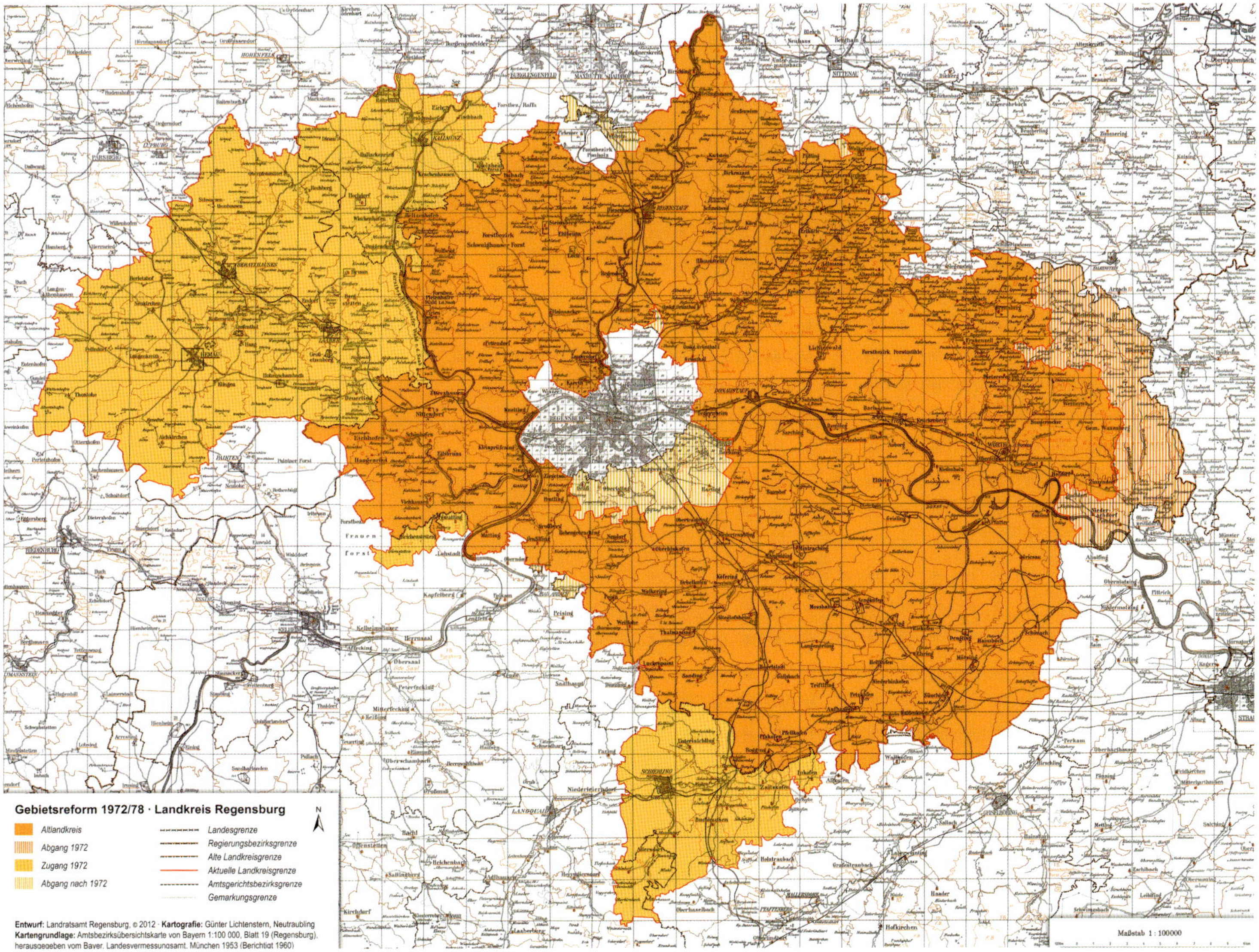

Karte des Landkreises Regensburg zur Gebietsreform 1972/78 — Foto: Günter Lichtenstern – Landratsamt Regensburg

die Klärung des Stadt-Umland-Problems auf die Gemeindegebietsreform verschob.

Juli bis Oktober 1971 – Anhörungsverfahren

Im zweistufigen Anhörungsverfahren sollten die einzelnen Gemeinden zu Wort kommen und zu den für sie vorgesehenen Änderungen Stellung nehmen. Den dortigen Wünschen entsprechend, wurde der Raum Kallmünz im Zuge des Anhörungsverfahrens in den Landkreis eingegliedert, wohingegen einige Gemeinden im Osten in den Landkreis Straubing ausgegliedert wurden. Da Landrat Deininger es verstand, die Bürgermeister hinter sich zu versammeln und zu einheitlichen Stellungnahmen zu bewegen, gelang es, einige der vor Ort ungewollten Ausgliederungen aus dem Landkreis noch zu verhindern.

Fotos: Markt Beratzhausen

Markt Beratzhausen

„Gespalten; vorne die bayerischen Rauten, hinten in Gold ein roter Zinnenturm, in dessen offenem Tor ein schwarzer Bär hockt, der einen grünen Becher hält."

Der älteste Bestandteil des Wappens ist der einem Stengelglas ähnliche schlanke Becher, der als Siegelbild allein bereits in der Mitte des 15. Jahrhunderts erscheint. Zwischen 1568 und 1576 kam der Bär hinzu, der in naiver Weise auf den Ortsnamenbestandteil „Ber" anspielen soll. 1568 ging der Markt durch Kauf in den Besitz des wittelsbachischen Herzogtums Pfalz-Neuburg über. Nicht nur der Bär kam ins Wappenbild, auch der Zinnenturm, das Symbol für den Begriff „Stadt" oder „Markt", wie das damals so üblich war.

Ortsteile

Die Gemeinde hat 56 Ortsteile, darunter 29 Einöden, 16 Weiler, drei Dörfer, sechs Kirchdörfer, ein Pfarrdorf und der Hauptort Beratzhausen.

Fläche:	72,54 km²
Einwohner:	5 691 (31.7.2022)
Bürgermeister:	Matthias Beer

Erste evangelische Gemeinde Deutschlands

In seiner Frühzeit beherbergte Beratzhausen das wichtigste Königsgut (Königshof) der Region. Darüber hinaus besaß der Regensburger Bischof im 10. Jahrhundert in Beratzhausen einen Hof. Auch befand sich in Beratzhausen ein Sitz der Regensburger Burggrafschaft. König Konrad II. urkundete 1025 und 1034 in Beratzhausen, was den Ort als wichtige Straßenstation auswies.

Im 13. Jahrhundert kam Beratzhausen in den Besitz der Ehrenfelser, die Ministeriale des Regensburger Bischofs waren. Um diese Zeit nahm die Siedlung städtischen Charakter an. Kaiser Ludwig erwarb 1335 Burg Ehrenfels und den Markt Beratzhausen und veräußerte den Besitz an Dietrich von Stauff weiter. Aufgrund der Landeshoheit schufen die Stauffer 1521 die erste „Landeskirche" im Deutschen Reich, als sie für ihr Gebiet den lutherischen Glauben einführten. So wurde Beratzhausen die erste evangelische Gemeinde Deutschlands.

Die Gegenreformation stieß 1620 in Beratzhausen auf erbitterten Widerstand, im Dreißigjährigen Krieg ist der Markt zur Hälfte abgebrannt. Weitere Zerstörungen brachten u. a. die Napoleonischen Kriege sowie 1827 der Große Brand, dem 46 Häuser zum Opfer fielen.

Das Pflegegericht Ehrenfels wurde in den Markt mit der Selbstverwaltung und das „Land" aufgeteilt, aus dem 1821 die Gemeinden Mausheim, Oberpfraundorf, Rechberg und Schwarzenthonhausen hervorgingen. Mit der Verordnung vom 24. März 1802 über die Neuorganisation der Landgerichte im Kurfürstentum Pfalz-Neuburg verlor Beratzhausen sein Gericht.

Erst der Bau der Bahnlinie Nürnberg – Regensburg trug zu einer Verbesserung bei. Nach dem Zweiten Weltkrieg setzte in Beratzhausen eine Aufwärtsentwicklung ein. Die heutige Infrastruktur entspricht einem Kleinzentrum.

Foto: Florian Eigenstetter

Gemeinde Bernhardswald

„Mit einer Zinne geteilt von Silber und Rot; oben zwei grüne Tannen, unten eine silberne Pflugschar."

Das Gemeindewappen verweist mit den zwei Tannen als Waldmotiven auf den Ortsnamenbestandteil „-wald", aber auch auf die geografische Lage der Gemeinde im Vorderen Bayerischen Wald.

Im Gemeindegebiet befand sich eine Reihe von Burgen und Adelssitzen (Kürn, Hauzendorf, Bernhardswald, Adlmannstein u. a.). Das kommt in der Zinne in der Schildmitte summarisch zum Ausdruck. Wichtige Grund- und Gerichtsherren waren die Paulsdorfer als Inhaber der Herrschaft Kürn (bis 1623); die Tingierung in Silber und Rot ist von den tradierten Farben dieses Geschlechts abgeleitet. Die Pflugschar im Schildfuß erinnert an die vorherrschend landwirtschaftliche Prägung der Gemeinde.

Ehemalige eigenständige Gemeinden

Bernhardswald, Adlmannstein, Hackenberg, Hauzendorf, Kürn, Pettenreuth, Wulkersdorf (Dorf)

Fläche:	71,9 km²
Einwohner:	5 460 (26.7.2022)
Bürgermeister:	Florian Obermeier

Moderne und attraktive Wohnortgemeinde

Eingebettet in die reizvolle Hügellandschaft des Vorderen Bayerischen Waldes, liegt vor den Toren der Weltkulturerbe-Stadt Regensburg die Gemeinde Bernhardswald. Die Großgemeinde entstand im Zuge der Gebietsreform der 1970er-Jahre aus den selbstständigen Gemeinden Adlmannstein, Bernhardswald, Hackenberg, Hauzendorf, Kürn, Pettenreuth und weiten Teilen von Wulkersdorf und zählt heute insgesamt zwölf größere und rund 80 kleinere Gemeindeteile.

Viel hat sich seither in der Gemeinde getan. Die Instandhaltung und der ständige Ausbau von technischer und sozialer Infrastruktur haben Bernhardswald zu einer modernen und attraktiven Wohnortgemeinde gemacht. Nicht vergessen werden darf hierbei natürlich die lebendige und vielfältige Vereinslandschaft, die den bürgerfreundlichen Charakter und das gemeinsame Miteinander in der Gemeinde unterstützt und unterstreicht.

Leben, erleben und erholen

Doch nicht nur zum Leben, auch zum Erleben und Erholen ist die Gemeinde Bernhardswald für Bürger wie Besucher gleichermaßen attraktiv. So lassen sich hier die Vorzüge des ländlichen Lebens genießen, aber auch das Weltkulturerbe Regensburgs liegt nur wenige Minuten entfernt. Andererseits bietet das Gemeindegebiet aber auch für Bürger der Stadt ideale Naherholungsbedingungen. Alle, die sich aktiv betätigen wollen, finden in der Gemeinde vielfältige Sport- und Freizeitangebote – vom Radfahren im Sommer bis zum Langlaufen im Winter. Wer mehr über die Geschichte der Gemeinde erfahren möchte, kann in der Gemeindeverwaltung Bücher darüber erwerben.

Burg Brennberg
Foto: Harald Hünn (www.derfilmograph.de)

Fotos: Gemeinde Brennberg

Gemeinde Brennberg

„In Silber ein grüner Dreiberg, aus dem drei rote Flammen schlagen."

Das Wappen bringt den Ortsnamen Brennberg bildhaft zum Ausdruck. Schon die im Hochmittelalter im oberpfälzischen und niederbayerischen Raum begüterten Herren von Brennberg mit Stammsitz auf der hoch aufragenden Burg Brennberg führten dieses Wappen.

Ortsteile

Die Gemeinde besteht aus 62 Ortsteilen, darunter 19 Weiler, vier Dörfer, zwei Pfarrdörfer, 36 Einöden und ein Kirchdorf.

Fläche:	30,52 km²
Einwohner:	2 121 (1.7.2022)
Bürgermeisterin:	Irmgard Sauerer

Am höchsten, verstreut und steinreich

Brennberg ist schlichtweg das Höchste, zumindest das allerhöchste Fleckchen im Landkreis Regensburg. 611 Meter über dem Meeresspiegel thront es im Falkensteiner Vorwald, im südöstlichsten Eck des Landkreises Regensburg. Brennberg ist ziemlich verstreut, denn die 2 121 Bürger wohnen in 62 Ortsteilen.

Brennberg ist ganz schön alt. Los ging's mit der Erbauung der Brennberger Burg Anfang des 11. Jahrhunderts, die aber einige Jahrhunderte später mitsamt dem ganzen Dorf niederbrannte. Ob die drei Flammen im Ortswappen daher rühren, ist nicht geklärt. In der wechselvollen Geschichte der Burg tauchte im Mittelalter ein über den Tellerrand hinaus bekannter Minnesänger (Reimar II.) auf, der neben dem 700 Jahre später geborenen einstigen Bundesinnenminister Hermann Höcherl einer der bedeutenden Söhne Brennbergs war.

Brennberg ist reich. Man kann sogar sagen steinreich, also genauer gesagt reich an mächtigen, oft übereinandergetürmten Granitblöcken, die sich überall in der reizvollen Umgebung finden. Eine klein strukturierte, idyllische Landschaft mit noch intakter Natur lädt zum Wandern ein und lockt immer mehr Urlauber an. Die werden erstaunliche Gegensätze finden, denn hier gibt es das himmlisch schöne Himmeltal und ganz in der Nähe die höllisch schöne Hölle. Als hätten Riesen mit steinernen Murmeln gespielt, so wurde der Höllbach dort mit Felsen zugeschüttet und sucht sich gurgelnd und bisweilen auch tosend seinen Weg. Nicht umsonst ist die Hölle eines der schönsten Naturschutzgebiete im Landkreis Regensburg.

Weil Brennberg auf die Naturschätze, die es noch hat, gut aufpasst, wurde es zu einer von zehn Biodiversitätsgemeinden in Bayern gekürt.

Fotos: Gemeinde Brunn

Sportanlage (links)
Brunn Luftaufnahme (rechts)

Gemeinde Brunn

„Durch eine eingeschweifte silberne Spitze, darin drei blaue Balken, gespalten; vorne in Rot ein silberner Brunnen, hinten in Schwarz eine goldene heraldische Lilie."

Der Gemeindename Brunn kommt „redend" im Brunnen zum Ausdruck. Wichtige Herrschaftsträger im Gemeindegebiet waren die Herren von Laber. Deren Wappen, drei blaue Balken in Silber, fand in der Schildmitte Eingang in das Wappenbild. Auch das im nahen Naabtal gelegene Kloster Pielenhofen war im Gemeindegebiet begütert. An diese Verbindung erinnert die Lilie, die als Mariensymbol zugleich für die Marienwallfahrt Frauenberg steht. Die Farbgebung in Weiß, Blau, Schwarz und Gold erinnert an die Landesherrschaft der Wittelsbacher.

Ortsteile

Die Gemeinde besteht aus den Orten Brunn, Frauenberg, Eglsee, Münchsried, Pettenhof, Babetsberg, Kirchhof, Konstein und Eiselberg.

Fläche:	16,12 km²
Einwohner:	1 512 (31.7.2022)
Bürgermeister:	Karl Söllner (seit 2008)

Seit mehr als 200 Jahren selbstständig

Die Lage der Gemeinde Brunn zwischen Naab und Schwarzer Laber spiegelt sich in der geschichtlichen Entwicklung wider. Die Edlen von Laber und das Kloster von Pielenhofen übten lange Zeit einen starken Einfluss auf das Gebiet der Gemeinde Brunn aus. Die Fossilfunde in der Nähe der Ortschaft sind für die erdgeschichtliche Forschung sehr bedeutsam und liefern wertvolle Hinweise auf die Entwicklung des Jura. Das Gebiet war vor ungefähr 150 Millionen Jahren eine Lagune. 55 Prozent des Gemeindegebietes sind mit Wald und 35 Prozent mit landwirtschaftlichen Flächen bedeckt.

Das kirchliche Zentrum mit der Wallfahrtskirche St. Marien und den beiden Kindergärten befindet sich im Ortsteil Frauenberg, während das sportliche Zentrum mit dem TSV Brunn und das Gewerbegebiet in Brunn angesiedelt sind. Mit der eigenen Autobahnausfahrt an der A 3 ist die Gemeinde verkehrsmäßig nach Regensburg, Neumarkt/Oberpfalz und Nürnberg ausgezeichnet angebunden.

Mit dem Markt Laaber und der Gemeinde Deuerling betreibt die Gemeinde erfolgreich verschiedene gemeinsame Einrichtungen wie das Rathaus, eine Kläranlage sowie die Grund- und Mittelschule.

Die Gemeinde Brunn konnte bei der Gebietsreform 1978 ihre Eigenständigkeit bewahren und ist nun schon seit mehr als 200 Jahren selbstständig. Der ländlich strukturierte Ort entwickelte sich zu einer modernen Gemeinde im Einzugsbereich der Stadt Regensburg. Nahe Wälder, das Penker Tal und die Hänge zur Naab und zur Schwarzen Laber laden zu erholsamen Spaziergängen ein.

Ein recht aktives Vereinsleben bietet den Bürgern aller Altersstufen ein reiches Betätigungsfeld. Kultur, Sport und Unterhaltung sind gleichermaßen vertreten.

Wallfahrtskirche Mariä Geburt

Gewerbegebiet Brunn-Autobahn

Gasthof Plank

Wallfahrtskirche Mariä Geburt

Die römisch-katholische Pfarr- und Wallfahrtskirche Mariä Geburt im Brunner Ortsteil Frauenberg ist zum Teil denkmalgeschützt. Bis zur Säkularisation im Jahr 1803 betreute das Kloster Pielenhofen geistlich die Kirche, deren Ursprünge bis in das 15. Jahrhundert zurückreichen. Die Kirche erfuhr mehrere Baustufen, so wurde das Langhaus um 1760 neu gebaut, der neue Turm kam 1789 hinzu. Weil die Frauenberger Kirche zu klein geworden war, entschied man sich 1949 für eine Erweiterung der Kirche, der wenige Jahre später, 1953/1954, weitere Umbaumaßnahmen folgten. Architektonisch ist die Kirche ein Saalbau, das heißt, ihr Innenraum ist nicht durch frei stehende Stützen unterteilt. Sie enthält mehrere Plastiken, die unter anderem den heiligen Sebastian, den Erzengel Michael und die trauernde Maria mit dem toten Gottessohn zeigen. An einer der Außenwände ist eine Kreuzigungsgruppe angebracht.

Gewerbegebiet Brunn-Autobahn

Brunn ist mit seiner Nähe zu Regensburg und zur Autobahn A 3 ausgezeichnet an das Autobahnnetz angebunden. Die Europastraße verschafft der Gemeinde eine wichtige Verbindungsfunktion zwischen benachbarten Städten wie Regensburg, Neumarkt/Oberpfalz und Nürnberg. Die Entscheidung der Gemeinde, dort ein Gewerbegebiet auszuweisen, wertete ihre Attraktivität enorm auf, zumal durch die Ansiedelung von Firmen auch die gemeindliche Infrastruktur noch einmal verbessert werden konnte. Neben erfolgreichen Vollerwerbslandwirten gibt es bereits vier Biobauern in der Gemeinde.

Gasthof Plank

Neben dem Wirtshaus „Graßl" in Eglsee ist der Gasthof Plank eine typisch bayerische Wirtschaft mit bodenständiger lokaler Küche und deftigen Brotzeiten mitten in Brunn. Die Gast- und Nebenräume bieten ca. 30 Personen Platz, die großen Feste wie Hochzeiten mit bis zu 190 Personen finden im Saal statt. Bei gutem Wetter kann man auch draußen feiern.

Vereine

Der Erfolg der deutschen Frauen-Fußballnationalmannschaft bei der letzten Europameisterschaft in England ist zurzeit in aller Munde, und das völlig zurecht. Auch die Damenmannschaft des TSV Brunn gibt Anlass zum Jubel, denn sie schaffte in der Coronasaison 2019/2021 den Aufstieg in die Bezirksoberliga und ist somit ein Aushängeschild des Vereins. Dem TSV Brunn gelang es, sich von einem reinen Fußballverein zu einem Turn- und Sportverein weiterzuentwickeln. Überhaupt ist das Vereinsleben in der Gemeinde sehr ausgeprägt. Kulturverein, Feuerwehren, Blaskapelle, Musikschule, Skiclub, eine Gymnastikgruppe, Schützenverein, Dartclub, Obst- und Gartenbauvereine und Frauenbund bieten für jedefrau und jedermann genügend Möglichkeiten, sich auszutauschen oder gemeinsam etwas zu erleben.

Firmengelände der
Silberhorn Blechtechnik GmbH in Brunn

SILBERHORN BLECHTECHNIK GMBH

Laserschneiden mit Präzision

Jüngstes Mitglied im Verbund der dynamischen Unternehmensgruppe Silberhorn ist die Silberhorn Blechtechnik GmbH. Sie ist Spezialist für die Bearbeitung von Metall mittels moderner Laser-Technologie. Nachdem die vorhandenen Flächen am Standort des Mutterkonzerns in Lupburg zu knapp wurden, folgte 2017 die Inbetriebnahme eines komplett neuen Werkes in Brunn im Landkreis Regensburg. Hier arbeiten 80 Mitarbeiter auf einer Produktionsfläche von 5 500 Quadratmetern und auf einer Verwaltungsfläche von 250 Quadratmetern.

Zentrum für Laserschneidtechnik

Lasertechnik stand gar nicht auf dem Plan, als sich 1989 Franz Silberhorn in seiner Garage selbstständig machte. Angefangen hat das Maschinenbau-Unternehmen mit der Herstellung von Reinigungsanlagen. Schnell entwickelte sich Silberhorn zu einem internationalen Unternehmen für Reinigungs- und Hochdruckwasserstrahltechnik. In die Laserschneidtechnik wurde dann am Standort Lupburg erst 1998 investiert, zunächst um Teile für den eigenen Maschinenbau herzustellen. Doch auch die externe Nachfrage stieg hier konstant. Zügig wuchsen der eigene Maschinenpark und das Know-how, was schließlich 2011 zur Errichtung eines Zentrums für Laserschneidtechnik mit Automatisierung am Standort des Mutterkonzerns in Lupburg führte.

Spezialgebiet Präzisions-Laserteile

Der Erfolg der Sparte führte dann 2016 zur Ausgründung als Silberhorn Blechtechnik GmbH. Spezialgebiet der Firma ist das Anfertigen von Präzisions-Laserteilen. Die Angebotsbreite reicht dabei vom Laserschneiden über Stanz-Laser-Bearbeitung bis hin zu Zerspanen, Entgraten, Richten, Abkanten, Schweißen, Gleitschleifen, Keramikstrahlen und der Montage ganzer Baugruppen. Für die Oberflächenbearbeitung wie Pulverbeschichten stehen langjährige Partner zur Verfügung. Der Kundenstamm ist breit gefächert, er kommt aus dem Maschinenbau, Metallbau, der Landmaschinen-Herstellung oder der Bahntechnik. Alles ist auf die Bedürfnisse der Kunden ausgerichtet. So können alle gängigen CAD-Datenformate von den Experten bei Silberhorn verarbeitet und aufbereitet und sogar Kunden-Skizzen als gemeinsame Arbeitsgrundlage herangezogen werden. Effiziente Prozesse und Digitalisierung spielen dabei für das Unternehmen eine hohe Rolle, um eine wirtschaftliche Herstellung von Laserteilen zu ermöglichen. Die Teile, die mittels verschiedenster Verarbeitungsverfahren individuell gefertigt werden können, halten den höchsten Anforderungen an Qualität, Langlebigkeit und Präzision stand. Geführt wird die Silberhorn Blechtechnik GmbH von Diplom-Wirtschaftsingenieurin Diane Silberhorn, Tochter des Firmengründers, und dem langjährigen Mitarbeiter Siegfried Bayerl.

Laserhalle in Brunn

Fotos: Silberhorn Blechtechnik GmbH

Fotos: Gemeinde Deuerling

Gemeinde Deuerling

„Unter von Silber und Blau geteiltem Schildhaupt in Gold zwei schräg gekreuzte schwarze Kupferhämmer über schwarzem Wellenschildfuß."

Das Gemeindewappen aus dem Jahr 1967 symbolisiert die Deuerlinger Geschichte in Kurzfassung. Die zwei Kupferhämmer auf goldenem Grund erinnern an das 1580 errichtete Kupfer- und Schmelzwerk. Darüber liegen ein blauer und silberner Streifen, die Wappenfarben der Herren von Laaber. Der Schildfuß wird von schwarzen Wellen gebildet als Kennzeichen für den Ort an der Schwarzen Laber.

Ortsteile

Die Gemeinde besteht aus den Ortsteilen Am Bahnhof, Am Haslach, Bachleiten, Deuerling, Heimberg, Hillohe, Stegenhof, Steinerbrückl und Willibaldhäusl.

Fläche:	7,11 km²
Einwohner:	1 987 (31.12.2021)
Bürgermeister:	Diethard Eichhammer

Felsformation in Steinerbrückl (links)
Deuerling mit Kirche (rechts)

Vom Bajuwarendorf zur Verwaltungsgemeinschaft

Spätestens mit Beginn des 7. Jahrhunderts existierte das Bajuwarendorf Tiurilinga (Deuerling), welches im Zuge der Erschließung des Nordgaus im Auftrag des Bayerischen Herzogs durch den Franken Tiurilio gegründet wurde. Zur Zeit Karls des Großen bestand bereits eine Straße entlang der Höhenzüge des Labertals von Regensburg nach Nürnberg und war Teil der Altstraße von Regensburg ins Fränkische. Die Bedeutung dieser Straße ist durch Aufenthalte von Kaiser Heinrich II. in See bei Parsberg und zwei Aufenthalte von Kaiser Konrad II. in Beratzhausen belegt. Vermutlich wegen verschiedener Unsicherheiten und der Rodung der Hochfläche bei Hemau, des Tangrintels, wurde dann diese Handelsstraße über den Ortsteil Steinerbrückl nach Hemau und von dort weiter nach Nürnberg verlegt und durch den Bau der „Egelsburg" auf einem Felsen hoch über Steinerbrückl ab ca. 1135 gesichert.

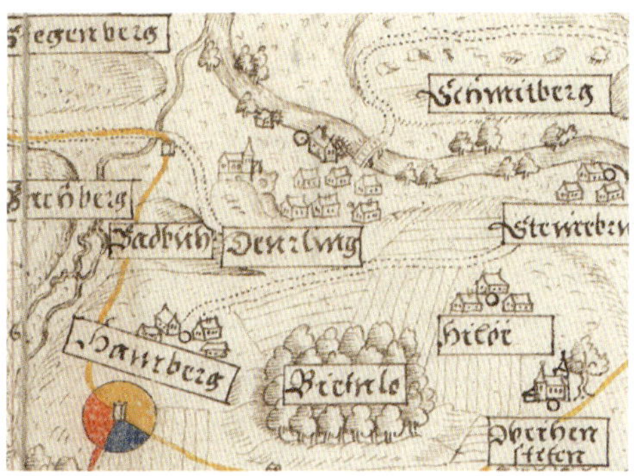

Ausschnitt „Vogelkarte mit Fernwegtrassen"

Durch den Bau der Steinernen Brücke in Regensburg wurde dieser Handelsweg verlegt und führte fortan über Pollenried nach Deuerling, dort über den Kirchberg hinauf und weiter nach Hemau bzw. Nürnberg. Die Änderung der Route wird auch durch das 1224 gegründete Spital in Pollenried belegt. Das Spital diente Reisenden als Herberge, Kranken und Verletzten zur Versorgung.

Das Ende der Egelsburg ist durch diese Trassenverlegung der Königsstraße begründet oder durch die teils heftige

Kirche St. Martin auf dem „Baderfelsen"

Kirche um 1920 Zeichnung: Laßleben

Lindenallee am Kalvariensteig

kriegerische Auseinandersetzung des wittelsbachischen Herzogs mit dem Regensburger Bischof um das Erbe der Regensburger Burggrafen bis 1205. Danach gehörten die Rechte an Deuerling, insbesondere an der Kirche, und umliegenden Dörfern für mehr als 100 Jahre dem Herzog. Noch vor 1330 gab der Wittelsbacher Herzog seine Rechte an Deuerling an die Herren von Laaber als Dank und Ausgleich für deren Unterstützung im Krieg mit den Habsburgern.

Nach dem Ende des Landshuter Erbfolgekrieges durch den Schiedsspruch Kaiser Maximilians im Jahr 1505 wurde aus den Herzogtümern Niederbayern und Oberbayern ein neues Herzogtum Pfalz-Neuburg herausgelöst. In diesem neuen Herzogtum lagen auch die Ämter Hemau und Laaber. Die Grenzen zwischen Bayern und dem Herzogtum wurden mit einem Vertrag aus dem Jahr 1522 geregelt. Die Grenze bildete nun die Schwarze Laber bis auf die Gegend um Deuerling, wo sie südlich von Heimberg verlief. Ab 1507 gehörten somit Deuerling, Heimberg, Hillohe und Steinerbrückl zum neuen Fürstentum Pfalz-Neuburg und unterstanden dem Pflegamt Laaber.

Neben der politischen Teilung von Deuerling im Zusammenhang mit der Gründung des Herzogtums Neuburg kam es bald auch zu religiösen Veränderungen. Die pfalz-neuburgischen Untertanen mussten protestantisch werden, so wie ihr Herzog, was erst nach dem Dreißigjährigen Krieg durch die Rückkehr der Benediktiner rückgängig gemacht wurde. Unter den Plünderungen und Zerstörungen von durchziehenden Landsknechten hatte Deuerling ebenso schwer zu leiden wie unter der Pest. In der Zeit vom 13. bis zum 18. Jahrhundert gab es insgesamt 54 Pestepidemien.

1808 wurde Pfalz-Neuburg wieder mit Bayern vereinigt. Deuerling wurde dem Pflegamt Hemau unterstellt und später dem Bezirksamt Parsberg.

Bis zur Gebietsreform 1972 gehörte Deuerling zum Landkreis Parsberg. Durch die Landkreisreform hat der Landkreis durch Zuschlagungen und Abtretungen sein heutiges Aussehen erhalten. Nach Abschluss der gesamten Gebietsreform 1978 hatte der neue Landkreis Regensburg ca. 28 Prozent mehr Fläche und 32 Prozent mehr Bevölkerung als der Altlandkreis vor 1972.

Die Gemeinden Laaber, Deuerling und Brunn haben sich zu einer Verwaltungsgemeinschaft zusammengeschlossen und bilden eine Zentrumsfunktion in der Region. Alle drei Orte liegen im schönen Juragebiet und sind beliebte Wohngemeinden mit guter Infrastruktur und reich an Historie, unberührter Natur und vielseitigen Freizeitangeboten. Durch die Lage im Oberpfälzer Jura und zwischen

Grundschule Deuerling

Der Schmied auf der Laberbrücke von Künstler M. Lamprecht

den Flüssen Schwarze Laber und Naab sind sie als Naherholungs- und Urlaubsorte sehr beliebt. Die drei Orte sind auch durch ein übergreifendes soziales Netz durch Einrichtungen wie Kindergärten, Schulen, Jugendtreffs und Bürgerhilfen verbunden und bestens aufgestellt.

Pfarrkirche

Die Pfarrkirche in Deuerling besticht weniger durch ihre kunstbauliche Erscheinung als durch ihre malerische Lage auf dem steil aufragenden Jurafelsen neben der Laber. Für die Frühzeit der Kirche gibt es keine urkundlichen Belege. Bei Renovierungsarbeiten kamen allerdings Bruchsteinmauerwerk mit kleinen romanischen Fenstern und frühgotische Malerei zum Vorschein. Zudem weist eine zugemauerte romanische Eingangstür in das Obergeschoss des heutigen Chores auf einen Adelszugang hin, wie er in der Gegend typisch ist für romanische Landkirchen, die von den Pabonen zwischen 1150 und 1195 errichtet wurden. Zudem waren diese Regensburger Burggrafen bis zu ihrem Aussterben die Herren von Deuerling. Somit wird klar, dass der Chor als Ursprung der Kirche als Burgkapelle vor 1195 errichtet wurde. Die heutige Innenraum-Ausgestaltung dürfte aus dem Jahr 1929 stammen. Im Zusammenhang mit Primizfeiern von Martin Lintl in Steinerbrückl wurde der Innenraum gründlich umgestaltet und die Einrichtung teilweise erneuert. Der 1717 an der Westseite eingestürzte Kirchturm wurde 1718 an der Ostseite der Kirche neu errichtet. Das Langhaus wurde um die heutige Empore verlängert. 1954 erfolgte als letzte größere Baumaßnahme der Anbau an der Sakristei an der Südseite des Turmes.

Mesner-Schulhaus

Neben der Pfarrkirche und dem Friedhof stand ursprünglich das Mesner-Schulhaus. Die allgemeine Schulpflicht wurde in Bayern im Jahr 1802 eingeführt. Die Schulpflicht bezog sich auf alle Kinder zwischen sechs und zwölf Jahren. Die Eltern mussten Schulgeld zahlen. Für Kinder von zwölf bis 18 Jahren war der Besuch von Sonntagsschulen vorgeschrieben. In Deuerling wurde der Unterricht anfangs im Mesnerhaus abgehalten. Nach dem Ersten Weltkrieg wurde der Schuldienst vom Kirchendienst getrennt, und es wurde ein neues Schulgebäude errichtet, das zwischenzeitlich bereits in den 1960er-Jahren durch ein neuzeitliches Gebäude mit acht Klassenräumen ersetzt wurde. Durch Renovierungen und umfangreiche Instandsetzungsmaßnahmen wurde dieses Schulgebäude ständig modernisiert und ist heute eine – auch digital – gut ausgestattete Grundschule.

Schmied auf der Laberbrücke

Der Schmied auf der Laberbrücke, ein Werk von M. Lamprecht, bearbeitet das Deuerlinger Geschichtsband, auf dem u. a. symbolträchtig Orgelpfeifen, Chorsänger und Blasmusikanten, ein Zimbelstern und die Kirche abgebildet sind. Außerdem wird die Eule als Wappentier der Deuerlinger Schule gezeigt. Den Amboss ziert das Deuerlinger Wappen.

Burgruine Donaustauf
Foto: Harald Hünn (www.derfilmograph.de)

AUTOHAUS PRALLER GMBH

Fahrspaß, der bewegt

Ein Jahr bevor die „Isetta" als „Gesicht" des Wirtschaftswunders Deutschland eroberte, begann im Autohaus Praller in Deuerling die Erfolgsgeschichte als BMW-Vertragspartner. Firmengründer Christian Praller hatte bereits damals Weitblick und Visionen, was die mobile Zukunft im Landkreis betraf. Entwicklung und Angebot des familiengeführten Unternehmens bedienen bis heute der Menschen Traum vom Fahren – mit der nun dritten Generation kommt das Tempo nicht mehr ausschließlich aus der Tankstelle, die Fahrspur wird stetig mehr auf Freude am Fahren aus der Steckdose gestellt. Für die hohe Leistungsfähigkeit des Hauses engagiert sich die Familie Praller mit einem stetig wachsenden Team, jeden Tag neu. Die Philosophie: immer in Bewegung!

Leistung & Antrieb

2015 stellten die Verantwortlichen ihre Leidenschaft für Mobilität einmal mehr auf Zukunft – das Autohaus mit seinen Ausstellungs- und Verkaufsflächen erhielt ein Facelifting nach neuesten Standards. Seit 2018 ist das Unternehmen zertifiziert für BMW M und BMW i. Ästhetik und Dynamik stehen gleichermaßen für das mobile Portfolio von BMW wie für Prallers Leistungsspektrum mit den Bereichen Neu- und Gebrauchtwagen, Service & Teile, Zubehör & Lifestyle sowie Geschäfts- und Sonderkunden. Eine Umfrage mit Onlineerhebung bestätigte die Kundenzufriedenheit – das Autohaus wurde unter die 1 000 besten Kfz-Werkstätten Deutschlands gewählt.

Dynamik mit Vision

E-Mobilität bewegt – nachhaltig, zukunftsweisend und mit neuem Fahrerlebnis. Vom BMW i bis zum Plug-in-Hybrid-Fahrzeug – Technologien, Fahrdynamik, intelligente Nachhaltigkeit und Design überzeugen, elektrische Performance und Entertainment lassen staunen. Das Design spricht klar und mit Raum für Details. Aerodynamik und maximale Effizienz ermöglichen mittlerweile rein elektrische Reichweiten von bis zu 600 Kilometern. Starke Auftritte für Freude am Fahren mit sportlicher Qualität bieten BMW-M-Modelle. Sie überzeugen durch technische Vollendung, Fahrvergnügen und Luxus. Komfort, Formensprache und Design punkten bei wirklich jeder Probefahrt – erleben Sie Unabhängigkeit mit attraktiven Konditionen und maximaler Leistung!

Fotos: Autohaus Praller GmbH

Foto: S. Kerscher

Markt Donaustauf

„Gespalten von Blau und Silber, belegt mit einem goldenen Dreiberg, aus dem ein Weinstock mit vier Trauben und zwei Blättern in verwechselten Farben wächst."

Figuren und Tingierung richten sich nach dem Wappenbrief des bayerischen Herzogs Albrecht IV. von 1494.

Die Feldfarben deuten die Ortsherrschaft an, die die Wittelsbacher 1481 errungen hatten. Auf den damals noch vorherrschenden Weinbau in dieser Gegend bezieht sich der Weinstock; im 15. Jahrhundert waren die Gewächse auch am Herzogshof beliebt.

Der Wappeninhalt hat sich bis jetzt nicht geändert, nur in den Abbildungen aus dem 16. Jahrhundert wurden die Blätter weggelassen. Über die Reihenfolge der Feldfarben bestand nie volle Klarheit.

Ortsteile

Donaustauf, Sulzbach a.d.Donau mit: Dachsberg, Hammermühle, Klammer, Neumühle, Parkhaus

Fläche:	9,72 km²
Einwohner:	4 565 (1.6.2022)
Bürgermeister:	Jürgen Sommer

Altbesiedeltes Land

Luftaufnahme der Walhalla Foto: S. Kerscher

Die Marktgemeinde Donaustauf zählt derzeit etwa 4 500 Einwohner. Mit der Gebietsreform von 1978 wurde die ehemals selbstständige Gemeinde Sulzbach a.d.Donau in den Markt Donaustauf eingegliedert. Während das Donaugebiet ein altbesiedeltes Land darstellt, das schon zur Zeit der Landnahme der Bajuwaren erschlossen war, wurde der Raum nördlich der Donau erst durch Rodung bewohnbar gemacht. Ältestes „Verwaltungszentrum" in diesem Gebiet mag wohl ein an der Mündung des Sulzbachs gelegener Amtshof gewesen sein.

Walhalla

Der mächtige klassizistische Tempel, äußerlich dem griechischen Parthenon in Athen ähnlich, dominiert optisch seine Umgebung und ist schon von Weitem zu erkennen. Inspiriert von der Idee König Ludwigs I., den „rühmlich ausgezeichneten Teutschen" einen Ehrentempel zu bauen, entstand nach den Plänen des Architekten Leo von Klenze eines der bedeutendsten Bauwerke des Klassizismus in Deutschland.

Burgruine Donaustauf

Zwischen 914 und 930 ließ Bischof Tuto von Regensburg eine feste Burg zur Abwehr der Ungarneinfälle errichten. Diese Bischofsburg war in den folgenden Jahrhunderten eine heftig umkämpfte Wehranlage zwischen dem Herzogtum Bayern, dem Hochstift Regensburg (= Gebiet des Bischofs) und der freien Reichsstadt Regensburg. Wenn der Bischof von Regensburg in Geldnot war, verpfändete er die Burg an die Stadt oder an den bayerischen Herzog. Obwohl die Burg Donaustauf dem Verfall preisgegeben ist, lassen sich Umfang und Anlage der meisten Bauwerke und der wehrhafte Charakter noch relativ gut erkennen. Die Burgkapelle, die kunsthistorisch sehr bedeutsam ist, stellt schon von ihrer Lage her eine burgenbauliche Sonderform dar: Sie lag (zumindest teilweise) im

Burgruine Donaustauf Foto: S. Kerscher

Chinesischer Turm Foto: M. Semmelmann

Kirche St. Salvator Foto: M. Semmelmann

Torturm. Reste von Wandmalereien aus der Mitte des 12. Jahrhunderts sind erhalten. Die Burg war ein vorzüglicher Hinterhalt. Des Öfteren wurden den Kaufleuten ganze Schiffsladungen abgenommen. Darüber hinaus ließ die strategisch bedeutsame Lage die Burg zu einem wertvollen, von allen Seiten begehrten Machtinstrument werden. Die Burg war daher nicht nur Tausch- und Pfandobjekt, sondern auch häufig Ziel militärischer Angriffe. Der letzte große begann Ende des Jahres 1633 mit einem Überfall der bayerischen Burgbesatzung auf einen Salzzug der Schweden. Daraufhin wurde die Belagerung eingeleitet. Im Januar 1634 wurde die Burg eingenommen, geplündert und in Brand gesteckt. Nach dem Abzug der Schweden setzte man die Burg wieder notdürftig instand, aber eine völlige Wiederherstellung schien nicht mehr möglich. Seit dem Ende des 17. Jahrhunderts verfiel dann die ehemals so wehrhafte Anlage immer mehr. Seit dem 6. April 1989 ist die Burgruine im Eigentum des Marktes Donaustauf.

Chinesischer Turm

Die original erhalten gebliebene Holzkonstruktion des Chinesischen Turmes von Donaustauf stammt aus dem Jahr 1842. Das Donaustaufer Schloss brannte beim großen Marktbrand im Jahre 1880 völlig nieder; der Chinesische Turm im Osten des Fürstengartens blieb verschont. Nach einer kurzen Zeit in Prüfening befindet sich der Turm seit 17. September 1999 wieder im Fürstengarten Donaustauf.

Fürstlicher Thiergarten

Angelegt wurde der Fürstliche Thiergarten 1813 als Jagdwald der Fürsten zu Thurn und Taxis. Doch der Thiergarten war auch schon immer ein Forstwald und diente der Holzproduktion. Heute umfasst er ein Areal von 2 800 Hektar mit einer üppigen Landschaft und einer zahlreichen Pflanzen- und Tierwelt. Der Thiergarten ist komplett eingezäunt. Die Wildschweine und das Holz bilden das Kapital des Waldes.

Wallfahrtskirche Sankt Salvator

Die Wallfahrtskirche St. Salvator wurde im 15. Jahrhundert als gotischer Bau errichtet. Im 18. Jahrhundert wurde sie barockisiert und im Jahr 1843 im Auftrag König Ludwigs I. durch Leo von Klenze dem Walhallabaustil angepasst. Das Innere der Kirche ziert der Altar als eine elegante Rokokoschöpfung aus der ersten Hälfte des 18. Jahrhunderts. Das Wallfahrtsgeschehen ist in acht Holztafelgemälden, die um 1600 entstanden sind, dargestellt.

Wehrkirche St. Martin, Sulzbach

Die Kirche St. Martin ist der letzte Zeuge aus der mittelalterlichen Zeit in Sulzbach. Das älteste Bild, das die Kirche zeigt, stammt aus dem Jahr 1522 von dem Maler Albrecht Altdorfer. Eine Besonderheit an der Kirche sind die Schießscharten an der West- und Nordwestseite des Gebäudes.

Kreisbauhof Landkreis Regensburg Foto: Herbert Stolz

Sporthalle Regenstauf Visualisierung: Gutthann HIW Architekten

Gymnasium Lappersdorf Foto: Martin Duckek

GUTTHANN HIW ARCHITEKTEN

Stark verwurzelt in der Region

Gutthann HIW Architekten gründet seine Anfänge 1999 mit der Eröffnung eines Architekturbüros durch Joachim Gutthann in seinem Heimatort Donaustauf. 2020 erfolgte die Fusion mit der bereits 1992 gegründeten und in Bogen ansässigen HIW Hornberger, Illner, Weny Gesellschaft von Architekten mbH. Heute unterhält das Büro die Standorte Donaustauf und Bogen und beschäftigt aktuell rund 40 Mitarbeiter.

Der Auftakt der Zusammenarbeit mit dem Landkreis Regensburg erfolgte bereits 2005. Damals wurde die ehemalige Landwirtschaftsschule in Regensburg saniert, um die steigenden Schülerzahlen – auch aus dem Landkreis – im benachbarten Albertus-Magnus-Gymnasium abzufangen.

Gymnasium Lappersdorf

Wesentlicher Meilenstein für die Region und das Büro war der 2010 gewonnene Wettbewerb zur Realisierung eines Landkreis-Gymnasiums in Lappersdorf. Der Neubau trägt mit der Ausrichtung „Schule als Lebensraum" den gewachsenen Anforderungen an einen differenzierten Raumbedarf Rechnung. Die Materialauswahl des gesamten Gebäudes steht für Nachhaltigkeit, Widerstandsfähigkeit und Langlebigkeit. Holzoberflächen und warme Farben schaffen in den Räumen und Fluren eine angenehme Atmosphäre. Das ganzheitliche Energiekonzept orientiert sich an zukunftsweisenden Passivhausstandards. Der Aufbau der Gebäudehülle und die Auswahl der Haustechnik greifen optimal ineinander, wodurch außerordentlich geringe Verbräuche und ein ganzjährig angenehmes Raumklima erreicht werden.

Kreisbauhof

Im Gewerbegebiet Unterheising wurde in den letzten Jahren auf 18 500 Quadratmetern der neue Kreisbauhof des Landkreises Regensburg errichtet. Besonderer Wert beim Bau galt dem Einsatz von nachhaltigen Baustoffen. Das Verwaltungsgebäude wurde als Massivholzbau umgesetzt. Die Heizung und Kühlung der Gebäude wird mit Grundwasserwärmepumpentechnik und Holzpellets betrieben. Das neue Gelände und die Betriebsgebäude bieten genügend Platz für alle Großfahrzeuge, Geräte und Materialien des Landkreises. Auch ein Feuerwehr-Simulationshaus als Übungszentrum für die Feuerwehren des Landkreises ist auf dem Gelände entstanden.

Sporthalle Regenstauf

Und auch künftig bleiben Gutthann HIW Architekten ihrer regionalen Verantwortung verpflichtet. So liegt der Fokus bereits auf dem nächsten Projekt in der „Nachbarschaft": einer „grünen" Sporthalle in Regenstauf. Im Zeichen modernster Energiekonzepte und Nachhaltigkeit laufen derzeit die Planungen zur Realisierung einer neuen Dreifachsporthalle in kompletter Holzbauweise.

Fotos: Gemeinde Duggendorf

Gemeinde Duggendorf

„Über blauem Wellenschildfuß geteilt von Rot und Gold, belegt mit einem Feuer speienden Drachenrumpf in verwechselten Farben."

Das Gemeindewappen greift stellvertretend das Familienwappen der in Hochdorf ansässigen Teuffel von Pirkensee auf. Der Feuer speiende Drache ist ein redendes Bild für den Namen Teuffel; es findet sich in der von der Familie Teuffel errichteten Kirche in Hochdorf ebenso wie auf einem Grabmal in der Pfarrkirche Duggendorf. Die Figur lässt den Betrachter auch an die mit Feuer verbundene Eisenverarbeitung denken. Die Lage der Gemeinde an der Naab kommt im blauen Wellenschildfuß zum Ausdruck.

Ortsteile

Auf'nberg, Biersackschlag, Brunnenstich, Duggendorf, Gessendorf, Girnitz, Haidberg, Heitzenhofen, Hochdorf, Judenberg, Neuhof, Schwarzhöfe, Sommerlegerl, Weichseldorf, Weihergut, Weinberg, Wischenhofen, Zeinberg, Zündergut

Fläche:	22,88 km²
Einwohner:	ca. 1 600 (31.7.2022)
Bürgermeister:	Thomas Eichenseher

Leben mitten im Naherholungsgebiet

Leben, dort wohin viele zur Naherholung fahren, so lässt sich kurz die Lebensqualität in der Gemeinde Duggendorf beschreiben. Die aktuell etwa 1 600 Gemeindebürgerinnen und Gemeindebürger leben ebenso an einem der schönsten Abschnitte der Naab wie auf den malerischen Hängen des Oberpfälzer Juras.

Als Bestandteil der Verwaltungsgemeinschaft Kallmünz sind Einrichtungen wie Ärzte, Einkaufsmöglichkeiten oder Behörden zwar nicht fußläufig, jedoch in kürzester Fahrtzeit zu erreichen. Das Mittelzentrum Burglengenfeld, mit hervorragenden Freizeiteinrichtungen, erreicht man mit dem Pkw in etwa zehn Minuten. Regensburg liegt mit gut 20 Minuten Fahrtzeit praktisch vor der Haustür. Sogar nach Nürnberg geht es über die Autobahn in weniger als einer Stunde. Mit der Lage in Reichweite der beiden Autobahnen A 3 und A 93 liegt die Gemeinde viel zentraler, als es auf den ersten Blick erscheint. Um der wachsenden Wohnraumnachfrage gerecht zu werden, sollen nun weitere Bauplätze erschlossen werden.

Stärken des ländlichen Raumes sind der Zusammenhalt und die ausgeprägte soziale Ausrichtung seiner Bewohner. Auch in der Gemeinde Duggendorf zeigt sich das in einem aktiven Vereinswesen allgemein und in der erfolgten Gründung des Nachbarschaftshilfevereins im Besonderen. Dieser will mit aktiver Unterstützung der Gemeinde dafür sorgen, dass die Menschen möglichst lange selbstbestimmt zu Hause leben können. Mit dem Seniorenbus wurde eine Anbindung von der Haustür bis nach Kallmünz geschaffen. So ist die Gemeinde Duggendorf liebens- und lebenswert.

Fotos: Gemeinde Hagelstadt

Gemeinde Hagelstadt

„In Rot eine eingeschweifte silberne Spitze, darin ein roter Hahn, vorne ein silbern gekleideter Männerrumpf ohne Arme mit Kaiserkrone, hinten ein senkrechter silberner Schlüssel."

Das figurenreiche Wappen verweist sowohl auf die Ortsbestandteile als auch auf wichtige herrschaftsgeschichtliche Zusammenhänge. Der Hahn, das Attribut des heiligen Veit, erinnert an das im Gemeindegebiet reich begüterte Kloster Prüll und an das davon abgeleitete Veitspatrozinium der Kirche in Hagelstadt. Die Geschichte von Langenerling, das zur Hofmark Alteglofsheim gehörte, wird repräsentiert durch den Männerrumpf. Der Schlüssel im Wappen ist von dem in Gailsbach begüterten Kloster Oberalteich hergeleitet. Die Tingierung in Silber und Rot steht für die enge historische Verbindung der Gemeinde Hagelstadt zu Regensburg mit dem Bischofssitz und den Klöstern.

Ortsteile

Die Gemeinde besteht aus den Ortsteilen Gailsbach, Gitting, Grünthal, Hagelstadt, Höhenberg und Langenerling.

Fläche:	20,73 km²
Einwohner:	2 000 (31.7.2022)
Bürgermeister:	Thomas Scheuerer

Landwirtschaft und Ziegelei prägten die Geschichte

Die 2 000 Einwohner zählende Gemeinde Hagelstadt umfasst die 1972 und 1975 angegliederten Altgemeinden Gailsbach und das 2,3 Kilometer lange Straßendorf Langenerling sowie Grünthal, Gitting und Höhenberg. Neben der ersten urkundlichen Erwähnung Hagelstadts aus dem Jahr 842 belegen diverse Bodenfunde aus der Steinzeit bis zu den Kelten, Germanen und Römern, dass die fruchtbare Gegend am Ausläufer des Gäubodens seit jeher stark besiedelt war. Von der keltischen Besiedlung zeugt die noch heute gut sichtbare Viereckschanze aus der Latènezeit im Wald südwestlich von Hagelstadt. Das Leben in der Gemeinde war vor allem von Handwerk und Landwirtschaft geprägt. Durch die Anbindung Hagelstadts an die Bahnstrecke Landshut – Regensburg im Jahr 1873 änderte sich das dörfliche Erscheinungsbild jedoch nachhaltig.

Da es in und um Hagelstadt hochqualitative und leicht abbaubare Lehmvorkommen gibt, wuchs die 1869 begründete Ziegelei in Hagelstadt stetig. Durch die steigende Nachfrage und infrastrukturelle Anbindung entwickelte sich das Ziegelwerk durch umfassende Investitionen des Schweizer Geschäftsmanns J. J. Deplaz (1907) zu einem bedeutenden regionalen Arbeitgeber.

Viele Heimatvertriebene fanden in den Nachkriegsjahren in Hagelstadt eine neue Heimat, und durch umfangreichen Siedlungsbau wurde das von der Ziegelei und der Landwirtschaft geprägte Dorf erneut stark verändert.

Luftbild von 1956 Foto: Ortsarchiv der Gemeinde Hagelstadt

Moderates Wachstum und Zukunftsinvestitionen

Die Gemeinde Hagelstadt setzt auf ein moderates und nachhaltiges Wachstum sowie gezielte Investitionen in die Zukunftsfähigkeit. Grundlage hierfür sind neben der verkehrsgünstigen Anbindung an den stündlich fahrenden Flughafenexpress und an die B 15 ein neu ausgewiesenes Baugebiet und ein sehr hohes ehrenamtliches Engagement in den Vereinen. Auch die Lebens- und Naherholungsqualität hat sich durch eine staatspreisgekrönte Flurbereinigungs- und Dorferneuerungsmaßnahme in Gailsbach, Renaturierungsmaßnahmen, mehrere Wasserrückhaltebecken in Verbindung mit umfangreichen Hochwasserschutzmaßnahmen und einen neuen Radweg nach Langenerling weiter erhöht. Das Rathaus als moderne Servicestelle steht den Bürgern nach dem Umbau des alten Bahnhofs seit Januar 2021 offen. Die Betreuung und Förderung der Kinder liegt der Gemeinde besonders am Herzen. Angefangen von den Kleinsten in der Kinderkrippe und dem Kindergarten, die durch die einhäusige Unterbringung viele Vorteile und einen flexiblen Übergang bieten. Bis hin zu den Grundschülern, wo die Gemeinde Hagelstadt mit der Sanierung und Erweiterung der Grundschule zur Offenen Ganztagsschule schon jetzt die künftigen Anforderungen der Kinderbetreuung erfüllt.

Die Grundschule Hagelstadt als „Flexible Grundschule"

Das Konzept der Hagelstädter Grundschule hat sich in den letzten neun Jahren Schritt für Schritt entwickelt. Ausgangspunkt war die Bildung jahrgangsgemischter Klassen. Diese erfolgten zunächst aus der Not heraus, da die Schülerzahl stetig sank. Das war der Anlass, sich für die „Flexible Grundschule" zu bewerben und aus dieser Not ein sinnvolles Konzept zu entwickeln und den Vorteil des Miteinanderlernens zu nutzen.

Die Flexible Eingangsstufe sieht vor, dass die Kinder die erste und zweite Klasse in ein, zwei oder drei Jahren durchlaufen. So kann individueller auf die Stärken und Schwächen eingegangen werden. Auch in den Klassen 3 und 4 wurden jahrgangsgemischte Klassen gebildet. Das Miteinander- und Voneinanderlernen rückte in den Mittelpunkt. Es entstand ein „roter Faden", der alle Klassen miteinander verbindet. Der Unterricht ist geprägt von offenen Unterrichtsformen und Materialien, die zum selbst gesteuerten Lernen anregen. Die Schüler arbeiten am Morgen selbstständig an ihren Aufgaben im Wochenplan. Besonders der Bereich der Medienerziehung ist der Schule ein großes Anliegen. In jedem Klassenzimmer befindet sich ein Activeboard, und die Kinder haben Zugriff auf 48 IPads. Kinder können durch die Jahrgangsmischung auch in höheren Klassen immer wieder zwischen den Positionen Partner, Helfer und zu Helfenden wechseln. Dadurch lernen die Kinder voneinander und miteinander.

Sanierung und Erweiterung der Grundschule als Zukunftsinvestition

Nach Abschluss der Baumaßnahmen zur Erweiterung erfolgte der Umzug in das neue Schulgebäude im November 2020. Dadurch erhielt die Grundschule beste Bedingungen, um das Konzept „Modus-Schule" zur Erprobung von Weiterentwicklungsmaßnahmen mit Leben zu füllen.

Fotos: Stadt Hemau

Stadt Hemau

„In Blau der golden gerüstete heilige Georg mit goldenem Topfhelm auf einem mit goldener Decke (Pferdemantel) geschützten weißen Rosse mit der Fahnenlanze (silbernes Tuch mit rotem Kreuze) und dem silbernen, mit rotem Kreuz gezierten Armschild rechtshin sprengend."

Der heilige Georg im Wappen weist zurück in die früheste Zeit der Stadtgeschichte: Die Pfarrei Hemau war von der Kirchenweihe durch Bischof Otto von Bamberg im Jahr 1125 bis 1803 eine Propstei des Klosters Prüfening. Der heilige Georg ist sowohl Patron des Klosters Prüfening als auch des Hochstifts Bamberg.

Ortsteile

Die Stadt besteht aus dem Hauptort Hemau und den Ortsteilen Aichkirchen, Berletzhof, Haag, Hohenschambach, Klingen, Kollersried, Langenkreith, Laufenthal, Neukirchen, Pellndorf, Thonlohe und den zugehörigen Ortschaften.

Fläche:	122,34 km²
Einwohner:	9 886 (1.7.2022)
Bürgermeister:	Herbert Tischhöfer

Im Herzen des Tangrintel

Hemau ist die flächenmäßig größte Gemeinde im Landkreis Regensburg und liegt im Herzen des Tangrintel – des bewaldeten Bergrückens zwischen Altmühl und Schwarzer Laber. Die Stadt besticht mit einem besonderen Charme aus mittelalterlicher Geschichte und moderner Architektur. Der Stadtplatz mit seinen Gasthäusern, Cafés und Geschäften verströmt ein schon fast norditalienisches Flair. Der Stadtbrunnen mit seiner lebensgroßen Bronzekuh erinnert an die historischen Viehmärkte.

Waldbad

Das Hemauer Waldbad liegt inmitten einer malerischen Naturkulisse und ist ein Sommerhighlight für alle Badefans. Ob Abenteuerspielplatz, Sprungturm oder Rutsche: Der Badeweiher lässt fast keine Wünsche offen. Umkleiden, WCs und Duschen stehen kostenlos zur Verfügung.

Dirtpark „Kuhtrails"

Mit seinen rund 4 000 Quadratmetern ist „Kuhtrails" im Hemauer Gewerbepark III einer der größten Dirtparks in der Region und somit ein Paradies für Biker. „Kuhtrails" bietet Strecken für alle Altersgruppen. Ältere Kinder und Jugendliche sowie Erwachsene können über Erdhügel und andere Hindernisse springen und Stunts trainieren.

Bürgerfest

Das Hemauer Bürgerfest, auch „Hemauer Kirta" genannt, findet immer am letzten Wochenende im Juni statt. Tausende feiern jedes Jahr ausgelassen auf dem Stadtplatz, im Rathausgarten und überall in der Stadt.

Tangrintel-Volksfest

Das Tangrintel-Volksfest ist das größte Volksfest im Landkreis Regensburg und dauert von Freitag bis Dienstag, wobei der Volksfestsonntag immer der erste Sonntag im September ist. Zahlreiche Aussteller auf der Festwiese sorgen für einen kurzweiligen Volksfestbesuch.

Nach Maß handgefertigte Hirschlederhosen

PÖLLINGER LEDER & TRACHT

Hohe Qualität nach Säcklertradition

Marie-Theres Pöllinger-Palaschinski und Franz Pöllinger

Seit der Gründung durch Säcklermeister Thomas Pöllinger 1860 im oberpfälzischen Hemau liegen der Familie Pöllinger hochwertig gearbeitete Trachten am Herzen. Bereits in der fünften Generation führt die Familie inzwischen neun Filialen mit trachtigem Komplettsortiment in acht bayerischen Städten. Somit kann das Unternehmen auf mehr als 160 erfolgreiche Jahre zurückblicken.

Einen besonderen Stellenwert haben seit jeher die hochwertigen, maßgeschneiderten Lederhosen, die in der eigenen Werkstatt nach handwerklicher Säcklertradition gefertigt werden. Nicht nur Vereine und Jäger schätzen die robusten Lederhosen, auch junge Burschen – von Bayern bis über den großen Teich nach USA – sind begeistert von den individuellen, handgefertigten Lieblingsstücken. Herzblut und ursprüngliche Kernkompetenz ist das Säcklerhandwerk. Hier liegen die Wurzeln des Familienunternehmens Pöllinger. Dieses Handwerk hat in der Familie Tradition, altes Wissen wurde seit Thomas Pöllinger im 19. Jahrhundert von Generation zu Generation weitergegeben.

Das Geschäftshaus in Hemau, seit 1860

Eine gute Lederhose ist ein Begleiter fürs ganze Leben!

In der Hemauer Werkstatt kümmern sich die Mitarbeiterinnen und ausgebildeten Säcklerinnen um alle individuellen Kundenwünsche. Jede Lederhose wird nach Maß gearbeitet und ist ein Unikat. Das Maßnehmen ist immer noch Chefsache von Franz Pöllinger senior. Dann wird das richtige Leder erfühlt, Farben und Muster werden ausgesucht. Als Vorlagen für die Stickereien dienen oft überlieferte Muster von antiken Lederhosen.

Alle Einzelteile – Latz, Bund, Messertasche und viele mehr – werden vor Ort in Hemau von Hand bestickt und zusammengenäht. Je nach Saison und Anfragen kann die Fertigung des neuen Lieblingsstücks bis zu vier Monate dauern. Dafür passt es dann wie eine zweite Haut und hält ein Leben lang – Motive sollten also gut überlegt sein!

Altes, aufwendiges Gerbverfahren

Für die handgefertigten Hosen verwendet die Firma vorwiegend Hirschleder, aber auch weiches Ziegenleder. Für die traditionelle bayerische Lederhose wird das Leder sämisch gegerbt. Dieses alte, aufwendige Verfahren wenden nur noch wenige Gerbereien in Bayern und Österreich an. Es ist ein natürlicher, nicht chemischer Prozess, der das Leder atmen lässt.

Fotos: Pöllinger Leder & Tracht OHG

Holzbau in der 5. Generation

Mehr als 120 Jahre Leidenschaft für Holz – dafür steht Holzbau Semmler in Hemau. Im Jahr 1900 gründete Johann Semmler neben seinem landwirtschaftlichen Betrieb eine Zimmerei. Die ist heute ein innovatives Holzbauunternehmen, in dem erfahrene Fachkräfte Wohnträume verwirklichen und die vierte und fünfte Generation der Familie sich die Führung des Geschäfts als Doppelspitze teilen. Holzbau Semmler steht somit für Tradition, aber auch für ein erfolgreiches, zuverlässiges Unternehmen in den Bereichen Holzhausbau, Objektbau, Zimmererarbeiten und Sanierungen – Tradition und Qualität sowie Erfahrung und Kompetenz in allen Bereichen des Holzbaus zeichnen es aus.

Begonnen hat es mit zwei Mitarbeitern. Heute bietet Semmler über 60 Mitarbeitern einen sicheren Arbeitsplatz. Mehr als die Hälfte davon haben im Betrieb gelernt und bleiben ihm auch treu. Für vorbildliche und qualifizierte Maßnahmen zur betrieblichen Ausbildung erhielt der Betrieb das Qualitätssiegel des Landkreises Regensburg. Zahlreiche Auszeichnungen an die „Junggesellen" sind Garant für die hervorragende Ausbildung und ein freundschaftliches, familiäres Betriebsklima.

Das Unternehmen zählt zu einem der wenigen 5-Sterne-Betriebe des Handwerks. Das Meisterhaft-System der deutschen Bauwirtschaft setzt als geschütztes Qualitätssiegel ein deutlich wahrnehmbares Zeichen bei Auftraggebern für Qualität, Kompetenz und Zuverlässigkeit.

Solch gute handwerkliche Arbeit, eine verlässliche Zusammenarbeit mit Bauherren und Architekten sowie Mut zu unternehmerischen Entscheidungen machten es um die Jahrtausendwende möglich, zu expandieren. Ein früheres militärisches Gelände – knapp drei Kilometer von Hemau entfernt – bot rund 100 Jahre nach der Gründung die idealen Voraussetzungen für die Expansion von Holzbau

Fertigungshalle der Semmler Holzbau GmbH

Semmler. Das Unternehmen verfügte nun mit Büro- und Besprechungsräumen, Abbundhallen und ausreichend Lagerflächen sowie der Infobox über hervorragende Arbeitsbedingungen.

Anfang 2020 – kurz vor Ausbruch der Corona-Pandemie – trafen Thomas (4. Generation) und Max (5. Generation) Semmler die Entscheidung, eine weitere Halle für die Herstellung von Wandelementen mit modernen Fertigungsmethoden zu bauen. Neben der Erweiterung der Produktionskapazitäten konnte die Qualität der vorgefertigten Holzbauteile nochmals gesteigert werden. Auch die Individualität der Kundenwünsche können nun komplett umgesetzt werden. Die neue Produktionstechnik bietet dabei zahlreiche Hilfsmittel, um die Arbeit und Sicherheit der Mitarbeiter zu erleichtern.

Kirchturm Nittenau

Selbstverständlich hat Holzbau Semmler beim Bau der neuen Produktionshalle großen Wert auf Nachhaltigkeit gelegt. Holz aus Regensburger Wäldern garantierte kurze Wege bei den verwendeten Baumaterialien. Als Energiequelle nutzt die neue Halle eine hocheffiziente Hackschnitzelheizung.

Als Holzbaubetrieb mit über 120 Jahren Tradition und Unternehmensgeschichte fühlt sich jeder im Unternehmen dem Erhalt historischer Bausubstanz verpflichtet. Seit den 1960er-Jahren sind qualitativ hochwertige Sanierungsarbeiten ein wichtiges Standbein für das Unternehmen. Dank umfassenden Know-hows im Denkmalschutz, außergewöhnlicher Sensibilität für Bestehendes und Leidenschaft für den Baustoff Holz hat Holzbau Semmler bereits erfolgreich zahlreiche historische Bauwerke sowie Denkmäler und weit über 100 Kirchen instandgesetzt.

Holzbau Semmler versteht sich als Dienstleister in allen Bereichen des Holz- und Zimmererhandwerks. Jede Kundenidee ist eine neue Herausforderung für das Team. In der firmeneigenen Infobox erhalten Kunden alle Informationen über die Leistungsvielfalt, die zum schlüsselfertigen Bauen benötigt werden. Holzbau Semmler koordiniert die Termine mit ausgewählten Meisterbetrieben und führt alle anfallenden Arbeiten kompetent aus. Für alle Objekte bietet Holzbau Semmler zusätzlich einen Kundendienst mit Wartungsvertrag an.

Ein Hoch auf das Handwerk!

Team der Semmler Holzbau GmbH

Fotos: Holzbau Semmler GmbH

Gemeinde Wenzenbach
Foto: Harald Hünn (www.derfilmograph.de)

NATURALIS ENERGIESYSTEME GMBH

Spezialist für ökologische Heizsysteme

Die Firma Naturalis Energiesysteme aus Hemau ist seit 19 Jahren im Bereich Heizen mit Holz und Sonne tätig und hat sich auf den Vertrieb von ökologischen Heizsystemen spezialisiert. Der Heizungsanlage- und Zubehörgroßhandel bietet in diesem Bereich verschiedene Produkte aus dem Segment der erneuerbaren Energien an.

Links zu sehen ist ein Walltherm Holzvergaser, der das ganze Haus mit Wärme versorgen kann. Auf der rechten Seite ist ein Kachelofenbausatz zu sehen.

In den Räumlichkeiten von Naturalis können Kunden in einer Ausstellung vieler verschiedener Öfen das favorisierte Produkt live testen und entscheiden, welcher Ofen am besten zu den eigenen Vorstellungen passt.

Noch vielseitiger

Mit Solarfocus, Pertinger, Aduro, Cadel und Häusler konnte Naturalis neue Hersteller für sich gewinnen. Damit kann das Unternehmen nun im Bereich Heizung von 4-kW-Kaminöfen bis zu 300-kW-Nahwärmenetzen jeden Heizungstyp anbieten und ist damit noch vielseitiger.

Dabei enthalten ist eine fundierte Beratung des Endkunden und von namhaften Planungsbüros, denn der Kundendienst wird bei Naturalis großgeschrieben. Für fast alle Öfen hat die Firma Ersatzteile auf Lager und ist damit vorbereitet, auch in Notsituationen sofort helfen zu können und aufgrund langjähriger Erfahrung zu notwendigen Sanierungen kompetent zu beraten.

Büro und Halle der Firma Naturalis Energiesysteme GmbH

Aufgrund hoch qualifizierter Mitarbeiter und einer familiären Unternehmensstruktur ist Naturalis bestens für die Zukunft gerüstet.

Fotos: Naturalis Energiesysteme GmbH

Verdiente Bürger

Politik ist ein Langstreckenlauf, man muss dranbleiben

Maria Scharfenberg

Ausgangspunkt für Maria Scharfenbergs politisches Engagement war ein Kohlekraftwerk. Stand der Wind ungünstig, bekamen ihre Kinder Pseudokrupp. Mit anderen Eltern gründete sie deshalb nachts im Wartezimmer des Kinderarztes eine Bürgerinitiative. Als sich diese als zahnloser Tiger erwies, zog es einige in die Politik, darunter auch Scharfenberg. Sie wurde Mitglied bei den Grünen, gründete in Helmstedt bei Braunschweig einen Orts- und einen Kreisverband. Anfang der 1990er-Jahre setzte sie ihren politischen Weg in Bayern fort, übte zahlreiche Funktionen aus. So war sie 1998 bis 2013 Mitglied des Bayerischen Landtages, seit 2014 ist sie die zweite stellvertretende Landrätin des Landkreises Regensburg. Geleitet hat sie stets das Interesse an Biologie und Ökologie, schon früh wies sie auf die Gefahren von Pflanzenschutzmitteln hin, lange vor dem heute allgegenwärtigen Insektensterben.

Mitte der 1990er-Jahre war sie Mitinitiatorin des Bürgerbegehrens „Das bessere Müllkonzept", setzte sich für die Einführung der Wertstoffhöfe im Landkreis ein. Ein weiteres drängendes Thema, erneuerbare Energien, wäre noch mal ein Quantensprung, so Scharfenberg. Man müsse die Infrastruktur schaffen – regional oder mit einer Überlandleitung, die den Strom von den Windkraftwerken in Ost- und Norddeutschland zu den Bürgern nach Bayern bringt. Die Trasse SuedOstLink sei groß, ebenso sei es die Diskussion. Anstrengend? Auf jeden Fall. „Politik ist ein Langstreckenlauf. Man muss dranbleiben." Das Tolle an der Demokratie? „Dass man Dinge immer auf den Prüfstand stellen darf."

Landkreisbewusstsein gebildet, Vernetzung in der Region weiter vorantreiben"

Dr. Rudolf Ebneth

Geboren in Hackenberg im Jahr 1947 ist Dr. Rudolf Ebneth ein echtes Kind des Landkreises. Seit 1951 wohnt er in Wenzenbach und ist dort seit 1972 als Gemeinderat aktiv, 2022 wurde ihm die Ehrenbürgerwürde verliehen.

1978 bis 2020 wirkte Rudolf Ebneth zudem als Kreisrat und erlebte die Entwicklung des Landkreises somit in erster Reihe mit. Seine Einschätzung: „Nach Anfangsschwierigkeiten gelang es in fünf Jahrzehnten seit den Gemeinde- und Gebietsreformen sehr gut, neue Gemeinden in den Landkreis zu integrieren und den Landkreis sehr positiv zu entwickeln. Erfolge gibt es bei der Ausbildung eines Landkreisbewusstseins, einer Landkreisidentität. Jura, Gäuboden und Vorderer Bayerischer Wald mussten zusammenwachsen, profitieren nun aber voneinander. Von wesentlicher Bedeutung ist die konsequente Intensivierung der Vernetzung zwischen Stadt und Landkreis Regensburg in Bereichen wie Wirtschaft, ÖPNV, Tourismus und Marketing. Die schon 2008 gegründete Arbeitsgemeinschaft Lebens- und Wirtschaftsraum Regensburg müsste hierfür wichtige Impulse geben. Verwaltungsgrenzen dürfen dabei keine Gestaltungsgrenzen sein." Rudolf Ebneth engagiert sich bis heute in vielen Vereinen, ist Vorsitzender des Wasserzweckverbands Wenzenbacher Gruppe sowie des örtlichen Musik- und Gesangvereins mit integrierter Musikschule.

Das Gemeinsame im Blick haben, nicht das Trennende

Joseph Karl

1972 ist Joseph Karl 21 und „wahrscheinlich der jüngste Gemeinderat in ganz Bayern". 1978 wird er in den Kreistag gewählt, dem er bis 2020 angehört. Anfang der 1980er-Jahre erreicht er, dass beim neuen BMW-Werksgelände auf bienenfreundliche Bepflanzung geachtet wird – ein Erfolg für den passionierten Hobbyimker. Als weitere Projekte fallen in seine Zeit als Kreisrat Schulneubauten, Krankenhausrenovierungen oder die neue Müllverbrennungsanlage in Schwandorf. „Damit keine neue Mülldeponie im Landkreis gebaut werden musste", erinnert er sich. Bescheiden sieht er sich im Rückblick stets als ein Mitwirkender, als einer unter 60 bzw. heute 70 Kreisräten.

Hauptberuflich arbeitet er als Pressesprecher, erst eine Zeit lang im Finanzministerium in München, dann über 30 Jahre bei der Regierung der Oberpfalz in Regensburg. Eigentlich ist er ja gelernter Finanzbeamter, aber das sei ihm immer schon zu trocken gewesen. Er nutzt die beruflichen Einblicke in andere Landkreise für seine Arbeit im Kreistag, schafft Synergien. Mit seiner humorvollen und verbindlichen Art glättet er so manche Wogen. Stets sucht er das Gemeinsame, nicht das Trennende, auch über Parteigrenzen hinweg. Ohnehin habe die Parteipolitik im Kreistag nicht die erste Priorität, vielmehr komme es auf den Einzelnen an: „Jeder ist verpflichtet, zum Wohle der Gemeinde und des Landkreises zu handeln." Karl ist überzeugt, dass man Politik so betreiben müsse, dass man auch nach der Sitzung gemeinsam ein Bier trinken kann. Heute übt Karl weiterhin Ehrenämter aus, zum Beispiel bei der Feuerwehr, und imkert nach wie vor.

Tradition erhalten, Regionales wertschätzen

Willi Hogger

Im Jubiläumsjahr des Landkreises Regensburg feiert Willi Hogger, stellvertretender Landrat seit 2014 und Altbürgermeister des Marktes Laaber (als Bürgermeister im Amt war er 1989 bis 2014), sein 70. Wiegenfest.

Die Entwicklungen nach der Gebietsreform bewertet der Diplom-Verwaltungswirt (FH) positiv. Eine Verlagerung von Aufgabenbereichen auf die Kommunen habe stärkere Verwaltungseinheiten erfordert, der zentrale Sitz der Landkreisverwaltung in Regensburg habe vieles vereinfacht. Der Arbeitsmarkt profitierte aus Sicht des Kreistagsmitglieds (seit 1990) zudem von der Verlagerung von Dienststellen in den Oberpfälzer Raum. Als stetig aufstrebende Region mit beständigen Werten sieht Willi Hogger den Landkreis Regensburg heute und in Zukunft, bedingt durch die Ansiedlung von Unternehmen, die steigende Bevölkerungszahl, touristische Erfolge oder auch Kulturangebote: „Bei uns gibt es noch traditionelle Gaststätten, Gäste und Einheimische wandern in reizvollen Landschaftsschutzgebieten, und man legt Wert auf Regionalität bei Lebensmitteln!" Begeistern kann er sich als Mitglied zahlreicher Vereine für die lebendige Vereinskultur. Gerne blickt er zurück auf seine Zeit als Jugend-Fußballtrainer bei „seiner" TSG Laaber. Ein Jubilar gratuliert zum Jubiläum!

Fotos: Gemeinde Holzheim a. Forst

Gemeinde Holzheim a. Forst

„In Silber schräg gekreuzt ein gestürztes rotes Schwert und ein roter Bischofsstab, überdeckt von einem blauen Gießgefäß."

Das ortsansässige Adelsgeschlecht der Holzheimer führte in seinem Wappen drei Gießgefäße, wovon eines in das Gemeindewappen übernommen wurde. Im 15. Jahrhundert kam Holzheim an das Damenstift Mittelmünster St. Paul in Regensburg (bis 1588). Aus dem Wappen von St. Paul stammt das Schwert. In den Äbtissinnensiegeln fand der Bischofsstab als Symbol für den heiligen Wolfgang Verwendung.

Ortsteile

Brunoder, Bubach a. Forst, Dornau, Haslach, Hirschhof, Holzheim a. Forst, Hubhof, Irnhüll, Oedenholz, Traidenloh, Trischlberg, Unterbrunn, Widlthal

Fläche:	15,64 km²
Einwohner:	1 065 (31.7.2022)
Bürgermeister:	Andreas Beer

Lebenswert und familienfreundlich

Holzheim a. Forst ist ein beschaulicher Ort, in dem es sich äußerst angenehm wohnen lässt. Es gibt immer ein „Platzl" für Bauwillige, die das dörfliche und ländliche Leben suchen. Die Gemeinde Holzheim a. Forst ist für ihre zahlreichen Vereine bekannt. Bei den verschiedensten Veranstaltungen im Jahreskreis ist die Dorfgemeinschaft sehr aktiv.

Vom Blümlberg mit seiner markanten Kapelle, dem Wahrzeichen der Gemeinde, hat man einen herrlichen Ausblick über Holzheim a. Forst und die schöne Juralandschaft. Erwähnenswert sind auch die Kirche Peter und Paul im Ortsteil Bubach a. Forst – diese ist nachweislich eine der schönsten und ältesten Kirchen weit und breit – und das denkmalgeschützte Schloss Holzheim a. Forst. Die Gemeinde hat ein Zentrum, das abseits der Hauptstraße neu gestaltet wurde und auch besucht wird.

Im Jahr 1007 wurde Holzheim a. Forst erstmals in einer Schenkungsurkunde des späteren Kaisers Heinrichs II. an das Bistum Bamberg urkundlich erwähnt, könnte aber bereits im 6./7. Jahrhundert im Zuge der bayerischen Landnahme entstanden sein. Die Gemeinde kann mit Stolz auf eine mehr als tausendjährige Geschichte zurückblicken. Sie zählt heute 13 Ortsteile im Gemeindegebiet, von denen einige noch sehr landwirtschaftlich geprägt sind.

Holzheim a. Forst ist sehr lebenswert und vor allem familienfreundlich! Darüber hinaus sind die Holzheimer Bürgerinnen und Bürger sehr aufgeschlossen und stets hilfsbereit. Für Urlauber, die Ruhe, ländliche Freundlichkeit und viele Freizeitmöglichkeiten suchen, ist Holzheim a. Forst das ideale Ziel.

Markt Kallmünz
Foto: Harald Hünn (www.derfilmograph.de)

Fotos: Markt Kallmünz

Markt Kallmünz

„In Rot unter einer goldenen Krone nebeneinander drei stehende Rauten, die mittlere silbern, die seitlichen blau."

Die drei Rauten (drei Wecken von Baierland), eine Minderung des landesherrlichen Wappens, nehmen Bezug auf die wittelsbachische Herrschaft. Die Krone bezieht sich wohl ebenfalls auf die Landeshoheit. Die Tingierung ist seit dem 16. Jahrhundert belegt.

Ortsteile

Der Markt besteht aus 31 Ortsteilen, darunter 17 Einöden, fünf Weiler, fünf Dörfer, drei Kirchdörfer und der Hauptort Kallmünz.

Fläche:	43,18 km²
Einwohner:	2 831 (30.6.2022)
Bürgermeister:	Ulrich Brey

Perle des Naabtals

Im Jahr 983 wurde die Siedlung Kallmünz zum ersten Mal in einer Schenkungsurkunde des Heiligen Wolfgang, Bischof von Regensburg, erwähnt. Seit 1188 war sie eine Vogtei der Wittelsbacher Herzöge. Etwa 1230 begann Herzog Ludwig der Kelheimer mit dem Bau der Burg. 1283 wurde Kallmünz Sitz eines Landgerichts und Pflegamts. Die Siedlung wurde als Marktort erwähnt.

Der sogenannte Hausvertrag von Pavia wurde 1329 geschlossen. Darin wurde festgelegt, dass Kallmünz bei der Münchner Linie der Wittelsbacher verblieb und nicht zur Pfalz (Oberpfalz) kam. 1455 verlieh Herzog Albrecht III. dem Ort das Marktwappen. Der sogenannte „Kölner Spruch" besiegelte 1505 den Ausgang des Landshuter Erbfolgekrieges. Kallmünz kam zum neu gegründeten Herzogtum Pfalz-Neuburg. Zwischen 1549 und 1559 wurde die Steinerne Brücke über die Naab gebaut.

Das jetzt noch bestehende „Alte Rathaus" stammt aus dem Jahr 1603. 1622 wurde die Vilsmühle zur Hauptmünzprägestätte für Pfalz-Neuburg umgebaut. Der letzte Münzmeister Thomas Paur erhob die Münzstätte zur eigentlichen Blüte.

Das Wahrzeichen von Kallmünz ist die wunderschöne Burgruine, die ehemals als Reichszollstätte diente. Über die Jahre wurde sie mehrmals zerstört, zuletzt 1641 durch die Schweden. Seitdem ist sie eine Ruine. 1793 von der Gemeinde erworben, wurde sie Ende des 19. Jahrhunderts saniert.

Zwischen 1751 und 1758 wurde die Pfarrkirche im Rokoko-Stil neu gebaut. Die Urkirche stammte aus der Karolinger-Zeit. Die Kirche zählt zu den schönsten in der Region. Sie ist mit Werken von Georg Hämmerl und Mathias Zintl ausgestattet.

Anfang des 20. Jahrhunderts wurde der Ort auch von bedeutenden Künstlern wie Wassily Kandinsky entdeckt.

Fotos: Gemeinde Köfering

Gemeinde Köfering

„Gespalten; vorne in Silber ein aufrechter roter Striegel mit vier Spitzen, hinten in Rot ein silberner Sparren, darin eine auffliegende schwarze Lerche."

Der Striegel im vorderen Feld stammt aus dem Wappen der im 13. und 14. Jahrhundert nachweisbaren Köferinger. Der silberne Sparren und die auffliegende Lerche hinten sind redendes Bild für die Grafen von Lerchenfeld, die seit 1569 im Ort ansässig sind.

Rathaus Köfering (links)
Offene Ganztagesschule Köfering (rechts)

Stärkstes Bevölkerungswachstum Bayerns

Zahlreiche Funde von Äxten, Steinbeilen, Sicheln, Spinnwirtel und Tonscherben, die im Historischen Museum der Stadt Regensburg registriert sind, bezeugen, dass das Gemeindegebiet schon in der Jungsteinzeit besiedelt war. Weitere Funde aus dem 4./3. Jahrhundert v. Chr. beweisen zudem, dass auch die Kelten in der Gegend um Köfering siedelten.

Erste Nennungen des Ortes tauchen um das Jahr 970 auf, urkundlich wird Köfering erstmals 1143 als Cheferingen erwähnt. Der Ortsteil Egglfing wurde 983 im Zusammenhang mit einer Schenkung an das Kloster St. Emmeran erstmals urkundlich erwähnt. Die „Köferinger" waren im 12. und 13. Jahrhundert ein alteingesessenes Adelsgeschlecht. Zur Sicherung ihres Besitzes errichteten sie schon im 12. Jahrhundert eine Wasserburg, die der Vorläufer des späteren Wasserschlosses Köfering war. Die Veste Köfering wurde am 26. Dezember 1491 während des Aufstandes des Löwlerbundes zerstört. Die Grafen von Lerchenfeld sind seit 1569 im Ort ansässig.

Die schriftlichen Dokumente zur Ortsgeschichte wurden größtenteils im oder nach dem Zweiten Weltkrieg vernichtet. Der übrig gebliebene Rest verschwand bei der Gebietsreform 1972.

Von 1988 bis 2004 wuchs die Bevölkerung der Gemeinde um 110 Prozent – mehr als in jeder anderen Gemeinde Bayerns. Zwischen 1988 und 2018 wuchs die Gemeinde von 1 068 auf 2 690 um 1 622 Einwohner bzw. um 151,9 Prozent – der höchste prozentuale Einwohnerzuwachs in Bayern im genannten Zeitraum. Die Gemeinde Köfering trat am 1. Mai 1978 ein Gebiet mit den Orten Scheuer und Scheuermühl und mehr als 300 Einwohnern an die Nachbargemeinde Mintraching ab. Vom 1. Mai 1978 bis 31. Dezember 2001 gehörte Köfering zur Verwaltungsgemeinschaft Alteglofsheim, seit 2002 besitzt sie wieder eine eigene Verwaltung.

Ortsteile

Die Gemeinde besteht aus den Ortsteilen Egglfing und Köfering.

Fläche:	5,29 km²
Einwohner:	2 696 (31.12.2021)
Bürgermeister:	Armin Dirschl

Das Gräfliche Schloss Köfering

Wasserschloss Köfering

Die erste Wasserburg an der Pfatter wurde wohl im 12. Jahrhundert erbaut. Mitte des 12. Jahrhunderts wird das Geschlecht der Köferinger erstmals erwähnt. Die Veste Köfering wurde am 26. Dezember 1491 während des Aufstandes des Löwlerbundes zerstört. Die Grafen von und zu Lerchenfeld sind seit 1569 Eigentümer des Wasserschlosses Köfering. Das Schloss wurde im Dreißigjährigen Krieg beschädigt und 1680–1720 in der heutigen Form wiederaufgebaut. Die Schlossanlage besteht aus einem Mittelrisalit, an den sich allerdings nur ein Nordflügel anschließt, im Westen ist ein weiterer Flügel mit vorspringenden Eckrisaliten und südlich angebaut das eingeschossige ehemalige Marstallgebäude. Der einzige Zugang zum Schloss ist über eine steinerne Brücke erreichbar. Der Wassergraben um das Schloss ist noch erhalten. Sehenswert sind der Weiße Saal mit Intarsienparkett und die Kapelle.

Gasthaus zur Post

Ein Gebäude aus dem späten 17. Jahrhundert mit markantem, polygonalem Eckerker. Es diente früher als Posthalterstation und wird heute als Gasthof bewirtschaftet.

Katholische Pfarrkirche St. Michael

Die Pfarrkirche ist ein Saalbau mit eingezogenem Chor, Walmdach, Flankenturm mit Zwiebelhaube und Pilastergliederung, spätbarock, 1717 von Hans Caspar Öttl erbaut. Der Westturm wurde 1618 von Hans Schön errichtet.

St. Margareta in Egglfing

Der Saalbau der Kirche hat einen eingezogenen Chor, einen Chorturm mit Spitzdach und Portal und stammt aus dem frühen 13. Jahrhundert, der Turm stammt aus dem frühen 17. Jahrhundert.

Persönlichkeiten

Aus Köfering stammen Maximilian von Lerchenfeld-Köfering (1799–1859), der bayerischer Botschafter in Sankt Petersburg, Berlin und Wien war, Graf Hugo von und zu Lerchenfeld auf Köfering und Schönberg (1843–1925), ein bayerischer und deutscher Diplomat, Hugo Graf von und zu Lerchenfeld auf Köfering und Schönberg (1871–1944), der bayerischer Ministerpräsident war, sowie Philipp Graf von und zu Lerchenfeld auf Köfering und Schönberg (1952–2017). Er war Abgeordneter des Bayerischen Landtags und Mitglied des Bundestages.

Gasthof zur Post

Katholische Kirche St. Michael Köfering

Kirche Egglfing

Fotos: Markt Laaber

Markt Laaber

„In Schwarz ein gekrönter und rot gezungter goldener Löwenkopf, über dem nebeneinander drei stehende Rauten schweben, die mittlere blau, die seitlichen silber."

Nach seinem Erwerb 1435 verlieh Herzog Heinrich der Reiche 1442 das Wappen, das wie das wenig spätere von Kallmünz drei Rauten aus dem landesherrlichen Wappen, ferner aber auch den geminderten pfalzbayerischen Löwen zeigt. Die Verleihung schloss das Recht der Verwendung des Zeichens im Siegel und Banner sowie die Pflicht zur Anbringung auf den beiden Markttoren ein.

Ortsteile

Der Markt besteht aus 33 Ortsteilen, darunter elf Dörfer, zwölf Einöden, drei Kirchdörfer, zwei Siedlungen, vier Weiler und der Hauptort Laaber.

Fläche:	29,66 km²
Einwohner:	5 320 (31.12.2021)
Bürgermeister:	Hans Schmid

Unterschiedlichste Ortsteile mit besonderem Charme

Wunderschön im Tal der Schwarzen Laber liegt die Marktgemeinde Laaber. 31 unterschiedlichste Ortsteile bilden den Rahmen für den Hauptort. Bereits 1393 bekam Laaber die Marktrechte, und das Rittergeschlecht derer von Laber prägte lange Zeit den Ort. Über die Grenzen Laabers hinweg ist vor allem der Minnesänger Hademar von Laber bekannt.

Der Markt Laaber besticht nicht nur beim alljährlichen Bürgerfest oder Adventsmarkt rund um den historischen Marktkern mit seinem ganz besonderen Charme. Der Ort an der Schwarzen Laber ist zu jeder Jahreszeit einen Besuch wert. Die Burgruine wacht über den Ort und ist Kulisse für verschiedenste Veranstaltungen. Gegenüber der Laaberer Burg ragt die Pfarrkirche St. Jakobus empor. Mehrere Filialkirchen und Kapellen findet man in den Ortsteilen von Laaber. Vom Martinsberg hat man einen traumhaften Blick über den Ort.

Einen Besuch wert ist Hademar – das Haus der Musik am Burgweg. Nach dem Gang durch den Torbogen am Turm lädt nicht nur der kleine Marktplatz mit gemütlicher Gastronomie zum Verweilen ein.

Durch die Lage am Radweg durchs Labertal, an dessen Verlauf auch ein Campingplatz und weitere Gastronomie zu finden sind, finden viele Besucher nach Laaber. Die Anbindung an die Autobahn A 3 sowie an die Bahnstrecke Regensburg – Nürnberg vervollständigen die hervorragende Lage der Marktgemeinde.

Die Lernwelt Laaber, viele Kinderbetreuungseinrichtungen, die Marktbücherei Laaber sowie der Jugendtreff 93164 schaffen einen lebenswerten Ort für Familien. Ehrenamt wird großgeschrieben. Zahlreiche Vereine und Initiativen sorgen für ein vielfältiges Angebot vor Ort. Von der Kultur über den Sport bis hin zur Hilfsorganisation – da ist für jedes Alter etwas dabei.

Landkreis Regensburg – Wegbereiter in Sachen Klimaschutz und Energie

Klima-⊕Umweltschutz.
Geht gut bei uns!
2022
ausgezeichnet vom Landkreis **Regensburg**

Klimaschutz und Energiewende sind spätestens seit dem Klimaabkommen von Paris die Themen unserer Zeit und werden in Gesellschaft und Politik weiterhin im Fokus stehen. Eine Zukunft ohne Umdenken ist nicht denkbar. Die Verantwortlichen im Landkreis Regensburg sind sich dessen bewusst – und das nicht erst seit gestern. So wurde 2009 mit Unterstützung des Landkreises die Energieagentur Regensburg als regionale Beratungseinrichtung gegründet. Ein erster Energieentwicklungsplan als Arbeitsgrundlage für ein eigenes Klimaschutzmanagement wurde bereits 2013/2014 erstellt, 2015 dann der erste Klimaschutzmanager im Landratsamt beschäftigt. Ein neuer Energienutzungsplan, in Form von 41 Einzelplänen für alle kreisangehörigen Kommunen, wurde

Foto: Altrofoto

Photovoltaikanlage Gymnasium Neutraubling

2022 durch ein beauftragtes Ingenieurbüro in enger Abstimmung mit dem Klimaschutzmanagement des Landkreises angefertigt. Darin werden die jeweilige Ist-Situation sowie die Potenziale und Handlungsmöglichkeiten bei der Umstellung der Wärme- und Stromversorgung auf erneuerbare Energien dargestellt. Speziell für den nicht-touristischen Radverkehr im Landkreis wird seit 2021 ein entsprechendes Optimierungskonzept umgesetzt und fachlich begleitet. Die 2017 begonnene fortlaufende Zertifizierung im Qualitätsmanagementsystem „European Energy Award" bescheinigt z. B. den kreiseigenen Liegenschaften, auf dem richtigen Weg in Richtung Klimaneutralität zu sein. Und im Rahmen des Entwicklungskonzepts Region Regensburg wird seit 2022 an einem Klimafahrplan gearbeitet.

Primäre Handlungsfelder des Landratsamtes Regensburg

Energieerzeugung und -verbrauch in den kreiseigenen Liegenschaften sowie der kommunale Fuhrpark sind für den Landkreis wichtige Handlungsfelder. Für diesen leitete die Landkreisverwaltung bereits im Jahr 2014 bei ihren Fahrzeugen den Umstieg von Diesel und Benzin auf Elektrofahrzeuge ein. Eingesetzt werden Stand 2022 mittlerweile elf reine E-Fahrzeuge mit entsprechender Ladeinfrastruktur sowie zwei Hybridfahrzeuge – Ziel ist die Umstellung auf 100 Prozent emissionsfreie Fahrzeuge. Auch auf landkreiseigenen (E-) Fahrrädern sind Mitarbeiter des Landratsamts unterwegs. Dienstfahrkarten für den Regensburger Verkehrsverbund stehen darüber hinaus zur Verfügung.

Energieagentur Regensburg e. V.

Mit der Gründung der Energieagentur Regensburg e. V. 2009 setzten Stadt und Landkreis Regensburg gemeinsam mit Vertretern aus Industrie, Wissenschaft und Wirtschaft ein Zeichen für Energie und Klimaschutz. Die Beratungsagentur ist die regionale Geschäftsstelle für den European Energy Award in den Regierungsbezirken Oberpfalz und Niederbayern. Die interkommunale Struktur des Vereins ermöglicht wertvolle Synergien in der Umsetzung der Energiewende und beim Klimaschutz. Dabei sollen Energiesparpotenziale mobilisiert und eine höhere Energieeffizienz sowie die Nutzung heimischer Ressourcen erreicht werden. Der Agentur gehören derzeit etwa 150 Netzwerkpartner an.

Erneuerbare Energien und Energieeffizienz bei landkreiseigenen Gebäuden

Mit Unterstützung der Energieagentur Regensburg läuft für sechs Liegenschaften des Landkreises Regensburg seit dem Jahr 2015 ein Energiemonitoring, seit 2020 bei vier weiteren. Im Monitoringprozess wird kontinuierlich der Verbrauch von Strom, Wärme und Wasser analysiert – so können unter anderem Maßnahmen für mehr Energieeffizienz abgeleitet und umgesetzt werden. Den Optimierungsprozess dokumentieren Energieberichte mit jährlicher Fortschreibung der Energie- und CO_2-Bilanz, so werden die Fortschritte sichtbar. Um bessere Standards zu erreichen, wurden bereits an zahlreichen technischen Anlagen Elemente optimiert oder ersetzt. Ein weiterer wichtiger Baustein sind regelmäßige Schulungen der mit der Technik vor Ort betrauten Mitarbeiter. Heizungsanlagen werden schrittweise von fossilen Brennstoffen wie Heizöl und Erdgas auf erneuerbare Energien umgestellt – Wärmepumpen, Holzheizkessel, Sonnenkollek-

Photovoltaikanlage Gymnasium Lappersdorf

Foto: Manfred Eglseder

toren und Pufferspeicher halten Einzug. Wo immer möglich, werden Gebäude an Wärmenetze angeschlossen.

Stromproduktion durch Photovoltaikanlagen

Zu den Schlüsseltechnologien bei der Stromversorgung für das Erreichen der Klimaneutralität bis zum Jahr 2040 zählen Photovoltaikanlagen (PV) auf oder an Gebäuden. Die meisten landkreiseigenen Gebäude wurden schon mit PV-Anlagen ausgestattet, teils in Eigenregie, teils wurden Flächen der Bürgerenergie Region Regensburg (BERR eG) zur Verfügung gestellt. Weitere Anlagen sollen folgen. Der eigenerzeugte Strom wird zur Versorgung der Liegenschaften eingesetzt. Beispiel: Der Solarstrom von den Dächern des Gymnasiums Lappersdorf entspricht rund 58 Prozent des gebäudebezogenen Strombedarfs aller Landkreisliegenschaften.

Foto: bayernwerk

EnergieMonitor für den Landkreis Regensburg

https://energiemonitor.bayernwerk.de/regensburg-landkreis

EnergieMonitor und Solarpotenzialkataster im Landkreis

Auf den Internetseiten des Landkreises Regensburg gibt ein sogenannter EnergieMonitor für den gesamten Landkreis Aufschluss über den Stand der regenerativen Stromerzeugung. Dies soll das Thema „Stromwende“ im Bewusstsein der Bevölkerung verankern. Interessierte Bürger sehen hier in Echtzeit, wie viele Kilowattstunden Strom im Landkreis in den letzten 15 Minuten durch Biomasse, Photovoltaik, Wasserkraft, Windkraft oder weitere Erzeuger produziert wurden – dem gegenüber stehen der aktuelle Stromverbrauch im Landkreis durch Industrie und Gewerbe, kommunale Gebäude und Privathaushalte. Auch Informationen über die resultierende CO_2-Einsparung oder die Differenz von Stromproduktion und Stromverbrauch im Landkreis sind hier ablesbar.

Eine schnelle und kostenfreie Erstinformation, ob sich das „eigene Dach" für die Produktion von Solarstrom und/oder Solarwärme eignet, erhalten Landkreisbürger im Solarpotenzialkataster des Landratsamts, ebenfalls im Internet. Über das Portal lässt sich z. B. die Wirtschaftlichkeit solcher Anlagen nach individuellen Bedürfnissen und anbieterunabhängig berechnen. Auch lassen sich die Zahl der Solarmodule, die Dimension eines Batteriespeichers sowie Parameter gebäudespezifischen Energieverbrauchs konfigurieren – z. B., wenn ein E-Fahrzeug geladen werden soll. Zudem wird auf die Möglichkeit hingewiesen, Dachflächen für eine Solarnutzung zu verpachten oder zu vermieten.

Solarpotenzialkataster

www.solare-stadt.de/landkreis-regensburg/Solarpotenzialkataster

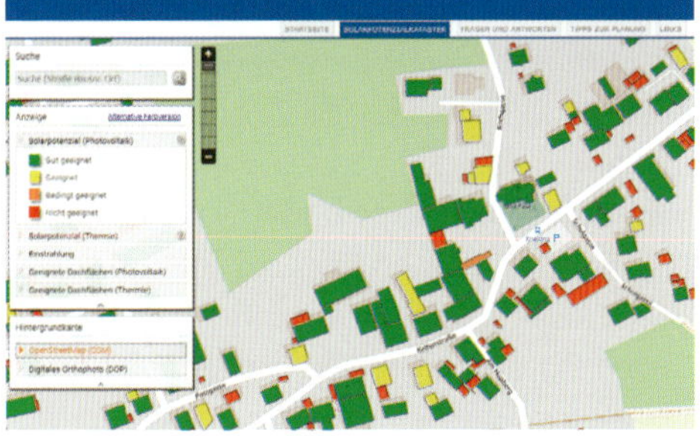

Foto: tetraeder

European Energy Award (eea) für den Landkreis Regensburg

Das Zertifizierungsverfahren mit seinen klimaschutzrelevanten Aufgabengebieten für den European Energy Award (eea) begann 2017, im November 2019 überreichte Umweltminister Thorsten Glauber erstmalig das Auszeichnungszertifikat. Landrätin Tanja Schweiger sieht darin die Bestätigung der vom Landkreis seit vielen Jahren betriebenen Klima- und Umweltschutzpolitik. Bewertet wurden im Zertifizierungsprozess Projekte und Initiativen wie die Umsetzung ambitionierter Energiestandards bei landkreiseigenen Gebäuden, die Realisierung von Photovoltaik-Anlagen, Elektromobilität und das Projekt eCarsharing, Fahrradmobilität, Solarpotenzialkataster und vieles mehr. Eine neuerliche Zertifizierungsphase soll 2025 abgeschlossen werden. Die Teilnahme des Landkreises an diesem Zertifizierungsprogramm wurde im Rahmen der „Richtlinien zur Förderung von Klimaschutzmaßnahmen der Kommunen und anderer Körperschaften des öffentlichen Rechts" durch die Bayerische Staatsregierung gefördert.

Beim eea handelt es sich um ein international anerkanntes Qualitätsmanagementverfahren zur Steuerung und Kontrolle von energie- und klimabezogenen Aufgaben und Projekten auf kommunaler Ebene. Ein akkreditierter eea-Berater und Akteure aus den Kommunen oder Landkreisen definieren lokale Energiespar-Potenziale und setzen diese planvoll um – Anstrengungen und Erfolge lassen sich so neutral messen und vergleichen. Für den ersten eea-Prozess im Landkreis Regensburg wurde zu Beginn ein internes Energieteam aus allen zugehörigen Fachabteilungen als „Motor des eea-Prozesses“ eingesetzt, unter Leitung des Klimaschutzmanagements.

Die Bewertung der Energie- und Klimaschutzpolitik durch den eea erfolgt auf der Basis eines Punktesystems für die Bereiche Entwicklungsplanung und Raumordnung, kommunale Gebäude und Anlagen, Ver- und Entsorgung, Mobilität, interne Organisation sowie Kommunikation und Kooperation. Die Neuzertifizierung startete wieder im Jahr 2022. Ein entsprechender Bewilligungsbescheid für die Förderung im Rahmen der Richtlinien zum Umwelt-Förderschwerpunkt „Klimaschutz in Kommunen“ im Klimaschutzprogramm Bayern 2050 liegt bereits vor.

eCarsharing

2011 wurde die „Kommunale Energie Regensburger Land eG“, kurz KERL eG, gegründet. Mitglied sind der Landkreis Regensburg und die 41 Landkreisgemeinden. 2015 startete die KERL eG das Projekt eCarsharing mit drei Elektroautos – Stand Juli 2022 können an 14 Standorten im Landkreis Elektroautos gemeinschaftlich genutzt werden. Zahlen belegen, dass die Bürger gerne dieses Angebot nutzen: Die durchschnittliche Kilometerleistung der einzelnen Fahrzeuge liegt bei rund 17 000 Kilometern pro Jahr. Gebucht werden können die Fahrzeuge im Web oder über eine Smartphone-App. Die Kooperation mit den Stadtwerken von Regensburg und Straubing ermöglicht zudem die Nutzung von 15 E-Autos im Stadtgebiet Regensburg sowie von drei Fahrzeugen im Stadtgebiet von Straubing. Ziel des Angebots ist es, die Umwelt zu schonen und es den Bürgern zu ermöglichen, die Anschaffung eines Zweitwagens zu vermeiden oder ganz auf ein eigenes Auto zu verzichten. An diesen Standorten im Landkreis stehen – Stand Juli 2022 – E-Autos des Anbieters zur Verfügung: Alteglofsheim, Donaustauf, Köfering, Laaber, Lappersdorf, Neutraubling, Nittendorf, Obertraubling, Pentling, Pettendorf, Regenstauf, Schierling, Sinzing und Wenzenbach.

Im Landkreis können an 14 Standorten E-Autos gemeinschaftlich genutzt werden
Foto: Beate Geier

Fotos: Markt Lappersdorf

Regenufer Pielmühle (links)
Marktbrunnen (rechts)

Markt Lappersdorf

„Geteilt durch einen gesenkten goldenen Zinnenbalken in Blau und Grün; oben ein gekrönter silberner Löwe, unten ein durchgehender silberner Wellenbalken."

Das Wappenbild zeigt den sogenannten oberpfälzischen Löwen, der dem von König Ludwig I. initiierten Staatswappen von 1835 entnommen ist. Die Farbumkehrung Silber auf Blau statt Blau auf Silber folgt alter heraldischer Übung. Der goldene Zinnenbalken verweist auf eine unter Denkmalschutz stehende alte Mauer (Schießlmauer, ehemaliger Galgenhof) in Lappersdorf. Der silberne Wellenbalken im grünen Schildfuß erinnert an die Landschaft, grüne Wiesen und die Lage der Gemeinde am Regen.

Ortsteile

Der Markt besteht aus 29 Ortsteilen und dem Hauptort Lappersdorf.

Fläche:	34,1 km²
Einwohner:	14 312 (31.7.2022)
Bürgermeister:	Christian Hauner

Kommune mit hoher Lebensqualität

Der Markt Lappersdorf ist eine Kommune mit hoher Lebensqualität. Bei der Gemeindegebietsreform 1978 schlossen sich die Gemeinden Lappersdorf, Kareth und Hainsacker zu einer Kommune zusammen. Diese Vereinigung hat sich bestens bewährt und war Garant für den weiteren Fortschritt und die gedeihliche Entwicklung zu einer stabilen, leistungsfähigen Kommune. Dieser herausragenden Entwicklung wurde mit der Erhebung zum Markt am 20. September 1997 Rechnung getragen.

Für die Einwohner gibt es eine große Vielfalt an Angeboten und Möglichkeiten. Im Kinder- und Jugendbereich stehen drei Kinderkrippen, fünf Kindergärten und drei Kinderhorte für die qualifizierte Betreuung zur Verfügung. Zwei Grundschulen (mit Mittagsbetreuung), eine Mittelschule mit offener Ganztagsschule sowie das Landkreis-Gymnasium machen Lappersdorf zu einem Bildungsstandort. Hierzu gehört auch die Staatliche Feuerwehrschule, die größte unter den drei bayerischen Feuerwehrschulen. Eine moderne Marktbücherei im historischen ehemaligen Rathausgebäude, mehrfach mit Preisen ausgezeichnet, bietet einen interessanten und reichhaltigen Medienbestand. Die Pfarrbüchereien in Kareth und Hainsacker erfreuen sich ebenfalls großer Beliebtheit. Zusammen mit dem vielfältigen Kursprogramm der Volkshochschule wird eine reichhaltige Palette an Bildung und Beratung angeboten. Der Jugendtreff mit installiertem Familienstützpunkt präsentiert eine bunte Auswahl an Veranstaltungen in der offenen Kinder- und Jugendarbeit.

Das Freizeitgelände „Am Regen", der Albertus-Magnus-Heilpflanzengarten oder der Wildlebensraumwanderweg bieten viel Interessantes. Zahlreiche Spiel- und Bolzplätze sowie Sportstätten ergänzen das hervorragende Angebot zur Naherholung.

AURELIUM Foto: Jürgen Krall

Besinnungsweg Waldbaden

Amtshof

AURELIUM

Seit dem Jahr 2016 verfügt der Markt Lappersdorf über ein Kultur- und Begegnungszentrum, das AURELIUM. Die Aspekte Erlebnis, Atmosphäre, Repräsentation, Erinnerbarkeit und Wahrnehmbarkeit wurden vom Architekten bereits bei der Planung des Kulturhauses mit in die Überlegungen einbezogen. So entstand an der tiefsten Stelle Lappersdorfs, Am Anger, im ehemaligen Flussbett des Regens, das AURELIUM. Das sogenannte „goldene Haus" wird von vielen Kennern als Leuchtturmprojekt bezeichnet und hat mit seinen 600 Sitzplätzen bei Künstlern und Veranstaltern gleichermaßen einen sehr guten Ruf. Das markante Gebäude mit hochwertiger Innenausstattung und vielen liebevollen Details, die an den ehemaligen Flusslauf erinnern, bildet nahezu alle Facetten von Kunst und Kultur ab. Konzerte (klassisch oder modern), Gastspiele, Kabaretts, Tanzabende sowie Kunsthandwerkermärkte locken Besucher von nah und fern an. Das AURELIUM punktet zudem mit einer guten Verkehrsanbindung. Von Firmen und Institutionen werden die Räumlichkeiten gerne für Tagungen, Seminare und Workshops gemietet. Den örtlichen Vereinen und Gruppierungen steht das AURELIUM ebenfalls zur Verfügung, und nicht zuletzt durch den Markt Lappersdorf selbst finden hier einige Veranstaltungen und gesellschaftliche Ereignisse statt.

Besinnungsweg

Der Franziskusweg der Pfarrei Hainsacker ist ein rund zwölf Kilometer langer Wanderweg entlang von Feldern und Wiesen und durch die Wälder nördlich von Hainsacker. Die 37 Stationen lassen sich auch in Teilstrecken erkunden. Neben historischen Flurdenkmälern wie Grenzsteinen, Feld- und Wegekreuzen zeugen vor allem aufwendige Kunstwerke und Skulpturen vom Leben des hl. Franziskus und laden zu Besinnung und Meditation ein. Der abwechslungsreiche Wanderweg in freier Natur sorgt für Entspannung und Entschleunigung.

Amtshof

Der sogenannte Emmeramer Amtshof wird in allen Überlieferungen als Keimzelle von Lappersdorf bezeichnet. Das Ensemble mit Wohnhaus, stichbogiger Hofeinfahrt und Kapellennische steht unter Denkmalschutz. Der Hof ging vermutlich durch Tausch im Jahr 1219 an das Kloster St. Emmeram. In der Zeit von 1505 bis 1799, also der Zeit, in der Lappersdorf zum Herzogtum Pfalz-Neuburg gehörte, war der Amtshof Verwaltungssitz.

Nach einer Gütertrennung um das Jahr 1813 wurde der Hof verkleinert und war bis zum Erwerb durch den Markt Lappersdorf im Jahr 2020 in Privatbesitz. Der geschichtsträchtige Hof war für den Architekten des AURELIUMs eine Inspiration und diente als Vorlage.

Fotos: Gemeinde Mintraching

Festzug 1250-Jahr-Feier (links)
Mangolding, Burg Haidau von
Nordosten im Zustand bis 1634 (rechts)
Aquarell: Erich Klimek

Gemeinde Mintraching

„Schild gespalten von Gold und Rot, vorn ein grüner Dreiberg im Schildfuß, hinten ein silberner Schrägbalken."

Der silberne Schrägbalken in Rot, das Wappen des Hochstifts Regensburg, verweist auf die Verbindung zum Bischof von Regensburg. Der grüne Dreiberg in goldenem Feld ist vom 1460 erstmals nachweisbaren Niederalteicher Stiftswappen hergeleitet.

Ortsteile

Die Gemeinde besteht aus 26 Ortsteilen, darunter sechs Weiler, zwei Dörfer, neun Einöden, vier Kirchdörfer, vier Pfarrdörfer und eine Siedlung.

Fläche:	53,88 km²
Einwohner:	4 902 (31.12.2021)
Bürgermeisterin:	Angelika Ritt-Frank

Siedlungsspuren seit der Jungsteinzeit

Mintraching liegt in einem der denkmalreichsten Gebiete Bayerns. Die Ortschaft wurde zum ersten Mal in dem Breviarius Urolfi erwähnt, einem kurz gefassten Güterverzeichnis des Klosters Niederalteich, das Abt Urolf um 790 wohl im Auftrag von Karl dem Großen erstellen ließ. Die Schenkung Mintrachings und damit die erste urkundliche Bezeugung des Namens muss spätestens 768 erfolgt sein. Der Name Mintraching ist aber schon älter. Schon seit der Jungsteinzeit (4000 bis 1700 v. Chr.) lassen sich Siedlungsspuren um das heutige Mintraching nachweisen. Anton Holzer hat von 1920 bis 1954 eine beachtliche Menge von Steinbeilen und -äxten, Hornsteinwerkzeugen und Keramikscherben aufgelesen und dem Museum der Stadt Regensburg vermacht. Aus der Römerzeit finden sich Brandgräber und Münzen am Mangoldinger Berg und Spuren einer römischen Villa rustica.

Im Zuge der Gemeindegebietsreform haben sich 1978 die Gemeinden Mangolding, Mintraching, Moosham, Rosenhof und Sengkofen zur Großgemeinde Mintraching zusammengeschlossen. Aus Köfering kam der Gemeindeteil Scheuer hinzu. Mintraching ist als Kleinzentrum ausgewiesen. Seniorenheim, Schule, Hort und Kindergärten in Mintraching sind wichtige öffentliche Einrichtungen. Haidau ist eine Einöde mit einem Wohngebäude, es gehört zu Mangolding, einem Gemeindeteil in Mintraching. Seit der Mitte des 13. Jahrhunderts war es bayerisches Pfleggericht. Der Sitz des Pflegers war eine Wasserburg, die im Dreißigjährigen Krieg großenteils zerstört wurde.

Über den Gemeindeteil Rosenhof an Autobahn und Bundesstraße angebunden, ist Mintraching gut erreichbar. An der Bahnlinie Regensburg – Passau anliegend, wünscht die Gemeinde die Reaktivierung eines Haltepunktes zum Ein- und Ausstieg.

Hochwasser 1954

Die Kirche „Beatae Mariae Virginis" am Ortseingang von Scheuer

Ausgrabung Tiefbrunn 2020

Holzerhaus

Bei dem im alten Ortskern von Mintraching gelegenen „Holzerhaus" handelt es sich um ein markantes Beispiel eines einst für den südlichen Landkreis Regensburg typischen Wohnstallhauses. Das aus dem 17./18. Jahrhundert stammende Gebäude gehörte ursprünglich zu einem Dreiseithof. Es ist von hoher ästhetischer Qualität, und eine Reihe von besonderen Ausstattungsmerkmalen begründet seine große bauhistorische Bedeutung. Nach jahrelangem Leerstand und bisweilen heftigen öffentlichen Auseinandersetzungen wurde es zwischen 2015 und 2017 mit großer Leidenschaft und enormem Engagement der neuen Eigentümer vor dem bereits beantragten Abbruch gerettet, zu früherem Glanz geführt und einer angepassten, ohne den Ausbau des Daches auskommenden, sinnvollen und nachhaltigen Nutzung als Wohnhaus zugeführt. Das Ergebnis der Maßnahme ist in jeder Hinsicht bemerkenswert und hat zweifellos Symbolcharakter.

Wallfahrtskirche Beatae Mariae Virginis

Am Ortseingang von Scheuer liegt die Kirche „Beatae Mariae Virginis". Zur Wallfahrtskirche wurde sie durch den hl. Georgsorden gemacht, der in seinen Statuten die Verteidigung der Ehre der Immaculata festlegte. Ein Komtur des bayerischen Ritterordens hat die Wallfahrtskirche durch eine neue Ausstattung zu einem marianischen Lobgesang werden lassen.

Naherholungsverein

Am 20. Januar 1971 wurde auf Initiative von Landrat Leonhard Deininger und dem damaligen OB Rudolf Schlichtinger der Verein für Naherholung im Raum Regensburg e. V. gegründet. Die Hauptaufgabe bestand und besteht darin, die Erholungsmöglichkeiten im Raum Regensburg zu verbessern und den stets steigenden Anforderungen an eine aktive Freizeitgestaltung, aber auch in besonderem Maße für eine stille Erholung in der Natur Rechnung zu tragen und so einen Ausgleich zu den Belastungen des Alltags und des Berufslebens zu schaffen. Seit seiner Gründung ist der Verein bestrebt, Erholungsgebiete zu erwerben, zu gestalten und zu betreuen. Zur Schaffung und Verbesserung von Erholungseinrichtungen sind erhebliche finanzielle Mittel investiert worden, zuletzt im Jahr 2001 in den Erwerb der Restflächen am Guggenberger See. Soweit die Finanzlage des Vereins es zulässt, soll versucht werden, neue Projekte zu initiieren und insbesondere eine stärkere Unterstützung solcher Mitgliedsgemeinden vorzunehmen, die Leistungen für den Verein erbringen.

Franz Xaver Judenmann

Der Sohn der Gemeinde war Oberlehrer in Regensburg-Reinhausen, Stadtrat von Regensburg und bekannter Volksschriftsteller (u. a. Minikinera Gschichtn, Bayerische Dorfschulgeschichten).

Ihr zuverlässiger Wasserversorger immer an Ihrer Seite

Die damaligen Gemeinden Hagelstadt, Niedertraubling, Thalmassing, Weillohe, Luckenpaint, Neudorf, Oberhinkofen, Köfering und Mangolding gründeten im Mai 1964 den Zweckverband zur Wasserversorgung Landkreis Regensburg-Süd. Die vorherrschende Wassernot zwang die Gemeinden zu einem gemeinsamen Vorgehen und Handeln. Seit dem 24. Juli 1964 ist der Zweckverband als rein kommunaler Wasserversorger Tag und Nacht für die Menschen im Landkreis im Einsatz. Es waren große bauliche Herausforderungen zu bewältigen, um das Wasser von den bei Matting liegenden Brunnen in die Dörfer zu bringen. Heute werden 16 Gemeinden vom Zweckverband betreut und weitere Städte, Gemeinden und Ortsteile mit Gastwasser beliefert.

Verwaltungsgebäude in Mintraching

Im Versorgungsgebiet, das circa 362 Quadratkilometer umfasst, können 43 000 Kunden das Trinkwasser des Zweckverbandes aus vier Brunnen, die alle in der Gemarkung Matting liegen, genießen. Besonders hervorzuheben ist, dass aus den bis zu 160 Meter tiefen Brunnen qualitativ hochwertiges Trinkwasser direkt in das weit verzweigte Rohrleitungsnetz des Zweckverbandes eingespeist werden kann.

Gute Zusammenarbeit mit Landwirten

Die hervorragende Qualität des Trinkwassers ist auch auf die gute Zusammenarbeit mit den Landwirten zurückzuführen. Dabei sind die Landwirte Partner beim Grundwasserschutz. Durch freiwillige Vereinbarungen mit ihnen konnten sogar die Nitratwerte im Laufe der Jahre immer weiter abgesenkt werden. Derzeit liegt der Nitratwert bei 14,7 mg/l und damit weit unter dem Grenzwert von 50 mg/l. Durch das gute Miteinander von Landwirten und dem Zweckverband kann das Trinkwasser aus dem Wasserschutzgebiet Matting, ohne jegliche Aufbereitung, Behandlung oder Zusätze, direkt zu den Kunden geliefert werden. Die Gesamthärte des Wassers beträgt im Großteil des Versorgungsgebietes 18,8 dH (Untersuchungen vom Januar und Mai 2021).

Studie 2040: Blick in die Zukunft

Der Zweckverband richtet den Blick stets in die Zukunft. Viele Herausforderungen treffen nicht nur ihn, sondern alle Wasserversorger. Das größte Problem ist der Klimawandel, der bereits seine ersten Auswirkungen zeigt. Lang anhaltende Trockenperioden, Starkregenereignisse, Stürme oder sogar Orkane gefährden alle Versorgungs- und Entsorgungssysteme. Dem gilt es entgegenzutreten und sich darauf vorzubereiten.

Mit der Studie 2040 soll der Blick in die Zukunft gesichert werden. Durch Überprüfung der bestehenden Rohrnetzhydraulik sollen eventuelle Schwachstellen aufgedeckt und mit zukünftigen Rohrnetzerweiterungen behoben werden. Bereits in Planung ist die Erweiterung des Hochbehälters Oberndorf.

Im Rahmen der Studie 2040 soll auch die Grundlage geschaffen werden,

Brunnen 3 in Matting

Ausbau der Brunnenpumpe

Genehmigungen von höheren Förderquoten zu erwirken, um langfristig die Trinkwasserversorgung abzusichern. Einige Gemeinden haben sich dabei an den Zweckverband gewandt, um zukünftig ihre Trinkwasserversorgung eventuell über den Zweckverband sicherzustellen. Mit der Studie 2040 wird auch untersucht, ob die Brunnenanlagen diesen erhöhten Bedarf noch decken können.

Erweiterung des Verwaltungsgebäudes

Mit einem Anbau an das bestehende Verwaltungsgebäude sollen dringend benötigte Büroflächen mit moderner Ausstattung für die Mitarbeiterinnen und Mitarbeiter geschaffen werden, um auch weiterhin den ständig wachsenden Anforderungen in der Wasserversorgung gerecht werden zu können. Dabei legt der Zweckverband größten Wert auf eine hohe Umweltverträglichkeit bei der Errichtung des Anbaus. Durch die Überbauung des Parkplatzes wird kein zusätzlicher Flächenverbrauch verursacht. Mit einem begrünten Flachdach, geplanten Photovoltaikanlagen sowie Anschluss an das Nahwärmenetz der REWAG werden höchste ökologische Standards erreicht.

Die Beschäftigten des Zweckverbandes mit der Verbandsvorsitzenden B. Wilhelm (7. von links) und Werkleiter Dipl.-Ing. P. Obermeier (6. von links)

Finanziell bestens aufgestellt

Trotz der geplanten hohen Investitionen muss sich der Bürger bezüglich der finanziellen Situation beim Zweckverband keine Sorgen machen. Zum Jahresende 2013 betrug der Schuldenstand 1,76 Millionen Euro bei Rücklagen in Höhe von fast fünf Millionen Euro. In der Bilanz 2021 kann der Zweckverband auf den Abbau sämtlicher Schulden zurückblicken, die Rücklagen betrugen am 31. Dezember 2021 über zwölf Millionen Euro.

Fotos: Zweckverband zur Wasserversorgung Landkreis Regensburg-Süd

Fahrzeugpark der GSB Gebäude Schadenservice Bayern

GSB GEBÄUDE SCHADENSERVICE BAYERN

Spezialist für Komplettsanierung

GSB Gebäude Schadenservice Bayern ist Spezialist vor Ort für die Komplettsanierung von Wasser-, Brand- und Schimmelschäden. Mit über 100 Mitarbeitern und mehr als 70 Fahrzeugen ist das Unternehmen täglich im Einsatz und im Schadenfall schnell zur Stelle. Über die Standorte München, Maisach, Bamberg und Regensburg sowie die Servicegebiete Landshut und Ingolstadt deckt die GSB wesentliche Teile Bayerns ab. Das Unternehmen übernimmt Leckageortung, Trocknung und Sanierung sowie die Durchführung und Koordination aller notwendigen Arbeiten, wenn erforderlich auch mit eingebundenen Drittfirmen. Mit über 4 500 bearbeiteten Schäden jährlich ist die GSB Profi bei Wasser-, Brand- und Schimmelschäden.

Komplettdienstleister für den Sanierungszeitraum

Egal ob sich Kunden seitens der Versicherung, der Wohnungswirtschaft, der Hausverwaltung oder als direkt Betroffene an das Unternehmen wenden: Die GSB versteht sich als Komplettdienstleister und ist für den Sanierungszeitraum Ansprechpartner bis zur Fertigstellung und Abnahme aller ausgeführten Arbeiten.

Ganzheitliche Begleitung der Schadenabwicklung

Im Landkreis Regensburg hat die GSB mit dem Standort im Gewerbegebiet direkt an der Autobahnausfahrt Rosenhof eine logistisch hervorragende Ausgangsposition zur Betreuung ihrer Kunden. Im Jahr 2021 konnte das zehnjährige Jubiläum gefeiert werden. Fast 30 Mitarbeiter begleiten im Landkreis professionell die Abwicklung der betreuten Schäden. Das Geschäft ist erfolgreich und wächst dabei ständig. Die Kernkompetenz der ganzheitlichen Begleitung der Schadenabwicklung hat sich durchgesetzt, und immer mehr Kunden auch über die Landkreisgrenzen hinweg finden im Schadenfall den Weg zur GSB.

Diesen konsequenten Weg setzt das Unternehmen fort und steht seinen Kunden als kompetenter Partner in Schadenfällen weiterhin zur Seite.

Foto: GSB Gebäude Schadenservice Bayern

Fotos: Gemeinde Mötzing

Gemeinde Mötzing

„In Gold ein schwarzer Schrägbalken; in Rot ein silberner Schrägwellenbalken; fünfmal gespalten von Silber und Blau; in Silber ein durchgehendes schwarzes Balkenkreuz, belegt mit einem goldenen Fadenkreuz."

Die Aufteilung des Schildes in vier Felder (Vierung) erinnert an die Zusammenlegung der vier Gemeinden Dengling, Haimbuch, Mötzing und Schönach zur neuen Gemeinde Mötzing im Jahr 1972. Für Mötzing steht im ersten Feld das Wappen der im 16. Jahrhundert ausgestorbenen Familie Kastner von Mötzing. Der schwarze Balken symbolisiert zugleich den Verlauf der sogenannten Ochsenstraße durch das Gemeindegebiet. Für Dengling steht im zweiten Feld das Wappen der Familie Berchem. Das dritte Feld füllt das Wappen der Grafen von Seinsheim. Das Kreuz des Deutschen Ordens erinnert an die Besitzungen der Deutschordenskommende Regensburg in Haimbuch.

Ortsteile

Die Gemeinde gliedert sich in die sechs Teile Dengling, Mötzing, Oberhaimbuch, Schafhöfen, Schönach und Unterhaimbuch.

Fläche:	36,17 km²
Einwohner:	1 476 (30.6.2022)
Bürgermeister:	Reinhard Knott

Früheste Besiedelung innerhalb Bayerns

Die Gemeinde Mötzing liegt im Süden des Landkreises Regensburg und teilweise im fruchtbaren Gäuboden. Dies spiegelt sich in den Ortsbildern der Gemeinde wider, die geprägt sind durch große landwirtschaftliche Anwesen. Bedingt durch den Strukturwandel in der Landwirtschaft werden heute nur noch wenige im Vollerwerb bewirtschaftet.

Durch die flache Lage von Mötzing sieht man bis in den Vorderen Bayerischen Wald mit seinen sanft ansteigenden Hügelketten. Diese flache Lage trägt zu einem milden Klima in der Region bei.

Die Große Laber fließt durch das Gemeindegebiet und mündet nach einigen Kilometern in die Donau. Sie hat die ersten Ansiedlungen von Menschen begünstigt, was auch die vielen Bodendenkmäler in der Gegend beweisen. Dengling, Haimbuch, Mötzing und Schönach zählen zu den frühestbesiedelten Orten in Bayern.

Die „Via Augusta", heute als „Ochsenstraße" bekannt, war schon zu römischen Zeiten ein wichtiger Handelsweg von Augsburg nach Straubing. Heute hat diese Straße keine große Bedeutung mehr, wird aber im Wappen von Mötzing geführt.

Die sakralen Bauten in den Ortsteilen und das Schloss in Schönach sind die noch existierenden Zeugen der langen Geschichte von Mötzing. Besonders erwähnenswert ist die ehemalige Dorf- und Wallfahrtskirche und jetzige Friedhofskirche St. Martin am Ortsrand von Schönach. Nach Jahrzehnten des Leerstandes und des drohenden Zerfalls wurde die Kirche ab 2011 außen und innen renoviert. 2015 wurde sie wiedereröffnet. Hervorzuheben ist die hervorragende ästhetische Ausgestaltung des Innenraums.

Dass die Gemeinde Mötzing die Zukunft im Blick hat, zeigt die Teilnahme an einer umfassenden Dorferneuerung mit dem Ziel, die Lebensqualität der Mitbürgerinnen und Mitbürger zu verbessern.

Stadt Neutraubling

„Durch eine eingeschweifte rote Spitze, darin ein silberner Leerschild, gespalten von Silber und Gold; vorne ein rotes Patriarchenkreuz, hinten ein aus dem Schildrand wachsendes schwarzes Zahnrad."

Der leere silberne Wappenschild in der eingeschweiften roten Spitze steht stellvertretend für alle die Orte in den deutschen Ostgebieten, aus denen im Jahr 1951, dem Jahr der Gemeindegründung, 93 Prozent der Bevölkerung Neutraublings stammten. Das rote Patriarchenkreuz im vorderen Teil erinnert an die Regensburger Klöster, insbesondere an das Kloster Heilig Kreuz. Das aus dem Schildrand wachsende schwarze Zahnrad verweist auf die große Bedeutung vor allem der metallverarbeitenden Industrie für die Entwicklung der Stadtgemeinde. Die Farben Schwarz, Rot und Silber erinnern zudem an das Wappen der Haidauer.

Ortsteile

Die Stadt besteht aus den vier Ortsteilen Birkenfeld, Lerchenfeld, Neutraubling und Oberheising.

Fläche:	9,75 km²
Einwohner:	ca. 15 000 (31.12.2021)
Bürgermeister:	Harald Stadler

Fotos: Stadt Neutraubling

Neutraublinger See (links)
Pfarrkirche St. Michael (rechts)

Wirtschaftsstandort mit Lebensqualität

Einzelhandel, Schulen, Kitas und eine boomende Wirtschaft – Neutraubling hat einiges zu bieten! Das wurde im Jahr 2022 im Rahmen eines deutschlandweiten Rankings bestätigt: In den Top 30 der „lebenswertesten Kleinstädte" des Magazins „kommunal" landete Neutraubling auf Platz 27.

Dabei war die blühende Entwicklung der mittlerweile auf knapp 15 000 Einwohner angewachsenen Stadt bei ihrer Gründung kaum absehbar. Dort, wo heute Firmen und Schulen stehen, befanden sich nach dem Ende des Zweiten Weltkriegs nichts als Ruinen. Der ehemalige Fliegerhorst Obertraubling hatte seit 1941 als Produktionsstätte der Messerschmitt-Werke gedient und war Ziel zahlreicher Luftangriffe gewesen.

Das Ruinen-Gelände wurde schließlich am 23. Dezember 1946 für die Ansiedlung von Vertriebenenfamilien aus den vormaligen Ostgebieten freigegeben. Durch die Tatkraft der dort angesiedelten „ersten Neutraublinger" nahmen bald erste Betriebe die Produktion auf – die „Industriesiedlung Obertraubling", zunächst unter Betreuung der Gemeinde Barbing, machte ihrem Namen alle Ehre.

Auch nach der Gemeindegründung am 1. April 1951 setzte sich das Wachstum in rasantem Tempo fort, sodass am 13. Juni 1986 die Erhebung Neutraublings in den Stadtstatus folgte. In den 1980er-Jahren sorgten die Ansiedlung des BMW-Werkes in Regensburg sowie die Eröffnung des GLOBUS-Warenmarktes 1988 für zusätzlichen Aufwind – Neutraubling wurde immer mehr zu der attraktiven Industrie-, Schul-, Ärzte- und Einkaufsstadt, die man heute kennt.

Im Jahr 2022 ist Neutraubling mit dem Kaufpark nicht nur Heimat des größten Fachmarktzentrums in Bayern, sondern beheimatet auch diverse Global Player aus Wirtschaft und Industrie.

Besichtigung Hallenbad-Baustelle

Rock am Brunnen 2022

Außengelände neuer KiGa Märchenhaus

Natur . Kultur . Infrastruktur

Viele, die keinen näheren Bezug zu Neutraubling haben, kennen die Stadt lediglich vom Vorbeifahren auf dem Weg nach Regensburg. Vielleicht auch vom Samstagseinkauf im Kaufpark. Wo Obertraubling aufhört und Neutraubling beginnt, ist dabei für den „Auswärtigen" fast ebenso schwer zu erkennen wie die Tatsache, dass Neutraubling längst keine graue Industriestadt ist. Doch wer nicht hinschaut, verpasst einiges, ein näherer Blick lohnt sich.

Naherholung und Freizeit

Neutraubling ist grün. Mit dem Stadtgarten, dem renaturierten Moosgraben, den Kleingartenanlagen, dem Haid Park und auch dem Areal rund um den Neutraublinger See wird die Stadt von Bäumen und Büschen durchzogen. Radfahrer und Spaziergänger schätzen die Wege entlang der grünen Ader Neutraublings. Auch das Naherholungsgebiet des Guggenberger Sees befindet sich im Stadtgebiet und lockt im Sommer zahlreiche Badefreudige aus dem ganzen Landkreis nach Neutraubling. Mit dem Neubau des Hallenbades hat Neutraubling spätestens ab Anfang 2024 ein weiteres Highlight zu bieten: ein Spaß- und Freizeitbad mit großzügiger Außenanlage und Bistrobetrieb. Freizeitwert bieten außerdem die Aktivitäten der über 70 Vereine Neutraublings – von Square Dance über Karate bis hin zum Tauchen ist für jeden Geschmack etwas geboten.

Kunst und Kultur

Ebenso blühend wie die Natur ist auch das kulturelle Leben in Neutraubling. Das Kulturamt unter Leitung von Angelika Achter, die Städtische Sing- und Musikschule mit ihrem Leiter Jürgen Faderl und nicht zuletzt auch engagierte Privatpersonen und Theatervereine wie „Theatraubling" bringen immer wieder Großartiges auf die Bühne. Seit der Fertigstellung des Kulturhauses im Jahr 2019 gibt es für diese kulturelle Vielfalt neben der Stadthalle noch zusätzliche Räumlichkeiten. Regelmäßige Kunstausstellungen im Foyer des Kulturhauses sind stets einen Besuch wert – ebenso wie die traditionellen Großevents „Rock am Brunnen", das Bürgerfest, „Kultur im See" oder das beliebte Kinder- und Jugendfest. Dabei bringen die Veranstalter auch immer wieder frischen Wind nach Neutraubling und erproben neue Formate – im Jahr 2022 fand so beispielsweise erstmals der „Kultursommer Neutraubling" statt, der mit einer Vielfalt an Veranstaltungen, vom „Silent-Kino" bis hin zum Hip-Hop-Festival, begeisterte. Schauen Sie doch mal vorbei!

Regensburger Land – erfolgreicher (Wirtschafts-)Standort mit Zukunft

Ein Landstrich mit Potenzial und enormer Entwicklung in den letzten Jahrzehnten: das Regensburger Land mit seinen über 195 000 Einwohnern in 41 Städten, Märkten und Gemeinden. Mit einer optimalen Verkehrsinfrastruktur durch Autobahnen, Eisenbahnlinien und mit dem Rhein-Main-Donau-Kanal wurde der Landkreis Regensburg zu einer wichtigen Drehscheibe für den Handel – mit München, Nürnberg, Prag sowie allen bedeutenden Wirtschaftszentren Europas. Eine hohe Lebensqualität in Verbindung mit vielfältigen Beschäftigungsmöglichkeiten und beruflichen Perspektiven in den Bereichen Industrie, Handel, Handwerk und Dienstleistungen ließen die Bevölkerungszahl in den vergangenen 50 Jahren stark anwachsen. Stadt und Landkreis Regensburg bilden einen gemeinsamen Wirtschaftsraum mit derzeit weit über 360 000 Einwohnern.

Top in Sachen Wirtschaft, Infrastruktur & Energie

Der Standort in und um Regensburg wurde zur Heimat hochrangiger Wirtschaftsgrößen: Global Player wie BMW, Krones, Siemens, die M. Preymesser GmbH & Co. KG, die Schenker AG oder die Webasto AG prägen die Region ebenso wie der erfolgreiche Mittelstand, traditionsreiche Handwerksbetriebe oder der Gesundheits- und Medizinbereich. Zum 31. Dezember 2021 waren mehrere tausend Handwerksbetriebe, davon weit über hundert Jungunternehmen, im Landkreis tätig. Auch „geheime" Weltmarktführer (sogenannte Hidden Champions) sowie kleinere und größere Unternehmen tragen zur Wirtschaftsleistung im Landkreis bei, u. a. die Südstärke GmbH, Gienger Regenstauf, die Bäckerei Schifferl oder die Globe Flight GmbH. Handel, Auto-

Foto: Fxquadro - stock.adobe.com

Das Gewerbegebiet Wörth-Wiesent
Foto: Andreas Ketterl

mobilzulieferer und Maschinenbau bieten zahlreiche Arbeitsplätze. Was produziert und verkauft wird, muss auch geliefert werden – das Regensburger Land ist in alle Himmelsrichtungen durch Autobahnen und Bahntrassen erschlossen, als Arbeitgeber spielen Verkehr und Logistik keine unwesentliche Rolle. Wer arbeitet, braucht Energie – auch bezüglich der Produktion erneuerbarer Energien präsentiert sich der Landkreis weit vorne. Schon 2003 ging in Hemau der seinerzeit größte Solarpark der Welt ans Netz, auf ihn folgten viele weitere Freiflächensolaranlagen.

Förderprogramm & Coworking-Projekt

Als wesentlicher Aspekt für die Förderung des Wirtschaftsstandorts Bayern gelten die Zuwendungen zur Zukunftssicherung der kleinen und mittleren Unternehmen des Staatsministeriums für Wirtschaft, Landesentwicklung und Energie. Dabei fließen über 80 Prozent der Fördermittel in den ländlichen Raum – auch in den Landkreis Regensburg. Für den Landkreis Regensburg heißt das z. B. in Zahlen: In den vergangenen zehn Jahren konnte der Erhalt von 1 382 Arbeitsplätzen gesichert und 313 Arbeitsplätze konnten neu geschaffen werden.

Die Arbeitswelt verändert sich zunehmend, und damit einher gehen Herausforderungen für Arbeitgeber und Arbeitnehmer. Verstärkt wurde diese Entwicklung auch durch die Corona-Krise. Der Landkreis Regensburg möchte alle Beteiligten bei diesen Veränderungsprozessen unterstützen, unter anderem mit dem Projekt „Coworking Space", bei dem es um neue Arbeitsformen im Landkreis geht. Im Fokus stehen dabei die Bereiche Erhaltung und Schaffung von Arbeitsplätzen, Veränderungen der bisherigen Arbeitswelt, Klimaschutz und schnelles Fortschreiten der Digitalisierung.

Netzwerk „TRIO" – Wirtschaft & Wissenschaft

Wirtschaftlicher Erfolg lebt stets auch von einer effektiven Symbiose von Bereichen, in denen sich Wirtschaft und Wissenschaft treffen. Ziele des Netzwerks Transfer und Innovation Ostbayern (TRIO) sind eine bessere Vernetzung von Unternehmen mit Universitäten und Hochschulen sowie eine Steigerung des Transfers von Wissen und Technologie. Der wechselseitige Austausch steht für regionale Innovationen bei Digitalisierung, Nachhaltigkeit, Energie und Klimaschutz in den Unternehmen sowie in der Gesellschaft. Diese Art der Vernetzung hat positive Auswirkungen, etwa bei der Leerstandsbekämpfung, bei Lösungsansätzen zur Minderung des Flächenverbrauchs oder zur Beseitigung

Austausch und Inspiration beim Netzwerktreffen   Foto: Johannes Neuberger

des Fachkräftemangels. Bereits seit 2019 existiert die Kooperation zwischen TRIO und der OTH (Ostbayerische Technische Hochschule) Regensburg, in der Landkreisunternehmen – z. B. durch Projekt-, Studien- oder Masterarbeiten – Expertise für Innovationen erhalten. Mittlerweile, im Zuge der Globalisierung, sind auch Studierende aus dem Ausland in Projekte involviert.

Auszeichnungen im Landkreis – „Geht gut bei uns!"

Wirtschaftlich ausgesprochen gut aufgestellt ist der Landkreis auch durch das besondere Engagement von Unternehmen, Institutionen und Behörden. Um den hohen Standard zu halten, setzt man auf gegenseitige Inspiration und lernt voneinander. Als wertvolle Unterstützung dabei gelten die Auszeichnungen des Landkreises unter dem Motto „Geht gut bei uns!". Aufgeteilt in verschiedene Themenbereiche, geht es etwa bei Beruf + Familie um individuelle und flexible Arbeitsplatz- und Arbeitszeitgestaltung, Lösungen für betreuende Familienangehörige oder Stärkung der Familien- und Teilzeitmodelle für Väter. Der Bereich Inklusion stellt Beschäftigungsangebote für Menschen mit Einschränkung, barrierefreie Arbeitsplätze und damit verbundene langfristige Berufsperspektiven in den Fokus. Um die Zukunft und das Lebensumfeld aller im Landkreis geht es bei Klima + Umweltschutz. Diese Auszeichnung belohnt Energieeinsparung und -effizienz in Gebäuden und bei Prozessen, die Nutzung von erneuerbarer Wärme und alternativen Energien sowie den Einsatz nachhaltiger Rohstoffe. Auch der Ausbildungsförderung ist ein Themenbereich zugeordnet.

„Ausbildung. Geht gut bei uns!"

Seit dem Jahr 2017 zeichnet die Netzwerkinitiative „Ausbildung. Geht gut bei uns!" Unternehmen im Landkreis für den Bereich Ausbildung mit einem Qualitätssiegel aus. Kriterien dabei sind etwa Schülerpraktika, angemessene Ausbildungsvergütung, gute Ausbildungsstrukturen im Betrieb oder motivierte Ausbilder. Die Zahl der sich bewerbenden Betriebe stieg stetig von 34 im Jahr 2017 auf 52 im Jahr 2021. Ausbildungspreise lobt der Landkreis bereits seit 2005 aus. Noch nie war es jedoch so schwierig wie heute, Auszubildende und Nachwuchskräfte zu gewinnen. Dies liegt neben dem demografischen Wandel auch daran, dass sich immer mehr Schulabgänger für ein Studium entscheiden. Die Wirtschaftsförderung im Landkreis Regensburg organisiert bereits seit 15 Jahren Aktionstage zum Thema Ausbildung und bietet so eine Begegnungsmöglichkeit für Vertreter von Ausbildungsbetrieben und Fachschulen mit Schülern der Abschlussklassen sowie deren Eltern. Dabei können Entscheidungshilfen gegeben und das breit gefächerte Angebot an Ausbildungsplätzen mit allen Chancen und Möglichkeiten vorgestellt werden – eine gute Starthilfe für die Wahl des individuell passenden Berufs. Als die Ausbildungsoffensive im Landkreis gestartet wurde, war ein Mangel an Ausbildungsplätzen für Schulabsolventen die Mutter des Gedankens – heute werden eher Unternehmen bei ihrer Suche nach Auszubildenden unterstützt. Als weitere Maßnahme, um Schüler für Ausbildungsberufe zu begeistern, organisiert die Wirtschaftsförderung zudem „Schnuppertage" in Betrieben.

Fachkräftegewinnung im Fokus

Gemeinsam mit dem Berufsbildungswerk Eckert und dem Hochschulnetzwerk TRIO sucht der Landkreis seit vielen Jahren Antworten auf den Fachkräftemangel. Das Projekt präsentiert sich als Drehscheibe für die Vermittlung von Fachkräften an Land-

Aktionstag für Ausbildung an der Mittelschule Neutraubling 2022 Foto: Johannes Neuberger

B-HORIZON MICROELECTRONICS

Wir gestalten Technologien von morgen

Leidenschaft für die Entwicklung innovativer Technologien und täglich gelebte Kundenorientierung sind wesentliche Faktoren des Erfolges von B-Horizon Microelectronics. In der neuen Firmenzentrale mit eigenen Entwicklungslaboren entwickelt das Sinzinger Unternehmen hochintegrierte Halbleiterlösungen sowie das kürzlich präsentierte Sensorensystem B-Neo.

Foto: Tino Lex

B-Horizon-Geschäftsführer Mohammad Kabany und Marketing und Sales Managerin Helena Nefe mit dem Innovationspreis

B-Horizon unterstützt Unternehmen bei der Realisierung innovativer Halbleiterkomponenten. Dafür denkt man sich tief in die Prozesse der Kunden ein und erarbeitet gemeinsam effiziente Lösungen. Das umfasst komplexe Prozesse aus Mikroelektronik-Entwicklung und -Management – von der Idee über die Strategie bis hin zur Implementierung. B-Horizon definiert Lösungsansätze, identifiziert Risiken und leitet die Entwicklung bis hin zur Serieneinführung. Die Kunden kommen aus der Automobilindustrie und anderen Branchen, in denen Halbleiter benötigt werden.

Für das eigenentwickelte neuartige smarte Sensorensystem B-Neo erhielt B-Horizon den Innovationspreis der Wirtschaftszeitung. B-Neo kann mehrere Parameter gleichzeitig messen. Die Anwendungsfelder sind breit gefächert.

Die Sensoren können etwa in Autositzen, Sportkleidung oder Matratzen Daten erfassen, mittels KI verarbeiten und dem Nutzer in aufbereiteter Form zur Verfügung stellen. Im Auto wird beispielsweise das zuverlässige Monitoring der Passagiere gewährleistet, welches für das künftige automatisierte Fahren erforderlich ist. Bei Anwendungen im Sport- oder Gamingbereich erhält der Nutzer in Echtzeit Analysen und Hinweise zur Bewertung und Optimierung. Auch in Medizin und Pflege sind Anwendungen denkbar, die es erlauben, individuell auf die Bedarfe der Behandlung einzugehen.

B-Horizon will der beste Partner für kundenorientierte Mikroelektronik-Entwicklung sein. Dafür vergrößert das Unternehmen stetig das eigene Team und schafft neue Hightech Arbeitsplätze an einem der attraktivsten Standorte Deutschlands.

Foto: B-Horizon GmbH

Wertschöpfungskette vom Getreide zum Mehl und vom Mehl zum Brot
Foto links: vlasota - stock.adobe.com; Foto Mitte: H.C. Wagner; Foto rechts: Daniel Delang

kreisunternehmen, denn das Potenzial für gut ausgebildete Mitarbeiter im Landkreis ist enorm. Um nur einige wenige Bereiche zu benennen: Für Land-, Forst- und Gartenbauberufe sind im Landkreis Regensburg 870 Stellen bekannt, Geisteswissenschaftler und Künstler stehen mit 3 110 Beschäftigten denen in Handelsberufen mit 5 850 gegenüber. Die Sparte Verkehr & Logistik steht mit 7 480 Arbeitsplätzen an zweiter Stelle aller Branchen und wird nur getoppt von 8 250 Stellen im Bereich der Fertigung.

Unterstützung für Existenzgründer

Seit dem Jahr 2005 hält die Wirtschaftsförderung in Zusammenarbeit mit der Hans-Lindner-Stiftung eine Unternehmerschule für Existenzgründer bereit. Die Seminarreihe informiert über Selbstständigkeit, Betriebsnachfolge und vieles mehr. Die Teilnehmerzahlen variieren zwischen 30 und 100 Teilnehmenden pro Seminarjahr. Ebenfalls im Programm enthalten sind Einzelberatungen für Gründer und den Fall einer Betriebsnachfolge. Die Wirtschaftsförderung bietet zudem kostenfreie Einzelberatungen.

Öko-Modellregion Region Regensburg

Betrachtet man die Entwicklung der Landwirtschaft der letzten 50 Jahre, steigt auch in der Region Regensburg die Anzahl der Biobetriebe kontinuierlich. So bewirtschafteten im Jahr 2021 die Biobetriebe in der Region Regensburg rund 14 Prozent der landwirtschaftlichen Nutzfläche. Um die Biolandwirtschaft in der Region noch stärker fördern zu können, bewarb sich der Landkreis im Jahr 2018 erfolgreich beim Wettbewerb „staatlich anerkannte Öko-Modellregionen“. Die Öko-Modellregion Region Regensburg umfasst den Landkreis Regensburg sowie die Stadt Regensburg. Zu den Aufgaben der Öko-Modellregion zählen der Aufbau regionaler Wertschöpfungsketten (z. B. bei Getreide und Fleisch), die Erhöhung des bioregionalen Anteils in der Gemeinschaftsverpflegung (Kantinen etc.), Bewusstseinsbildung in Sachen Öko-Landbau u. v. m. Wenn Sie mehr über die Öko-Modellregion Region Regensburg erfahren möchten, können Sie sich unter folgendem Link weiterführend informieren:
www.landkreis-regensburg.de/unser-landkreis/regionalentwicklung/oeko-modellregion

ÖKO-MODELLREGIONEN

BRITA VIVREAU

Zukunftsweisende Trinkwasserversorgung

Das in Neutraubling ansässige Unternehmen ist eine 100-prozentige Tochter des Wasserexperten BRITA und zeichnet verantwortlich für den Bereich leitungsgebundene Wasserspender. In der Unternehmensvision ist verankert, dass Nachhaltigkeit und unternehmerische Verantwortung fest zu Tun und Handeln gehören. Für CEO Markus Hankammer treffen hier die Werte von BRITA und das Selbstverständnis seiner Familie als Gründer des Unternehmens zusammen, nämlich Verantwortung zu tragen. Nicht nur für die Mitarbeiter, für sichere und gesunde Arbeitsplätze, für innovative und qualitativ hochwertige Produkte und für den langfristigen Erfolg des Unternehmens, sondern auch für den Planeten, die Menschen, die ihn bewohnen, und eine lebenswerte Zukunft für die folgenden Generationen.

Mehr als eine ferne Vision

Die Zukunft des Trinkwassers kommt aus der Leitung und hat mit dem Einsatz leitungsgebundener Wasserspender bereits begonnen. Sie stehen konstant zur Verfügung, ersetzen gekaufte Plastik- und Glasflaschen und verwandeln Leitungswasser in gefilterten, gekühlten, sprudelnden oder auch heißen Genuss.

Ein Unternehmen mit etwa 500 Mitarbeitenden kann im Vergleich mit Wasser aus dem Handel jährlich 15 Tonnen CO_2e und mehr als 2,5 Tonnen Plastikmüll einsparen – was aus dem Spender kommt, braucht eben keine Verpackung. Auf abgefülltes Wasser zu verzichten, bedeutet einen wesentlichen und einfach umzusetzenden Beitrag zum Umwelt- und Klimaschutz und eine Einsparung von bis zu 86 Prozent CO_2e-Emissionen im Vergleich zur Nutzung von Flaschenwasser.

Das Produktportfolio von BRITA VIVREAU bietet eine umweltfreundliche Alternative zu Flaschenwasser an, die nachweislich Ressourcen schützt sowie Müll und Emissionen vermeidet.

„Wir wollen die Art und Weise, wie Menschen Wasser trinken, nachhaltig verändern. Das ist unsere Vision. Wir alle freuen uns über jeden, der dabei mitmacht, und hoffen sehr, dass uns diese ‚(R-)Evolution' nicht zuletzt für die nachfolgenden Generationen gelingt", sagt CEO Markus Hankammer.

Foto: BRITA Vivreau GmbH

Von Deutschland in die ganze Welt

Von den Fidschi-Inseln über Grönland bis auf über 5 000 Meter Höhe im Himalaya – jede vierte Flasche, die auf der Welt in dieser Sekunde geöffnet wird, hat eine Krones-Anlage durchlaufen. Denn täglich werden Millionen Flaschen, Dosen und Formbehälter mit Krones-Anlagen „verarbeitet", vor allem in Brauereien, der Softdrink-Branche sowie bei Wein-, Sekt- und Spirituosenherstellern. Aber auch in der Nahrungs- und Genussmittelindustrie sowie der chemischen, pharmazeutischen und kosmetischen Industrie finden sich die Anwender.

Erfolg mit Etikettiermaschinen

Die Erfolgsgeschichte des Unternehmens beginnt 1951: Dr.-Ing. E.h. Hermann Kronseder gründet in Neutraubling sein eigenes Unternehmen. Auf ausrangierten Drehbänken beginnt er mit fünf Mitarbeitern die Fertigung von halbautomatischen Etikettiermaschinen. Vor allem mit dem sehr früh forcierten Export setzt ein dynamisches Wachstum des Unternehmens ein. Nur fünf Jahre später waren rund 40 Mitarbeiter in Neutraubling beschäftigt. Und bereits 1966 wird eine Tochtergesellschaft in den USA gegründet. Nach und nach folgten weitere Tochtergesellschaften in allen wichtigen Industrie- bzw. Abnehmerländern. Gegenwärtig resultieren rund 90 Prozent des Umsatzes von Krones aus Exportverkäufen.

Doch nicht nur das Unternehmen, sondern auch das Produktportfolio ist seit der Gründung kontinuierlich gewachsen. Zur Etikettiertechnik kommen Abfüll- und Verpackungstechnik hinzu, und es folgen weitere Geschäftszweige wie zum Beispiel Digitalisierung, digitale Behälterdekoration, Intralogistik und auch eine eigene Ventilproduktion. Mittlerweile umfasst das Portfolio alle Komponenten, die es dem Endverbraucher ermöglichen, ein hygienisch einwandfrei abgefülltes, optimal etikettiertes und verpacktes Produkt zu erwerben. Und auch für das Recycling von Kunststoffen bietet Krones die passenden Lösungen.

1951 wurde Krones in Neutraubling gegründet.

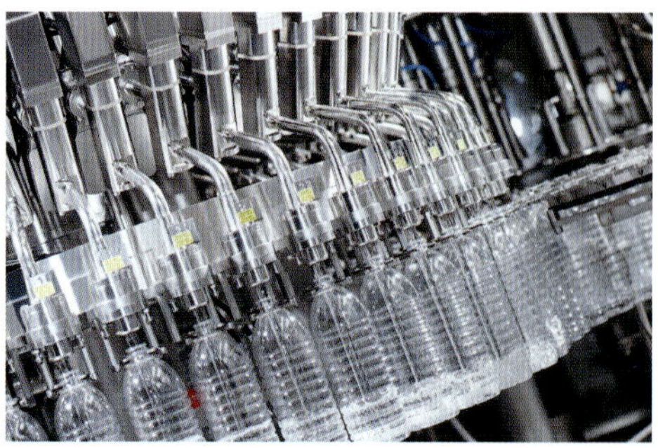

Krones bietet Anlagen unter anderem für die Getränke- und flüssige Lebensmittelindustrie.

Neben der Hauptverwaltung, einem Füll- und Etikettiertechnikum befinden sich in Neutraubling die Konstruktion, der Vertrieb und die Montage für Maschinen und Anlagen zur Produktabfüllung und -ausstattung sowie der Bereich Prozesstechnik Softdrink und Milch.

Breites Portfolio in der Systemtechnik

Durch dieses breite Spektrum geht das Unternehmen heute weit über den klassischen Maschinen- und Anlagenbau hinaus, ist zum „Rundum-Partner" für seine Kunden geworden und steht in der Branche als Synonym für Systemtechnik. Der Hauptgrund für dieses breite Portfolio ist die Stärke des Konzernverbunds. Denn zu Krones gehört neben der Krones AG mit Hauptsitz in Neutraubling bei Regensburg auch eine große Anzahl an Tochtergesellschaften rund um den Globus. Um dort zu sein, wo die Maschinen und Anlagen jeden Tag Getränke und Liquid Food produzieren, hat Krones ein starkes internationales Netzwerk gespannt. In mehr als 100 Ländern der Welt arbeiten rund 16 300 Menschen für Krones, davon über 9 800 in Deutschland. Neben dem Hauptsitz in Neutraubling betreibt Krones das Werk Nittenau im Landkreis Schwandorf sowie Niederlassungen in Rosenheim und Flensburg.

Der Erfolg von Krones beruht auf einigen wenigen, jedoch wesentlichen Strategien: Spezialwissen im Maschinenbau und in den Abnehmerbranchen, technischem Vorsprung durch ständige hohe Aufwendungen in Forschung und Entwicklung, Fertigung mit modernsten Anlagen und nach hohen Qualitätsnormen sowie weltweitem Service rund um die Uhr und darüber hinaus auf der hohen fachlichen Qualifikation und Motivation der Mitarbeiter.

Krones-Equipment kommt weltweit zum Einsatz – wie hier bei einer brasilianischen Brauerei.

Nachwuchskräfte mit Spezialwissen

Bei den Nachwuchskräften legt der Weltmarktführer sehr viel Wert auf Spezialwissen. Denn egal ob Ausbildung bei oder Studium mit Krones: Jugendliche bekommen ihr Rüstzeug für den weiteren Lebensweg im Ausbildungszentrum mitgegeben. Dabei geht es nicht um das einfache Vermitteln des Lehrinhalts. Die Ausbildung ist praxisnah und auch zukunftsgerichtet ausgelegt.

Weltweit arbeiten für Krones über 16 300 Menschen, davon rund 9 800 in Deutschland.

Fotos: Krones AG

Die Unger GmbH feiert über 50-jährige Erfolgsgeschichte

Die Erfolgsgeschichte des Unternehmens ist etwa so alt wie der Landkreis Regensburg. 1970 hat Firmengründer Kurt Unger (1948–2021) die Weberei und technische Filterfabrikation J.J. Berr in Hemau übernommen. Parallel dazu entwickelte er den Firmenzweig Maschinen- und Anlagenbau mit der Dreherei Unger. Die Nachfrage nach maßgeschneiderten Maschinenbauteilen wuchs, sodass sich das Unternehmen immer mehr auf Drehteile konzentrierte und die anderen Firmenzweige schließlich abgab.

1986 war der offizielle Beginn der CNC Unger Metallbearbeitung – zunächst am Paintner Weg in Hemau. Sechs Jahre später ging es zurück in die Räume der ehemaligen Weberei, doch auch dort stieß das florierende Unternehmen bald an seine räumlichen Grenzen. Der Entschluss für ein neues Firmengebäude fiel. Im Jahr 2000 wurde der Neubau im Hemauer Gewerbering bezogen. Drei Jahre später kam noch ein neues Fertigteillager dazu, ein paar Jahre später Räumlichkeiten für die Montage von Baugruppen und eine Schleiferei. Bis heute wird in der Werkhalle gedreht, gefräst, gebohrt und geschweißt – mittlerweile mit hochmodernen computergesteuerten Maschinen.

Auch in der Unternehmenskultur hat sich im Familienbetrieb mit 25 Mitarbeitenden, der in zweiter Generation von Matthias und Julia Unger geleitet wird, einiges verändert. Die Geschwister Unger legen Wert auf ein partnerschaftliches Miteinander auf Augenhöhe, ob mit Kunden, Lieferanten oder Mitarbeitern. Hier wird die Expertise der Mitarbeitenden geschätzt, und Verantwortungen werden verteilt.

Nachhaltigkeit ist ein großes Thema. Es gibt Photovoltaik, Warmwassergewinnung durch die Abwärme von Kompressoren, und die Halle ist seit Jahren komplett mit LEDs beleuchtet.

Die Firma ist in der Region stark verwurzelt und unterstützt örtliche Vereine. Das Unternehmen bildet auch mit Erfolg

Firmengebäude im Hemauer Gewerbering

aus. Mehrfach sind Unger-Auszubildende Landes- oder Kammersieger bei der Handwerkskammer geworden. Man findet die Präzisionsdrehteile aus dem Werk der Unger CNC Metallbearbeitung GmbH in Trafos, Spinnereimaschinen, Medizin- und Laborgeräten, landwirtschaftlichen Maschinen, im Anlagenbau und noch viel mehr.

Sein zweites Herzensprojekt hat Kurt Unger unweit der Firma verwirklicht: das „Runde Haus", einen Ort der Begegnung. Dort finden gesundheitsorientierte und kreative Kurse statt, und Dienstleister haben Büroräume angemietet.

Das Team der Unger GmbH

Fotos: 24p Film

DüKa® ist der kompetente Partner für die Anwendung von NATURKALK-Produkten in der Land-, Forst- und Teichwirtschaft.

DÜKA® DÜNGEKALK GMBH

Aus der Natur für die Natur!

Die DüKa® Düngekalk GmbH ist eine Vertriebsorganisation von NATURKALK-Produkten für die Land-, Forst- und Teichwirtschaft in Bayern, Baden-Württemberg, Sachsen, Thüringen sowie den südlichen Landesteilen von Sachsen-Anhalt und Brandenburg. Darüber hinaus werden die Regionen Südtirol, Schweiz, Frankreich (Elsass), Tirol, Tschechien und Polen betreut.

Seit 1946 hat die DüKa® beziehungsweise ihre Vorgängerorganisation, die Bayerische Düngekalk Gesellschaft, ihren Sitz im Landkreis Regensburg. Nach ersten Stationen im Walhalla-Kalkwerk in Regensburg, anschließend in Neutraubling und Barbing, wurde im Frühjahr 2022 das neue, modern ausgestattete Bürogebäude mit angegliederter Lagerhalle im Gewerbegebiet Wörth-Wiesent bezogen.

DÜKA®-NATURKALK

Die DüKa® ist kompetenter Partner für den Einsatz von NATURKALK in Landwirtschaft, Forstwirtschaft und Teichwirtschaft. Seit über 75 Jahren werden die amtlichen Stellen, der Landhandel und die Landwirtschaft von einem erfahrenen und fachkundigen Beraterteam betreut. Die Koordination, Disposition und Abwicklung erfolgt durch ein engagiertes und motiviertes Team im Innendienst am Standort Wörth-Wiesent.

Das Produktportfolio umfasst klassische Düngekalke wie Kohlensaurer Kalk und Kohlensaurer Magnesiumkalk in trockener und angefeuchteter Form sowie Branntkalk gemahlen und körnig. Daneben werden auch hochwertige Mischprodukte auf der Basis von Düngekalken mit weiteren Nährstoffträgern wie Phosphat-Düngemitteln auf der Basis von Rohphosphat oder Recycling-Phosphat sowie Brennraumaschen aus der Verbrennung von naturbelassenem, chemisch unbehandeltem Holz angeboten.

Eine besondere Aufmerksamkeit wird auf den Einsatz von hygienisch wirksamen Kalkprodukten für die Tierhaltung gelegt. Die Produkte DEKAMIX® und KSM-Kalk® alkalisch bieten durch das dauerhaft alkalische Milieu und den Trocknungseffekt hervorragenden Liegekomfort, verminderten Keimdruck und verbessertes Wohlbefinden für Rinder, Schweine, Geflügel und Kleintiere.

Fotos: DüKa Düngekalkgesellschaft mbH

Das mobile Restaurant der Geschmacksfestspiele

GESCHMACKSFESTSPIELE

Das Restaurant zu Hause

Geschmacksfestspiele in den eigenen vier Wänden feiern. Dafür steht Peter Schlegl gemeinsam mit seinem Team. Nicht nur die Gäste, auch der Gastgeber selbst soll seine Veranstaltung genussvoll erleben können.

Die eigenen vier Wände oder eine vom Gastgeber gewählte Location verwandeln sich für eine kurze Zeit in das Lieblingsrestaurant. Dabei muss der Gastgeber selbst keinen Finger rühren. Rühren wird nur Chefkoch Peter Schlegl. Er bringt sich, seine Kochkünste und je nach Wunsch und Bedarf das gesamte notwendige Equipment für ein perfektes Menü im Kreise der geladenen Gäste nach Hause oder an den Ort, an dem die Geschmacksfestspiele stattfinden sollen.

Sie als Gastgeber können sich ganz entspannt und ohne Stress Ihren Gästen, Ihrer Gesellschaft oder der Familie widmen, während Peter Schlegl in der Küche Ihr Wunschmenü zaubert. Oder wollen Sie selbst bei der Zubereitung Ihres Wunschmenüs ein wenig mithelfen, dem Meister über die Schulter schauen, hier und da ein wenig von den leckeren Speisen probieren und sich nützliche Tipps für Ihre eigenen Kreationen holen? Oder wollen Sie mit Leidenschaft kochen lernen im Rahmen einer Kochparty und anschließend das gemeinsam gekochte Mahl genießen? Alles ist möglich.

Sinnliches Essen und genussvolles Trinken sowie intensive inspirierende Musik – das sind die Maximen der Geschmacksfestspiele.

Profikoch Peter Schlegl

Peter Schlegl steht für qualitative Lebensmittel, Zubereitung auf höchstem Niveau und den Genuss der vollendeten Gerichte mit großartigen Weinen und Bieren. Das alles erlebt er am liebsten in der Gesellschaft von netten Menschen. Ein wahres Geschmacksfestspiel!

Er hat es sich zur Passion gemacht, seinen Gästen und Kunden das kulinarische Festival zu kreieren, das genau zu ihnen passt. Sei es das klassische Catering, eine Kochparty zu Hause, Kochkurse in der Kochschule oder doch das Event in einer ganz besonderen Location, zwei Personen oder 250 Personen – auf jeden Wunsch hat er das passende Geschmacksfestspiel!

In der langen Zeit als selbstständiger Gastronom hat er alle Seiten der Gastronomie kennengelernt. Seit 2010 verwöhnt er mit den Geschmacksfestspielen kulinarisch. Auch als Berater der Gastronomie ist er europaweit unterwegs. Darüber hinaus ist er Kooperationspartner mit den weltmarktführenden Gastronomieausstattern.

Foto: Geschmacksfestspiele

ELEKTRO GRÖSCHL

Maßgeschneiderte Lösungen

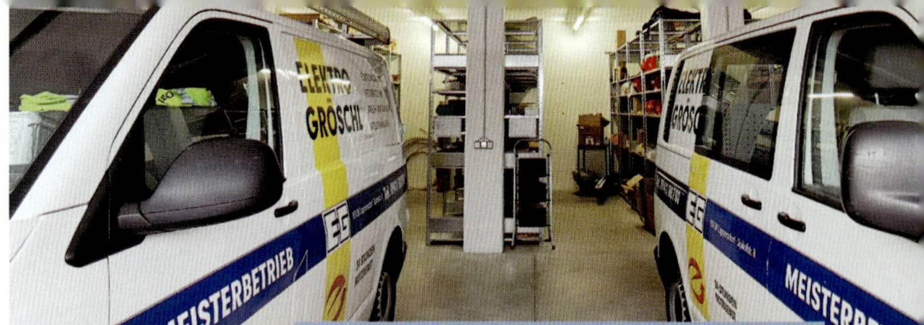

Elektro Gröschl steht seit nunmehr 35 Jahren für elektrotechnische Meisterarbeit. Das Team aus hoch qualifizierten Mitarbeitern betreut verschiedenste Kunden in der Region und darüber hinaus.

Wer bauen oder modernisieren will, den berät Elektro Gröschl gerne mit seiner jahrelangen Erfahrung. Mit dem Input des Kunden und dem firmenspezifischen Fachwissen kommt die optimale Lösung für jede Anforderung zustande. Elektro Gröschl bietet dafür die gesamte Leistungspalette – von A wie Alarmanlage über B wie Beleuchtung bis hin zu Z wie Zutrittskontrolle.

Elektrotechnik – den zukünftigen Aufgaben gerecht werden

Zeitgerechte Elektroinstallationen sind weitaus mehr als nur die Steckdose in der Wand oder das Licht an der Decke. In Zukunft werden immer mehr Abläufe automatisiert und gesteuert. Und nicht nur weil wir es bequemer haben möchten, sondern weil wir so den Energiespargedanken und die Klimawende unterstützen können oder auch müssen. Ob Ladestation für das Auto, Wärmepumpe, Stromspeicher, Photovoltaikanlagen oder intelligente Steuerungen für Beschattung und Beheizung – all das sind Themen, welche ohne leistungsfähige und angepasste Elektrotechnik nicht durchführbar sind. Hier ist Elektro Gröschl Ihr kompetenter Ansprechpartner.

Audio- und Videoanlagen

Türkommunikationssysteme stellen den ersten Kontakt zum Besucher her. In puncto Sicherheit haben – im Gegensatz zur klassischen Klingel – Audio- und Videoanlagen klare Vorteile. Zu modernen Smart-Home-Lösungen beraten die Experten der Firma.

E-Check – auf der sicheren Seite

Defekte Elektroanlagen verursachen jährlich hohe Schäden. Elektro Gröschl hilft dabei, die Risiken rechtzeitig zu erkennen und so Schäden zu vermeiden. Beim E-Check prüfen die Fachleute des Unternehmens Elektroanlagen und -geräte bis ins Detail. Sicher ist sicher!

Lichtsysteme

Ob Licht seine positive Wirkung entfalten kann, hängt nicht nur von seiner Menge, sondern auch von seiner Qualität ab. Durch neue Möglichkeiten im heimischen Lichtmanagement kann jeder selbst entscheiden, wie er sich fühlen will – und zwar per Knopfdruck! Elektro Gröschl liefert clevere Lichtideen für den Innen- und Außenbereich. Dazu auch Lichtsteuer- und Lichtregelsysteme, die es ermöglichen, die Beleuchtung an die unterschiedlichsten Situationen und individuellen Wünsche anzupassen.

Neben allen maßgeschneiderten Lösungen steht Elektro Gröschl für Verlässlichkeit. Alle Vereinbarungen wie Termine und Kostenvoranschläge werden eingehalten.

Fotos: Elektro Gröschl

DAS HÖRHAUS GMBH & CO. KG

Top-100-Arbeitgeber im deutschen Mittelstand

Am 1. Juli 1980 erfolgte die Gründung der Firma Hörgeräte Reichel, aus der später Das Hörhaus entstanden ist. Der erste Meister-Fachbetrieb für Hörakustik entstand im Zentrum von Regensburg und wurde geführt von Claus-Peter und Anna-Maria Reichel. Nach und nach entstanden im Umkreis weitere Meisterfachbetriebe, welche bis heute alle noch existieren und somit immer für große Kundennähe sorgen. Nur wenige Jahre nach der Gründung listete das Mittelstandsforum die Firma unter die 100 innovativsten Unternehmen Bayerns.

Die Stadt Regensburg verlieh 1997 der Firma den Margarete-Runtinger-Preis, damals war sie der einzige Hörakustikbetrieb mit dieser Auszeichnung. Noch im gleichen Jahr eröffnete das Unternehmen zwei neue Zweigbetriebe in Nittendorf und Parsberg und baute das bislang größte funktionsfähige und benutzbare Hörgerät der Welt, welches bis heute im Guinnessbuch Rekordhalter ist.

Im Jahr 2004 wurde auf Initiative von Hörgeräte Reichel das erste von aktuell zwei Kinderhörhäusern zusammen mit Kollegen aus der Hörakustik gegründet, in enger Zusammenarbeit mit dem bayerischen Cochlear-Implantat-Zentrum und dem Institut für Hörgeschädigte in Straubing.

Seit 2007 wurden bereits vier Filialen mit dem TOP-100-Hörakustikerpreis ausgezeichnet. 2008 zählte die Firma Das Hörhaus bereits zu den 100 besten Arbeitgebern im deutschen Mittelstand. Im Jahr 2020 hat das Unternehmen ein eigenes, hochmodernes Labor für Otoplastiken auf die Beine gestellt, um eine noch schnellere und effektive Versorgung der Kunden zu gewährleisten. 2022 wurden die sehr eng vernetzten Unternehmen Hörgeräte Reichel und Das Hörhaus zusammengeschlossen, um gemeinsam weiter zu wachsen.

Foto: Das Hörhaus GmbH & Co KG

ZIMMERMANN SANITÄTS- UND ORTHOPÄDIEHAUS GMBH

Seit 100 Jahren für mehr Lebensqualität

Zu Hause wohnen bis ins hohe Alter, alltägliche Hilfen in der Pflege, Rehabilitation nach Krankheit, gesund Sport treiben und fit bleiben – das sind die Themen, mit denen sich über 350 kompetente Mitarbeiterinnen und Mitarbeiter des Sanitätshauses Zimmermann täglich auseinandersetzen und individuelle Lösungen für jedes gesundheitliche Anliegen finden.

Zu Hause in guten Händen

Der Weg in die Pflegebedürftigkeit kann sehr kurz sein. Angehörige stehen dann vor immensen pflegerischen und organisatorischen Aufgaben. Das Zimmermann-Team unterstützt sowohl Angehörige als auch Patienten in dieser schwierigen Situation. Dazu gehören individuelle Beratung, fundiertes Wissen und ausgewählte Produkte sowie die Einweisung in Hilfsmittel, Rezeptmanagement, schnelle, kostenfreie Lieferung und ein Notdienst, der 24 Stunden am Tag erreichbar ist. Bei Einschränkungen zu Hause wird ermittelt, welche Optimierungen des Wohnumfeldes vorgenommen werden können und welche pflegerischen Hilfsmittel notwendig sind, um pflegende Angehörige und Patienten zu entlasten.

Eine Beratung ist direkt vor Ort möglich, um alle Gegebenheiten berücksichtigen zu können.

Jede Prothese wird von Experten nach Wünschen und Bedürfnissen der Kunden gestaltet und gefertigt.

Für mehr Lebensqualität

Das Sanitätshaus Zimmermann wurde 1922 gegründet und wird mittlerweile in vierter Generation geführt. Nach 100 Jahren im Dienst der Gesundheit ist Zimmermann mit über 20 Filialen der größte Filialist in Bayern mit flächendeckendem Außendienst geworden.

Fotos: Zimmermann Sanitäts- und Orthopädiehaus GmbH

Die Broll KG – Spezialist für Systemtechnik und Tunnelausleuchtung

Seit über drei Jahrzehnten schreibt die Broll Systemtechnik KG in Obertraubling eine Erfolgsgeschichte, geprägt von Heimatverbundenheit und Traditionsbewusstsein der Inhaberfamilie Broll und inspiriert von Visionen, Innovationen und Ideen, welche die Welt der Blechverarbeitung, Systemtechnik und Beleuchtungssysteme täglich neu im Licht der Möglichkeiten präsentiert. Nicht ganz glatt lief es einzig in der Gründungsphase und in den Tagen nach Produktionsbeginn für das von Peter Broll 1990 gegründete Unternehmen. Seither stehen Produkte und der Name Broll Systemtechnik KG für exzellente Qualität, Flexibilität und Termintreue – und somit stets für Wachstum und Erfolg. Der Schriftzug im Firmenlogo begrüßt Kunden, Mitarbeiterinnen und Mitarbeiter in der Farbe Magenta – die Farbpsychologie nennt dafür Attribute wie Empathie, soziale Kompetenz und Dominanz! Gute Voraussetzungen für eine Firmenpolitik mit Blick auf das Wohl aller Beteiligten. Magenta-Dominanz zeigt der wirtschaftliche Erfolg am Markt. Ein Garant dafür ist auch die Firmenphilosophie mit Fokus auf das Wohlergehen von Mitarbeiterinnen und Mitarbeitern und ohne „Tunnelblick“ auf die Bilanzbücher.

Über Shakespeare und den Erfolg

Die Herausforderungen der Aufbaujahre sind Firmengründer Peter Broll noch sehr gegenwärtig. Diese Erfahrungen prägen auch das Denken der Geschäftsführenden der zweiten Generation: Bianca Broll-Niederhofer und Ernst Niederhofer. Das Shakespeare-Zitat „Zögern bringt Gefahr“ lässt sich jenseits des Dramas über Heinrich VI. auch als Leitlinie für Entscheidungen beherzigen, wie sie täglich bei der Unternehmensführung zu fällen sind. Entscheidungen, die Peter Broll in über dreißig Jahren traf, führten nicht zu Dramen, vielmehr zum „Moovie“ mit stetem Happy End. Ist das Grundstück auf einem Rübenfeld der richtige Standort, um nichts als eine Idee zu verwirklichen? Zögern ging nicht im September 1989, denn am 1. März 1990 sollte produziert werden. Nach fünf Monaten gab es eine Halle mit 800 Quadratmetern Produktionsfläche, Produktionsmittel und auch Büros waren einsatzbereit. Sieben gut ausgebildete Fachkräfte bildeten ein Produktionsteam, fabrizierten jedoch aus Nervosität zwei Tage lang fast nur Ausschuss. Am dritten Tag lief die Produktion, und nach bereits einem Jahr musste angebaut werden. Nach zwei weiteren Jahren wieder und wieder bis zur aktuellen Größe der Produktionsflächen von 15 000 Quadratmetern für ca. 130 Beschäftigte, die gemeinsam mit dem Unternehmen auf der Gewinnerseite stehen.

Alles aus einer kompetenten Hand

Betriebsabläufe von der Konstruktion über die Fertigung bis zum Vertrieb laufen bei der Broll Systemtechnik KG eigenverantwortlich. Das klingt erst mal nicht span-

Eine der Maschinen auf höchstem technischem Niveau: Eine „TRUMPF“ Laser-Stanz Kombination

nend, erfordert jedoch Erfahrung, Know-how, Energie und absolute Teamfähigkeit von der Geschäftsführung sowie allen Mitarbeiterinnen und Mitarbeitern. Laufende Qualitätsmaßnahmen ermöglichen heute, auch technisch komplizierte Produkte zu entwickeln und zu fertigen. Broll Systemtechnik KG bietet Problemlösungen bei Planung, Design und Funktion, die Fertigung läuft zertifiziert – das Ziel: Produkte nach individuellem Kundenwunsch. Langjährige Technologieerfahrung, modernste Technik und praxiserprobte Prozesse garantieren Produkte mit Vorsprung und flexible Lieferung. Präzise Programmierungen der Anlagen durch den eigenen Mitarbeiterstamm ermöglichen optimale und wirtschaftliche Fertigungsschritte.

Tunnel Erle in Gelsenkirchen

Produkte und Leistungen vom Tunnelleuchten-Spezialisten

Was Kunden wünschen, realisiert Broll – Konstruktionen und Lichttechnik entstehen durch Stanzen, Lasern, Biegen, Schweißtechnik, Drehen, Fräsen, Schleifen, Oberflächenveredelung und Pulverbeschichtung sowie Sieb- und Tampondruck. Der Bereich Systemtechnik bedient Gehäusesysteme, Maschinenverkleidungen, Automaten, Baugruppen und Einzelteile. „Erleuchtet" von Brolls Lichttechnik werden Menschen zum Teil unbewusst. Fluchtwegbeleuchtungen, Fußboden-Einbauleuchten und Oberflächenkontrollleuchten stammen häufig aus Obertraubling. Leuchten für die Automobilindustrie werden ins europäische Ausland sowie nach Amerika, Asien und Afrika exportiert. In der Sparte Tunnelbeleuchtung gilt Broll als Spezialist mit hohem Marktanteil. Konventionelle Tunnelleuchten mit LED-Technologie sowie die neueste Entwicklung „LED-Retrofit" bringen Licht ins Dunkel auf den Straßen im Souterrain – wie nahe liegend z. B. in der Prüfeninger Unterführung in Regensburg.

Eines der Produkte: ein Hochleistungsindustriedrucker

Fotos: Broll Systemtechnik KG

Die Götz-Gruppe – Ihr Partner rund ums Gebäude

GÖTZ-GEBÄUDEMANAGEMENT

Full-Service-Anbieter

Angefangen hat es mit einer Idee, einem geschenkten Fensterleder und 56 Mark, geliehen für den Kauf einer Leiter: Karl und Karoline Götz gründeten 1949 die Firma „K. Götz Blitz-Blank". Aus dem Zwei-Personen-Fensterreinigungsbetrieb mit 24,50 Mark Umsatz im ersten Monat ist heute ein Full-Service-Anbieter im Gebäudemanagement mit 100 Niederlassungen in sechs Ländern und 16 000 Mitarbeitenden geworden. Die Hauptverwaltung hat auch nach fast 75 Jahren ihren Sitz in Regensburg. Karlheinz Götz und seine Ehefrau Gertraud übernahmen 1967 das Unternehmen. Geführt wird der Familienbetrieb heute in dritter Generation von Alexander Götz, dem Enkel der Firmengründer.

Längst ist man über die Fensterreinigung weit hinaus. Götz bietet ein umfangreiches Paket an professionellen Dienstleistungen im Bereich infrastrukturelles, technisches und kaufmännisches Gebäudemanagement sowie weitere kundenspezifische Branchenlösungen. Ob Reinigung und Hygiene, Industrieservice, Garten- und Landschaftspflege, Sicherheitsdienste, Catering, Objektverwaltung, Logistikdienstleistungen, Umzüge und Transporte, Personal- und Handwerksdienstleistungen, Geld- und Wertedienste, Schadstoffsanierungen oder Sommer- und Winterdienst – bei Götz erhalten die Kunden alle Services aus einer Hand. Natürlich zählt auch die Glasreinigung wie auch schon im Jahr 1949 zum Portfolio dazu. Kurz und gut: Götz kümmert sich für seine Kunden um sämtliche Leistungen, die zum Betreiben und Bewirtschaften einer Immobilie erforderlich sind.

Für ein Familienunternehmen, das bereits an die dritte Generation übergeben wurde, spielten nachhaltiges, zukunftsorientiertes Wirtschaften und ein respektvoller Umgang mit Mitarbeitenden, Kunden und Partnern eine besonders große Rolle. Nachhaltigkeit zeigt sich bei Götz im täglichen Handeln sowie in der grundsätzlichen Haltung Mensch und Umwelt gegenüber. Ein verantwortungsvoller Umgang mit den von der Natur gegebenen Ressourcen ist für jeden Mitarbeitenden bei Götz selbstverständlich. Ebenso gehören fortschrittliche Entwicklungen im Sinne des Einsatzes von neuen, verbesserten Reinigungs-, Desinfektions- und Pflegemitteln, Verfahrenstechniken sowie modernen Maschinen und Geräten dazu.

Die Götz-Gruppe garantiert den Mitarbeitenden einen Arbeitsplatz mit Perspektive in einer familiären Atmosphäre, dabei bildet Götz in verschiedenen Berufen aus und bietet den Angestellten in der firmeneigenen Götz-Akademie zahlreiche Möglichkeiten, sich weiterzuentwickeln.

Fotos: Götz-Management-Holding AG

Vier Generationen inhabergeführtes Familienunternehmen

Blick ins Lager (oberes Bild)
Kiessling Gebäude (unteres Bild) Foto: R. Graggo

1920 gegründet, ist die Kiessling-Spedition seit mehr als einem Jahrhundert fest mit der Donauregion verwurzelt. Nach über 70 Jahren in der Domstadt wurde 1994 das heutige Logistikzentrum in Regenstauf in Betrieb genommen und kontinuierlich ausgebaut. Im Fokus des inhabergeführten Familienunternehmens: „Den vielfältigen Kundenbedürfnissen mit maßgeschneiderten Logistiklösungen zukunftsorientiert begegnen."

Mit diversifiziertem Portfolio immer einen Schritt voraus

Auf dem 47 000 Quadratmeter großen Firmengelände sind heute rund 200 Mitarbeiter beschäftigt und sorgen auf der Straße, per Luft- und Seefracht für den Warenfluss rund um den Globus. Innovatives Know-how und langjährige Erfahrung sind dabei die Basis, um komplexe Organisationsabläufe abzubilden. Neben dem klassischen Speditionsgeschäft haben sich mit der Gefahrstofflogistik, der Automobillogistik und dem Nachtexpress weitere Geschäftsbereiche entwickelt.

Beruf + Familie. Geht gut bei uns! 2021
ausgezeichnet vom Landkreis Regensburg

Kunden aus der Chemie- und Agrarindustrie können sowohl die Lagerung von Gefahrstoffen fast aller VCI-Lagerklassen als auch den Transport zum Endkunden in Anspruch nehmen. Hierfür stehen 17 000 Palettenstellplätze im eigenen Hochregallager zur Verfügung. Ergänzt wird das Portfolio durch ein hochmodernes Labor für Um- und Abfüllarbeiten von Versuchsmustern, vornehmlich für die chemische Industrie.

Gemeinsam Entwicklung vorantreiben

Gemäß dem Ansatz des Familienbetriebs ist der Erfolg eines Unternehmens eng mit der Zufriedenheit der Belegschaft verknüpft. Entwicklung entsteht, wo sich Menschen mit kreativen Ideen und Engagement gemeinsam für ein Ziel stark machen. Die Kiessling-Spedition legt daher großen Wert auf die bestmögliche Vereinbarkeit von Familie und Beruf. So werden gemeinsam mit den Mitarbeitern individuelle Lösungen für jede Lebenssituation entwickelt. Ein attraktives Angebot unterschiedlicher Benefits und spannende Aufgabenbereiche sind auch für die Fachkräfte von morgen entscheidende Kriterien. Um das Unternehmen zukunftssicher aufzustellen, wird daher ein besonderer Fokus auf die Ausbildung in fünf verschiedenen Berufsfeldern gelegt. Das Engagement für eine familienbewusste und zukunftsorientierte Personalführung wurde vom Landkreis Regensburg schon viermal in Folge mit den Qualitätssiegeln „Beruf und Familie – Geht gut bei uns!" und „Ausbildung – Geht gut bei uns!" gewürdigt. Beste Voraussetzungen also für eine erfolgreiche Karriere in einer vielseitigen Branche.

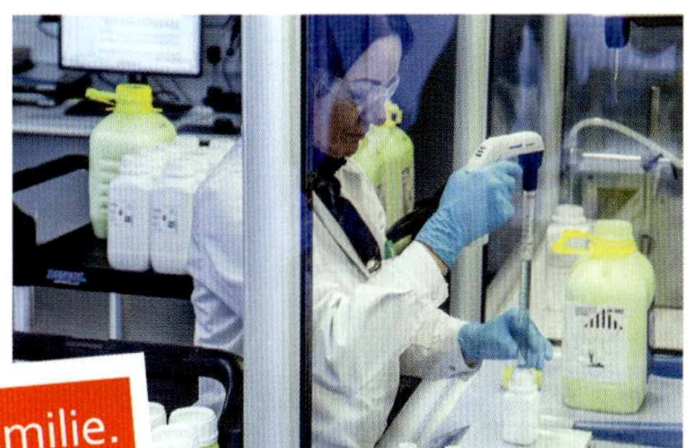

Labor

Fotos: Kiessling-Spedition

Markt Nittendorf

„In Rot über einem unterhalben goldenen Wasserrad ein schreitender silberner Widder."

Das goldene Wasserrad erinnert an den Gewerbereichtum vor allem in den Hofmarken Schönhofen und Eichhofen, wo schon früh mithilfe der Wasserkraft der Schwarzen Laber Hammerwerke betrieben wurden. Auf historische Besitzverhältnisse verweist der silberne Widder aus dem Familienwappen der Herren von Rammelstein, die im 15. und 16. Jahrhundert Inhaber der Hofmarken Loch mit Undorf und Schönhofen waren.

Ortsteile

Der Markt besteht aus 27 Ortsteilen, darunter sechs Einöden, vier Weiler, neun Dörfer, vier Kirchdörfer, eine Siedlung, ein Exerzitienhaus, ein Pfarrdorf und der Hauptort Nittendorf.

Fläche:	33,45 km²
Einwohner:	9 400 (30.6.2022)
Bürgermeister:	Helmut Sammüller

Fotos: Markt Nittendorf

Schönhofen – ein beliebtes Ausflugsziel

Spuren aus der Bronzezeit

Die Ortschaften des Marktes Nittendorf haben eine weit zurückgreifende Geschichte, wie Funde aus der frühen Steinzeit in Nittendorf, Etterzhausen und Pollenried belegen. Auch Spuren aus der Bronzezeit finden sich in Eichhofen, Haugenried, Thumhausen und Schönhofen. Der urkundlich älteste Ort der Gemeinde ist Etterzhausen, der bereits im 9. Jahrhundert erstmals erwähnt wurde. Die meisten anderen Ortsteile gehen auf das 12. Jahrhundert zurück. Die Orte Nittendorf und Etterzhausen wurden im Dreißigjährigen Krieg schwer verwüstet. In Eichhofen und Schönhofen gab es lange Zeit Hammerwerke zur Erzverarbeitung.

Entwicklung des Marktes seit 1972

Unter Ministerpräsident Alfons Goppel (1962–1978) ist in Bayern von 1971 bis 1976 eine Neuorganisation der Gemeinden und der Verwaltungs- und Gerichtsbezirke in Angriff genommen worden. Mit dieser Gebiets- und Verwaltungsreform sollte die Eigenständigkeit der angestrebten Großgemeinden gestärkt, eine größere Bürgernähe erreicht und gleichzeitig die Wirtschaftlichkeit der Verwaltung verbessert werden.

Am 14. Juli 1971 trafen sich die Bürgermeister von Deuerling, Haugenried, Eichhofen, Etterzhausen, Nittendorf, Schönhofen und Eilsbrunn zu einer ersten Besprechung. Zwei Modelle standen zur Diskussion, die „Naabtal-Gemeinde", zu der Nittendorf bis zur Autobahn, Etterzhausen, Pielenhofen und Duggendorf vereinigt werden sollten, und die „Labertal-Gemeinde", zu der auch Viehhausen, Alling und Sinzing gehören sollten. Bei den Auseinandersetzungen ging es vor allem um einen „Ost-West-Konflikt". Der Osten befürchtete ein Übergewicht der westlichen Ortschaften, die eine höhere Bevölkerungszahl aufwiesen (Undorf, Deuerling), und damit eine Verschiebung

Rathaus des Marktes Nittendorf

des politischen und organisatorischen Schwerpunkts der zukünftigen Gemeinde in den westlichen Teil.

Ein Streitpunkt war auch der Name der zu bildenden Großgemeinde. Die Bevölkerung von Undorf z. B., das die höchste Einwohnerzahl aufwies, wünschte die Bezeichnung „Undorf". Die Regierung setzte allerdings nach dem Abspringen von Deuerling den Ortsnamen Nittendorf fest. Seit 1974 führt Nittendorf ein Wappen.

Am 12. November 2003 wurde die Gemeinde zum Markt erhoben. Seitdem lautet der offizielle Name der Gemeinde „Markt Nittendorf".

In den vergangenen fünf Jahrzehnten entwickelte sich die Großgemeinde sehr positiv. Die Bevölkerung wuchs von 5 901 Einwohnern im Jahr 1972 auf bis heute 9 400 Einwohner. Nimmt man die Zweitwohnungen hinzu, wird sogar die Zahl von 10 000 übersprungen. Zwischen den Ortsteilen Nittendorf und Undorf entstand ein Gemeindezentrum mit Rathaus, Polizeiwache, Seniorenheim, Betreutem Wohnen, Tagespflege, Vollsortimentern, Supermärkten, Fachgeschäften und Wohnungen. Zahlreiche Allgemein- und Fachärzte ließen sich dort nieder.

Besonderes Augenmerk wurde auf die heranwachsende Generation gelegt. Die Angebote erstrecken sich von den Kinderkrippen über Kindergärten, Kinderhort, Jugendtreff, Familienstützpunkt und Grundschule bis zur Mittelschule. Beide Schulen erhielten 2022 einen ultraschnellen Glasfaseranschluss und die notwendige Hard- und Software.

Um die ältere Generation kümmern sich neben anerkannten Institutionen die vom Markt installierten Beauftragten für Senioren und Menschen mit Handicap.

Wer sich ehrenamtlich engagieren will, findet in über 70 Vereinen und Institutionen ein breit gefächertes Angebot.

Die wunderbare Juralandschaft lädt Einheimische und Gäste aus Nah und Fern zur Erholung ein.

An das Oberzentrum Regensburg ist der Markt Nittendorf über ein gut ausgebautes Straßen- und Schienennetz sowie zahlreiche Buslinien hervorragend angebunden.

Der Badeplatz in Etterzhausen

SAMMÜLLER GMBH

Reisen für alle Budgets und Zeitrahmen

Der mittelständische Familienbetrieb Sammüller aus Nittendorf ist seit nunmehr 60 Jahren für seine Kunden da – zuerst mit dem Transport von Gütern, später wurde das Angebot auf Busse für den Personennah- und den Schülerverkehr erweitert.

Das Busunternehmen Sammüller GmbH bietet Reisen für alle Budgets und Zeitrahmen. Für kleine Fluchten aus dem Alltag eignen sich Tagesauflüge, wer Entspannung sucht, wird im Bereich Wellness- und Badereisen fündig werden. Einzelreisende oder Gruppen starten entspannt von Regensburg, Hausen oder Schwandorf aus. Bei Mehrtagesreisen können Kunden einen Shuttleservice von der Haustür aus dazubuchen.

Ein besonderer Service-Schwerpunkt liegt auf Gruppenreisen, für die das Sammüller-Team versucht, wirklich fast alles möglich zu machen – getreu dem Motto: „Sie packen Ihren Koffer, wir erledigen alles Weitere.“ Ob Firmen, Vereine, Klassenreisen oder Reisen für eine Gruppe von Freunden oder die ganze Familie – bei Sammüller kann man sich entweder einfach nur einen Bus mieten oder die komplette Reise mit allem Drum und Dran organisieren lassen (Hotels, Führungen, Reiseleitungen, Musicalkarten, Reservierungen etc.). Für Sicherheit und Komfort ist dabei gesorgt: Insgesamt stehen moderne Reisebusse mit viel Beinfreiheit zur Verfügung, und das Fahrpersonal nimmt regelmäßig an Sicherheitsschulungen teil.

Das Reisebüro Sammüller entführt seine Kunden in fremde Länder.

Das zweite Geschäftsfeld der Sammüller GmbH ist der Transport von Gütern. Fahrten werden national und international im vorgegebenen Zeitrahmen durchgeführt. Kunden sind insbesondere Speditionen, Landwirte und Futtermittelhersteller. Der moderne Fuhrpark wartet mit Planenzügen, Silozügen für den Futtermitteltransport, Kofferzügen für Lebensmitteltransporte und Kipperzügen auf. Das Unternehmen trägt Sorge, dass die Fahrer regelmäßig neben der Fahrsicherheit in umweltbewusstem Fahren geschult werden. Sammüller unterhält eine eigene Werkstatt mit Servicetechnikern, die rasche Wartungs- und Reparaturarbeiten ausführen können, auch direkt vor Ort. Eine Erreichbarkeit ist durch ein 24-Stunden-Notfalltelefon garantiert. Sammüller steht nicht nur für Zuverlässigkeit und Termintreue bei Transporten aller Art, sondern ist auch auf Sonderlösungen spezialisiert.

Fotos: Sammüller GmbH

Adlersberg
Foto: Harald Hünn (www.derfilmograph.de)

REWE STEIDEL

Frische Lebensmittel und viele Extras

Seit September 2018 bietet das familiengeführte Einzelhandelsunternehmen in Nittendorf frische Lebensmittel und viele Extras an. Eine eigene Floristik, in der Blumenfeen wunderschöne Blumensträuße auch auf Bestellung zaubern, ist das erste Highlight des großartigen Marktes. Des Weiteren bietet REWE Steidel tagtäglich frisch zubereitete Salate in einer Salatbar zum Selbstentnehmen, und die Mitarbeiter hinter der Theke produzieren eine Vielzahl an marinierten Fleischspezialitäten, Käsevariationen und verschiedenen Leckereien.

Zusammenarbeit mit zahlreichen Erzeugern

Die Stärke des Unternehmens ist die vertrauensvolle Zusammenarbeit mit zahlreichen regionalen und lokalen Erzeugern in nahezu allen Produktgruppen wie Gemüse, Kaffee, Wurst, Eier, Nährmittel oder Wein/Spirituosen. Kurze Wege – frische Produkte!

Der separate Getränkemarkt präsentiert sich mit einem breiten Sortiment, vor allem im regionalen Bereich. Für gekühlte Getränke ist aufgrund eines begehbaren Kühlhauses immer gesorgt.

Für Kundinnen und Kunden bietet REWE Steidel einen besonderen Service an: Sie haben die Möglichkeit, ihren Einkauf bequem online zusammenzustellen und fertig gepackt im Markt abzuholen. Wer dafür keine Zeit hat, kann den Lieferservice der fleißigen Mitarbeiter nutzen. Sie liefern die bestellten Produkte frisch und gekühlt direkt nach Hause.

Ein Einkauf bei REWE Steidel lohnt sich somit immer!

Fotos: REWE Steidel

Fotos: Gemeinde Obertraubling

Gemeinde Obertraubling

„Gespalten von Blau und Silber; vorne zwei schräg untereinander angeordnete goldene Lilien, hinten ein dreifaches rotes Kreuz mit längerem Mittelbalken."

Die beiden goldenen Lilien im blauen Feld erinnern an das Stift Obermünster in Regensburg. Bis zur Säkularisation im Jahr 1803 war das Kloster der wichtigste Grundherr in Obertraubling. Das Dreifachkreuz mit verlängertem Mittelbalken, das Patriarchenkreuz, das Obertraubling ebenso wie Neutraubling im Wappen führt, verweist auf das Regensburger Kloster Heilig Kreuz, das seit dem 14. Jahrhundert ebenfalls im Gemeindegebiet begütert war.

Ortsteile

Die Gemeinde besteht aus 15 Ortsteilen, darunter fünf Weiler, zwei Dörfer, vier Kirchdörfer, drei Einöden und ein Pfarrdorf.

Fläche:	24,85 km²
Einwohner:	8 470 (31.12.2020)
Bürgermeister:	Rudolf Graß

Frühes Siedlungsgebiet

Spätestens seit 5000 v. Chr. leben Menschen im Gemeindegebiet. Dies beweisen Funde gut erhaltener verzierter steinzeitlicher Gefäße in Obertraubling und einer unbeschädigten kräftigen Steinaxt in Piesenkofen. Aus der Zeit um 1800 v. Chr. (Hügelgräber- beziehungsweise Bronzezeit) sind Hockergräber in Niedertraubling erhalten. Im 3. Jahrhundert n. Chr. existierte in Niedertraubling bereits ein römischer Bauernhof.

In der Amtszeit des Bischofs Baturich (817–847) kam es zu einem beurkundeten Landtausch zwischen dem Bischof und dem edlen Maurentius und damit zur ersten urkundlichen Erwähnung Obertraublings. Der Name geht auf das Adelsgeschlecht der „Traublinger" zurück, die im 11. Jahrhundert neben den „Gebelkofener'n" die Grundherrschaft ausübten. Später waren die „Weichser" und die „Nothaft", die „Auer" und die „Lerchenfelder" die Grundherren.

Im Dreißigjährigen Krieg (1618–1648) wurden Obertraubling und Gebelkofen stark zerstört. Viele Höfe gingen in Flammen auf, die Pest besiegelte das furchtbare Kriegselend. In der Napoleonischen Zeit von 1799 bis 1815 war durch Truppendurchzüge und Einquartierungen die Bevölkerung stark belastet. Im Jahr 1842 wurde die sogenannte Walhallastraße zur Nachbargemeinde Barbing gebaut. 1859 fuhr der erste Zug von Regensburg nach München und hielt in der neu errichteten Station Obertraubling. 1873 wurde die Freiwillige Feuerwehr Obertraubling gegründet.

Im Jahr 1937 wurde im Nordosten von Obertraubling, auf dem jetzigen Gebiet der Stadt Neutraubling, ein Militärflugplatz errichtet und im Herbst 1938 eine Fliegerhorst-Kompanie stationiert. Nach dem Zweiten Weltkrieg kam es zur Ansiedlung von Gewerbebetrieben und damit zu einem starken wirtschaftlichen Aufschwung.

Die Entwicklung der Gemeinde seit 1971/72/74

Kommunale Gemeindegebietsreform

Die Eingemeindung von Niedertraubling (1971), Gebelkofen und Oberhinkofen (1972) sowie Höhenhof und Tenacker (1974) brachte Obertraubling einen erheblichen Bevölkerungs- und Gebietszuwachs. Die Herausforderung bestand aber vor allem darin, das beispielsweise durch Pendelbeziehungen eng mit Regensburg verknüpfte und teils schon von Industrie-, Handels- und Dienstleistungsunternehmen geprägte Obertraubling sowie die landwirtschaftlich orientierten neuen Gemeindeteile zu integrieren. Die ersten Jahre nach der Gebietsreform standen ganz im Zeichen des Infrastrukturausbaus und des Aufbaus eines Kleinzentrums Obertraubling.

Rathaus der Gemeinde Obertraubling Foto: Mullen

Seine besondere wirtschaftliche und soziale Bedeutung gedachte Obertraubling durch die Einstufung als Kleinzentrum zu betonen. Bei dieser Maßnahme regionaler Planungsverbände in ganz Bayern ging es um die Sicherstellung der Grundversorgung durch Fokussierung auf bestimmte, besonders zu entwickelnde Orte. Für Obertraubling sprach der starke Aufschwung nach dem Krieg, dagegen standen jedoch die Nähe zum Oberzentrum Regensburg und zum bereits bestehenden Unterzentrum Neutraubling.

Idee des Stadt-Umland-Verbands

Dem geplanten Stadt-Umland-Verband mit Regensburg trat Obertraubling nicht bei. Es fürchtete um seine Unabhängigkeit.

Zeitzeugen der Gemeindereform

„Die Leute waren vielleicht nicht begeistert vom Zusammenschluss, aber zufrieden schon."
(Leo Graß, ehemaliger Bürgermeister Obertraublings)

„90 Prozent waren dafür."
(Georg Gattinger, ehemaliger Bürgermeister Oberhinkofens)

„Ich wollte mein Wissen und meine Arbeitsbereitschaft auch in Obertraubling wieder einbringen."
(Georg Gattinger)

„Man fühlt sich schon als Niedertraublinger, aber wir sind auch gut aufgenommen worden."
(Xaver Allmeier, ehemaliger 2. Bürgermeister Niedertraublings)

Führend durch Know-how, Service und Persönlichkeit

Bereits im Jahr 1895 gründen die Handelsvertreter Emil Richter und Ernst Frenzel die „Richter+Frenzel Großhandlung in Kanal-, Gas- und Wasserleitungsartikeln". Mehr als 125 Jahre später gehört die Richter+Frenzel-Gruppe zu den deutschlandweit führenden Großhändlern in den Sparten Haustechnik, Tiefbau, technische Gebäudeausstattungen und Werkzeug.

Die Richter+Frenzel-Gruppe ist zurzeit an circa 180 Standorten in Deutschland und der Europäischen Union vertreten und überzeugt mit großem Fachwissen, marktgerechten Sortimenten, herausragender Logistik und innovativen, digitalen Services, die sie für Kommunen, private Bauherren und Renovierer, Investoren und die Partner und Partnerinnen aus dem Handwerk sowie Planer und Architekten und Architektinnen bereithält.

Firmensitz von Richter+Frenzel in Obertraubling

Standort Regensburg-Obertraubling

Seit 1936 gibt es die Richter+Frenzel Regensburg GmbH mit heutigem Sitz in Regensburg-Obertraubling, zu der auch die Bäder- und ProfiStores Cham, Regensburg-Stadt, Schwandorf und Straubing zählen.

1978 wurde der moderne Betrieb in Regensburg-Obertraubling seiner Bestimmung übergeben und damit die Basis für die weitere kontinuierliche Entwicklung geschaffen. Der geschäftliche Aufwärtstrend führte zu einer wesentlichen Erweiterung der Betriebsanlage im Jahr 1989. Die Niederlassung Obertraubling verfügt zurzeit über ca. 14 000 Artikel auf einer Fläche von 27 000 Quadratmetern. 17 Lastkraftwagen beliefern ein Einzugsgebiet von rund 100 Quadratkilometern rund um Stadt und Landkreis Regensburg, teilweise mehrmals täglich. Energieeffizienz findet nicht nur in der Gebäudetechnik statt, sondern zusätzlich auf dem Kundenparkplatz. Eine Pkw-Ladestation versorgt umweltfreundliche Elektrofahrzeuge an zwei Zapfstellen.

BäderStore Obertraubling

Auf einer Fläche von mehr als 2 200 Quadratmetern präsentiert Richter+Frenzel die neuesten Trends und Entwicklungen für Bad, Wärme, Energie und Licht. Mit einem großen Haustechnik-Bereich, Test-Center, Licht-Lounge und mehr als 50 Bädern sowie Reality Pro – der innovativen VR-Brille – wird der Besuch bei Richter+Frenzel zum Erlebnis.

Im ProfiStore findet man die passenden Bad-Accessoires.

Anschluss an das R+F-Logistikzentrum Süd

Zusätzlich ist der Standort an das R+F-Logistikzentrum Süd angeschlossen, das leistungsfähigste und modernste Lager der SHK-Branche. So hat Richter+Frenzel schnell Zugriff auf über 50 000 weitere Artikel.

Familienunternehmen in vierter Generation

Auch in der vierten Generation ist Richter+Frenzel ein Familienunternehmen geblieben. Zur aktuellen Inhaberfamilie gehören die Nachfahren der beiden Gründer (Emil Richter und Ernst Frenzel): Peter Küfner, Dominik Gastreich und Christoph Stahl. Alle drei sind Gesellschafter und stehen dem Unternehmen beratend zu Seite. Sie treffen die Auswahl der Geschäftsführer, die das Unternehmen steuern. Und sie sorgen dafür, dass Richter+Frenzel nach wie vor im Sinne der Gründer geführt wird.

Die Menschen bei Richter+Frenzel

Innerhalb der Richter+Frenzel-Gruppe gibt es begeisternde BäderStores, Logistikzentren mit modernster Technologie, ProfiStores, interaktive Weiterbildungsplattformen, Onlineshops und digitale Services. All das wäre nicht vorhanden ohne die Menschen, die dahinterstehen. Mehr als 4 200 Mitarbeiter und Mitarbeiterinnen in über 180 Berufsprofilen engagieren sich persönlich jeden Tag dafür, dass stets die neueste Ware angeboten und inspirierend präsentiert wird, jedes Teil zu jeder Zeit genau dort ist, wo es gebraucht wird, Kunden sich wirklich verstanden fühlen, Handwerksbetriebe sich voll auf ihre Kernleistung konzentrieren können, stetige Verbesserung angestrebt wird und ein wertschätzender Umgang miteinander bewahrt wird – direkt, umsetzungsorientiert, fair.

Der BäderStore hat für jeden Anspruch eine passende Lösung.

Bad Hero MyStar

Fotos: Richter+Frenzel Regensburg GmbH

Firmengelände der Saatzucht Bauer GmbH & Co. KG – für die Saatzucht ist umfangreiches Know-how nötig.

SAATZUCHT BAUER GMBH & CO. KG

Seit über 130 Jahren Nutzpflanzenzüchtung

Mit der Gründung der Firma im Jahr 1863 in Niedertraubling begann die Erfolgsgeschichte des Unternehmens. 20 Jahre später konnte erstmals durch Auslesezucht gewonnenes Weizensaatgut an andere Landwirte geliefert werden – ein Meilenstein für die Landwirtschaft in der Region.

Daraus entwickelte sich über sechs Generationen hinweg ein modernes Pflanzenzuchtunternehmen, welches sich heute mit der Züchtung von Winter- und Sommerweizen, Wintergerste, Hafer und Sojabohnen beschäftigt.

Als mittelständisches Saatzuchtunternehmen steht bei Bauer die Entwicklung von anbauwürdigen, praxistauglichen und verbesserten Sorten im Vordergrund. Die Zuchtaktivitäten sind für die Landwirtschaft in Deutschland von großer Bedeutung. Die Pflanzenzüchtung bietet die Basis für die Verbesserung der Landeskultur. Durch unsere Arbeit können der Landwirtschaft standortangepasste Sorten mit hervorragenden Resistenz- und agronomischen Eigenschaften sowie mit bester Qualität auf höchstem Ertragsniveau zur Verfügung gestellt werden. Die Pflanzenzüchtung steht ganz vorne in der Nahrungsmittelkette. Nur dadurch lässt sich die Versorgung der Verbraucher mit Nahrungsmitteln bester Qualität sicherstellen und nachhaltig verbessern.

Nachdem sich die Landwirtschaft in einem stetigen Wandel befindet und sich immer wieder ändernden Bedingungen anpassen muss, spielt die Pflanzenzüchtung eine ganz zentrale Rolle in der Ernährungssicherung. Als Beispiele sind Nährstoff- und Wassereffizienz, Hitze- und Trockenstresstoleranz, aber auch Krankheitsresistenzen zu nennen. Ferner fordern auch sich ständig ändernde Ernährungstrends sowie ein stärkeres Umweltbewusstsein der Gesellschaft und der Politik eine Anpassung von Kulturpflanzen. Der stark ausgeweitete ökologische Landbau wäre in diesem Umfang ohne Pflanzenzüchtung nicht möglich.

Fotos: Saatzucht Bauer GmbH & Co. KG

Digitalisierung im Landkreis Regensburg

Wie in der Privatwirtschaft hat Corona auch im Landratsamt bzw. im Landkreis Regensburg einen Digitalisierungsschub ausgelöst. Aber nicht nur: Rund um das allgegenwärtige Thema Digitalisierung laufen zahlreiche weitere zukunftsweisende Projekte, die den Bürgern zugutekommen.

Immer komplexere Software, umfangreichere Datenpakete und generell das Voranschreiten der Digitalisierung in immer mehr Bereichen des alltäglichen Lebens – schnelles Internet ist für Unternehmen bzw. für eine moderne Gesellschaft unverzichtbar. Der Ausbau von Glasfaser und Mobilfunk hat deshalb für den Landkreis Regensburg eine hohe Priorität.

Ausbau Breitband und Mobilfunk

Bereits Mitte 2021 lag die Breitbandabdeckung im Landkreis Regensburg von >30 Mbit/s bei über 99 Prozent. Von 2015 bis heute wurden ca. 250 Kilometer Glasfaserkabel verlegt. Aktuell werden Förderanträge im Rahmen der Gigabit-Richtlinie der Bundesrepublik Deutschland in Verbindung mit der Bayerischen Kofinanzierungs-Gigabit-Richtlinie für alle Mitgliedskommunen gestellt. Das Investitionsvolumen wird über 100 Millionen Euro umfassen und ab Ende 2023 für den Ausbau von 20 000 förderfähigen Hausanschlüssen eingesetzt. Dabei ist der Landkreis Regensburg der einzige in Bayern, der landkreisübergreifend mit allen Kommunen eine GmbH gegründet hat, die Laber-Naab-Infrastrukturgesellschaft (LNI). Erstmals wird hier kein Privatunternehmen, wie es sonst überwiegend der Fall ist, sondern ein „kommunales" Unternehmen den Glasfaserausbau in der Region vorantreiben.

Der Aufsichtsrat der Laber-Naab-Infrastrukturgesellschaft (LNI) (v.li. n.re.): Landrätin Tanja Schweiger, Christian Kiendl (BM Markt Schierling), Josef Bauer (BM Stadt Parsberg) René Meyer (Geschäftsführer LNI-GmbH), Christian Hauner (BM Markt Lappersdorf), Elisabeth Kerscher (BM Gemeinde Wiesent), Christian Graf (BM Stadt Hohenfels) und Hans Schmid (BM Markt Laber)
Foto: Sebastian Prechtl

„Gemeinsam für mehr Mobilfunk" war das Motto eines Arbeitstreffens der Laber-Naab-Infrastrukturgesellschaft (LNI) und der Mobilfunkinfrastrukturgesellschaft (MIG) im Landratsamt Regensburg (v.li.n.re.): Sebastian Prechtl (Projektleiter LNI), Roland Weiß (Wirtschaftsförderung Landkreis Regensburg), René Meyer (Geschäftsführer LNI), Steffen Greiner (MIG), Landrätin Tanja Schweiger und Harald Hillebrand (Referent der Landrätin)
Foto: Beate Geier

E-Government-Team im Landratsamt: vorne Landrätin Tanja Schweiger (rechts) mit Elisabeth Frank; hinten (v.li.n.re.) Alexander Völkl (Bereichsleiter Organisation E-Government), Corinna Hahn, Tatjana Kirchner sowie Digitalisierungskoordinator Harald Hillebrand
Foto: Petula Hermansky

Für den Mobilfunk ist eine Cluster-Ausschreibung für den ganzen Landkreis Regensburg als Modell- und Pilotlandkreis vorgesehen, statt bisher eines Gebietes können nunmehr mehrere Gebiete gleichzeitig ausgeschrieben werden, was zu einer erhöhten Synergie führt.

Auszeichnung „Digitales Amt"

Das Landratsamt Regensburg hat im März 2022 vom Bayerischen Staatsministerium die Auszeichnung „Digitales Amt" erhalten. Voraussetzung war, dass mindestens 50 Onlineverfahren für die Bürger im Bayernportal verfügbar sind. Der Landkreis Regensburg hat diese Vorgabe bei Weitem übertroffen und bayernweit als erster Landkreis die Marke von 100 Onlinediensten im Bayernportal angeboten, darunter beispielsweise die Kfz-Zulassung oder verschiedene Online-Terminvergabemöglichkeiten. Stand 20. September 2022 standen 121 Onlineverfahren zur Nutzung bereit. Für manche Dienstleistungen benötigt man entweder einen neuen Personalausweis oder weitere Möglichkeiten der Bayern-ID. Damit lassen sich viele Behördengänge zeitunabhängig, einfach, sicher und DSGVO-konform elektronisch ohne Amtsbesuch erledigen oder zumindest so weit vorbereiten, dass man nur noch zum Unterschreiben oder zur Abholung eines Führerscheins einen kurzen Vor-Ort-Termin buchen muss.

Mit der Projektgruppe des Innovationsrings des bayerischen Landkreistages konnte im Themenfeld Onlinezugangsgesetz (OZG) in der Kategorie bestes Kooperationsprojekt „Digitaler Werkzeugkasten 2.0" der 2. Platz im bundesweiten E-Government-Wettbewerb 2021 erzielt werden.

Auszeichnung Digitales Amt: Landrätin Tanja Schweiger (links) und Digitalministerin Judith Gerlach
Foto: StMD

Landrätin Tanja Schweiger, der Digitalisierungskoordinator im Landkreis, Harald Hillebrand (links), und der Vorstandsvorsitzende der SWS AG, Christian Schreiner, gaben Anfang August 2020 das Startsignal für das Pilotprojekt „Virtuelles Bürgerbüro" Foto: Beate Geier

Virtuelles Bürgerbüro

Das virtuelle Bürgerbüro ist im Zuge der Corona-Pandemie entstanden, um in Zeiten der Lockdowns virtuelle Behördengänge zu ermöglichen. In den vergangenen zwei Jahren wurde das Angebot weiter ausgebaut. Stand August 2022 sind acht Onlinebüros erreichbar, für die man einen Termin buchen kann (Büro der Landrätin, Energiewende & Klimaschutz, Existenzgründung & Wirtschaftsförderung, Gartenkultur & Landschaftspflege, Gleichstellungsstelle, Grunderwerb, Mobile Bildungsberatung und Sozialdienst am Gesundheitsamt). So spart man sich den Weg zum Amt und erhält zum Beispiel trotzdem Hilfe beim Ausfüllen eines Formulars, weil man in der Web-Konferenz Dokumente über den Bildschirm teilen kann. Als „Nebeneffekt" wurden mit der Lösung im Landratsamt auch Videokonferenzen im Amt selbst, mit Bürgermeistern, anderen Kommunen oder Behörden eingeführt. Um einen virtuellen Termin zu buchen, reichen ein Laptop, ein PC mit Webcam und Mikrofon/Headset oder ein Smartphone mit Internetverbindung.

Chatten rund um die Uhr

Die Corona-Pandemie war auch der Auslöser für die Implementierung des Chatbots „ReLaX". Teilweise gingen mehrere Tausend Anrufe pro Tag bei der Behörde ein, weil angesichts hoher Inzidenzen und sich verändernder Regelungen das Informationsbedürfnis so hoch war. Dieser Andrang war nicht mehr zu bewältigen, sodass eine digitale Lösung gefunden werden musste. Das war die Geburtsstunde des Chatbots, mit dem sich seit Februar 2022 auf der Webseite des Landkreises Regensburg, dem zugehörigen Facebookauftritt, im Facebook-Messenger und über WhatsApp Infos rund um Corona – und das rund um die Uhr – abrufen lassen.

Ist ein auf künstlicher Intelligenz basierter Kommunikationskanal erst einmal implementiert, ist die größte Hürde schon genommen, und das System lässt sich auch sehr schnell erweitern. Ein weiterer aktueller und dringender Anlass war der Angriff Russlands auf die Ukraine im Februar 2022. Ukrainische Flüchtlinge können schnell wichtige Informationen abrufen, etwa „Registrierung von Geflüchteten" oder „Termin bei der Ausländerbehörde", und sie können das in ihrer Muttersprache tun.

In den vergangenen Monaten wurde das Angebot weiter ausgebaut. „ReLaX" kann jetzt auch Fragen zu den Themengebieten Kfz-Zulassung, Jugendamt, Führerscheinstelle, Tourismus, Gesundheit, Wirtschaftsförderung und Regionalentwicklung beantworten – mittlerweile mit Englisch nun in drei Sprachen. Fragen und Antworten kommen dabei aus den jeweiligen Fachgebieten. Die Chatbot-Spezialisten der Firma Viind aus Würzburg überlegen sich dazu weitere Fragen, die auf die Antworten zusteuern, und koordinieren die Übersetzung. Eine Umfrage hat ergeben, dass die Telefonhotline um

Das virtuelle Bürgerbüro wird vorgestellt. Vorne: Landrätin Tanja Schweiger Foto: Beate Geier

75 Prozent entlastet wurde – wodurch wieder Kapazitäten für andere Anfragen frei werden – und rund 50 Prozent der Bürger durch den Chatbot geholfen wurde. „ReLaX" steht übrigens für Regensburger Land LeXikon.

Einführung von Robotic Process Automation (RPA)

Immer wiederkehrende, stets gleiche Abläufe, die bislang händisch durchgeführt wurden, sind prädestiniert dafür, sie durch automatisierte Prozesse zu ersetzen. Ein Beispiel dafür sind die 4 000 bis 5 000 Anträge für das Gastschulwesen, die jedes Jahr anfallen und die als Testphase für die Einführung von RPA dienen. Diese Routineaufgaben binden viel Zeit, da eine hohe Zahl von Datensätzen abgeglichen werden muss. Durch die Automation von Prozessen und Routineaufgaben werden hier Kapazitäten frei, die woanders sinnvoller eingesetzt werden können. Denn durch RPA verschwinden keine Arbeitsplätze, wie man vielleicht zunächst annehmen könnte.

Die Herausforderungen (Ukraine-Krieg, Klimawandel, Transformation von einer linearen zu einer Kreislaufwirtschaft, um nur einige zu nennen) sind komplex, essenziell und werden eher zu- als abnehmen. Festzuhalten ist, dass man zunächst den Schritt gehen und in Digitalisierung und Automatisierung investieren muss, um auf lange Sicht von den Auswirkungen zu profitieren. Das Landratsamt Regensburg und der Landkreis nehmen hier eine Vorreiterrolle ein und machen die Region fit für die Zukunft.

1001 digitale Projekte

Neben den großen Digitalprojekten wurden und werden viele weitere in den verschiedenen Abteilungen des Landratsamtes umgesetzt.

Ein zentraler Baustein als Basis für E-Government, digitale Verwaltung und ortsunabhängiges mobiles Arbeiten ist das Dokumenten-Management-System (DMS), das bereits vor 15 Jahren eingeführt wurde und mittlerweile 1,5 Millionen E-Akten im System aufweist. Gerade in den Hauptphasen der Corona-Pandemie war es für den Landkreis Regensburg ein enormer Vorteil, dass bereits 85 Prozent der Mitarbeitenden papierlos mit E-Akte arbeiten und so trotz massiven Ausbaus von Homeoffice keine Einschränkungen der Arbeitsbedingungen entstanden zum Vorteil für Mitarbeiter und Kunden.

Der seit über zehn Jahren bestehende Landkreisatlas (ehemals „BürgerGIS") wurde Mitte August 2022 durch eine neue Lösung ersetzt und damit moderner. Bei den Softwarekomponenten setzt das Digital-Team auf Open Source. Dabei wird Software verwendet, die auch von Städten wie Hamburg, München, Wien, einigen Bundesländern und dem Bundesamt für Kartografie und Geodäsie eingesetzt wird. Im Atlas lässt sich zum Beispiel „nachschlagen", wo Wasserschutzgebiete sind, welche Bodenrichtwerte es gibt, welche Bebauungspläne vorgesehen sind oder wo Radwege entlangführen.

Kooperation beim Thema Digitalisierung (v.li.n.re.): Digitalisierungskoordinator im LK Regensburg, Dipl.-Ing. (FH) Harald Hillebrand, Kreiskämmerin Petra Grimm, THD-Kanzlerin Birgit Augustin, Prof. Dr. Helena Liebelt und Wirtschaftsförderer Roland Weiß. Foto: Technische Hochschule Deggendorf

Die Digitalisierung der Bauanträge: Die Bürger sowie Architekten geben ihre Bauanträge ab dem 1. Januar 2023 nicht mehr bei der Gemeinde ein, sondern beim Landkreis, und das optional in digitaler Form über das BayernPortal. Für die noch in Papierform eingehenden Anträge wurde eine „Scanstraße" eingerichtet. Das DMS-System ist über eine Schnittstelle an das Bau-Fachverfahren angebunden. Die komplette Digitalisierung der in Papierform eingehenden Bauanträge mit digitaler interner Fachstellenbeteiligung erfolgte bereits am 1. Januar 2022. Die externe digitale Fachstellenbeteiligung wird seit dem 2. Halbjahr 2022 eingeführt, und die digitale Einreichung von Bauanträgen wird ab dem 1. Januar 2023 für alle möglich sein. Für die Bürger führt das zu einer Beschleunigung des Verfahrens.

2021 wurde für das Ausländeramt eine Online-Terminvereinbarung eingeführt, und die IT-Abteilung des Landratsamtes hat 46 Webseiten barrierefrei und responsive gestaltet, das heißt, dass sich unter anderem Schriftgröße, -art oder Kontrast einstellen lassen und die Seiten sich bei Aufruf an das jeweilige Device – Laptop, Smartphone, Tablet – im Hinblick auf Layout und Funktionalität anpassen.

Ebenfalls gut aufgestellt ist man bei dem Thema Cyber-Angriffe, wie Risikountersuchungen zur Sicherheit ergeben haben. Für das Thema „Projektmanagement, Prozessmanagement und Digitalisierung" wurde ein Förderantrag von einer knappen Million Euro gestellt, um Mittel für die weitere Modernisierung zur Verfügung zu haben.

Smart Region

Für die Laufzeit 2022 bis 2025 arbeitet der Landkreis mit Stakeholdern aus Wissenschaft, Gemeinden, Wirtschaft und Zivilgesellschaft und der Stadt Regensburg zusammen. Das Ziel ist es, das Konzept der Smart City auf die Region auszuweiten. Smart bezieht sich dabei nicht nur auf die Digitalisierung, sondern auf alle Ideen, die die Region voranbringen können. Tourismus, Ehrenamt, Start-up-Förderung, Energiegewinnung und -nutzung oder ÖPNV – all das darf nicht an der Stadtgrenze enden, sondern muss in die Region weitergedacht werden.

Auf Anregung des Innovationsrings des Bayerischen Landkreistages entwickeln sechs Landkreise eine Digitalisierungsstrategie (Aschaffenburg, Bad Tölz-Wolfratshausen, Ebersberg, Fürth, Mühldorf a. Inn und Regensburg), um gemeinsam voneinander zu lernen.

Zusammenarbeit in Sachen Digitalisierungsstrategie

Last but not least kooperiert der Landkreis über den Hochschulverbund TRIO mit der Wissenschaft zu verschiedenen Themen, um weitere Projekte anzustoßen. So arbeiteten Studierende der TH Deggendorf gemeinsam mit Mentoren des Landratsamtes an dessen Digitalisierungsstrategie.

Mobilität im Wandel

Vom Automobil als Wundermittel für die Mobilität jedes Einzelnen bis zum Ausbau eines smarten Umweltverbunds – die Verkehrsentwicklung im Landkreis spiegelt den jeweiligen Zeitgeist wider. Heute gilt es unter anderem Herausforderungen wie der Klimakrise zu begegnen, die Chancen zu nutzen, die neue Technologien bringen, und kluge Entscheidungen für die zukünftige Mobilität im Landkreis und darüber hinaus zu treffen.

Der motorisierte Individualverkehr (MIV) wurde im Zuge des Wirtschaftswunders zur dominierenden Verkehrsart und das eigene Auto zum Statussymbol. Man orientierte sich an dem Leitbild einer „autogerechten Stadt", ein Begriff, der auf ein gleichnamiges Buch von 1959 zurückgeht, um dem steigenden Verkehrsaufkommen Herr zu werden. Dieses Leitbild wurde von den Planern in den verkehrstechnischen Funktionalismus der 1960er- und 1970er-Jahre übersetzt. Diese Eingriffe in Städte und Gemeinden sind häufig bis heute sichtbar. Vielerorts dominiert der Straßenraum für den motorisierten Verkehr die Ortszentren, insbesondere auch für den ruhenden Verkehr (Parkplätze, Parkhäuser ...). Es entstanden neue großflächige Einzelhandelsstandorte, in dezentralen, autoorientierten Lagen. Auch Wohnen und Arbeiten wurden zunehmend räumlich voneinander getrennt, mit der Folge zunehmender Pendlerverkehre, die vorwiegend mit dem Auto zurückgelegt werden. Im Landkreis ist der MIV auch heute noch häufig präsent. Viele besitzen auch zwei oder mehr Kraftfahrzeuge, um unterschiedliche Mobilitätsbedürfnisse zu adressieren, etwa für Arbeitswege oder andere Fahrten im Zusammenhang mit Familie, Einkaufen, Arztbesuchen, Freizeit oder Hobby. Dazu ein paar Zahlen: Von 1972 bis 2022 (Stand 1. August 2022) stieg die Zahl der gemeldeten Pkw im Landkreis von 27 115 Pkw (37 358 Fahrzeuge gesamt) auf 129 367 Pkw (200 387 Fahrzeuge gesamt).

Die KERL eG bietet eCarsharing an. Foto: Natascha Buberger

Weiterentwicklung und Ausbau des Verkehrsnetzes

Durch diese Ausrichtung auf das damalige planerische Leitbild verlor der öffentliche Personennahverkehr (ÖPNV) zunächst an Bedeutung. Das Straßennetz im Landkreis wurde hingegen über alle Baulastträger an das steigende Straßenverkehrsaufkommen angepasst und bedarfsgerecht ausgebaut. Ortsumfahrungen wurden angelegt, um den Durchgangsverkehr aus den Orten zu verlagern. Neue Verbindungen wurden geschaffen, um die Erreichbarkeit der Landkreisteile zu verbessern. So wurde mit Fertigstellung der A 93 in Nord-Süd-Richtung im Jahr 1986 eine wichtige Lücke für die Einbindung des Landkreises in das kontinentale Fernstraßennetz geschlossen. Die Gesamtlänge aller Kreisstraßen umfasst heute 336 Kilometer, vor 50 Jahren waren es 218 Kilometer. Im selben Zeitraum wurden 30 neue Brücken gebaut, 78 gibt es zurzeit im Landkreis. Aktuell führen Radwege auf einer Strecke von rund 72 Kilometern entlang der Kreisstraßen.

Die Straßenverkehrsinfrastruktur insgesamt wurde kontinuierlich weiterentwickelt. Der Fokus richtete sich dabei mehr und mehr auf einen leistungssteigernden Ausbau vor einem Neubau von Straßen. Hier wären zum Beispiel der sechsstreifige Ausbau der A 3 Nittendorf–Rosen-

Der Hafen in Regensburg
Foto: Jochen Netzker - stock.adobe.com

hof, der Ausbau des Autobahnkreuzes Regensburg und der Neubau der B 15n (Regensburg–Schierling–Landshut–Rosenheim) zu nennen.

Auch aufgrund der sehr guten Einbindung in das nationale und internationale Verkehrssystem, bestehend aus Straße, Schiene und Schifffahrt, hat sich der Landkreis bzw. die Region zu einem starken, attraktiven Wirtschaftsstandort und zentralen logistischen Knotenpunkt entwickelt. Der Landkreis bildet eine Schnittstelle von zwei europäischen Hauptachsen (den Transeuropäischen Korridoren Rhein–Donau und Skandinavien–Mittelmeer). Zudem ist er Knotenpunkt der Bundesautobahnen A 3 und A 93. Der Bayernhafen ist ein bedeutender Umschlagpunkt an der internationalen Wasserstraße Donau, und auch das Terminal für den Kombinierten Verkehr hat über die Grenzen der Region hinaus eine Bedeutung zur Brechung der Verkehre (Umschlagen der Ladehilfsmittel wie Container oder Transportmittel).

Auch im Personenverkehr ist der Großraum international eingebunden: So führt beispielsweise eine IC- und ICE-Verbindung nach Wien, und es bestehen Verbindungen nach Prag. Seit 2018 gibt es durch den Überregionalen Flughafenexpress (ÜFEX) eine umsteigefreie Schienenanbindung (die Fahrzeit beträgt nur circa eine Stunde) an den Flughafen München.

Aktuelle Herausforderungen

Der Großraum Regensburg ist eine der am stärksten wachsenden Regionen Bayerns. Mehr als 350 000 Menschen leben hier mit weiterhin steigender Tendenz. Diese große wirtschaftliche Dynamik der Region geht mit einer starken Belastung der Verkehrsinfrastruktur einher. Gemeinsam mit allen Aufgabenträgern gilt es, das Verkehrsnetz sowie die Verkehrsangebote im Landkreis und über die Landkreisgrenzen hinweg zukunftsfähig weiterzuentwickeln.

Durch eine gezielte Förderung von ÖPNV, Schiene und Radverkehr soll den Bürgern im gesamten Landkreis eine möglichst echte Alternative zum eigenen Auto für ihre alltäglichen Wege angeboten werden. Um die jeweiligen Stärken der einzelnen Verkehrsträger bestmöglich zu nutzen, rückt insbesondere auch die Verknüpfung der verschiedenen Verkehrsträger mehr und mehr in den Fokus.

E-Mobilität …

Das zentrale – und alle Verkehrsarten umspannende – Thema ist die Elektrifizierung des Antriebsstrangs und somit die Entstehung von neuen Mobilitätsformen. Fahrzeuge fahren zunehmend elektrisch, man steigt auf E-Bikes oder E-Lastenräder um, mit denen sich auch Steigungen und längere Strecken ohne große Kraftanstrengung überwinden lassen und die hinsichtlich ihrer Transportkapazitäten ein Auto ersetzen können. Man tastet sich außerdem an neue Mobilitätsformen wie E-Scooter heran. Im Landkreis wurde eine Ladeinfrastruktur für Elektroautos aufgebaut, die im Moment aus rund 60 Ladesäulen und circa 120 Ladepunkten besteht, mit steigender Tendenz. Das eCarsharing der KERL eG verfügt über 14 Elektrofahrzeuge an ausgewählten Standorten im Landkreis Regensburg. Im Landkreis werden dabei nicht nur neue Mobilitätsformen genutzt, sondern auch entwickelt. So werden Cargobikes und Velotaxis produziert, Umbausätze für alte Roller auf E-Antriebe entwickelt oder innovative Tretroller und Laufräder für Erwachsene produziert und vertrieben. Der erste Elektrobus im Landkreis fährt voraussichtlich noch in 2022 im Innerortsverkehr Citybus Regenstauf.

Der ÖPNV wurde in den vergangenen Jahren stark ausgebaut.
Foto: Hanno Meier/m.press

… und Digitalisierung

Die Digitalisierung ist ein weiterer Faktor, der die Mobilität zunehmend beeinflusst. Seit 2017 können Tickets für den Bus online in der RVV-App gekauft und die Fahrplandaten haltestellengenau abgerufen werden. Durch die Corona-Pandemie gab es ab 2020 einen Digitalisierungsschub: Virtuelle Behördengänge, Videokonferenzen, virtuelle Messen, Homeoffice – und damit flexible Arbeitszeiten – verändern, ebenso wie beispielsweise die Entwicklung hin zur Telemedizin, das Mobilitätsverhalten. Diese Form der Verkehrsvermeidung bzw. Entzerrung der Verkehre in den Hauptverkehrszeiten hat Einfluss auf die Verkehrsplanung im Landkreis. Umgekehrt hat die Digitalisierung in Form des zunehmenden Onlinehandels zu einem rasanten Anstieg der Zahl an Kleintransportern von sogenannten Kurier-, Express- und Paketdiensten im Straßenverkehr geführt.

Back on Track – Aktuelle Projekte zur weiteren Stärkung des ÖPNV

Für die Entwicklung des Schienenpersonennahverkehrs (SPNV) ist das SPNV-Konzept Region Regensburg von entscheidender Bedeutung. Eine vollwertige Regio-S-Bahn wird die Menschen in Ostbayern noch besser verbinden und eine echte Alternative zum motorisierten Individualverkehr im Stadt-Umland-Verkehr von Regensburg bieten. Gemeinsam mit dem Freistaat Bayern strebt die

Die Regenbrücke in Regenstauf

Region neben schnellen Verbindungen für die weiteren Strecken mindestens einen durchgängigen 30-Minuten-Takt auf den fünf Schienenstrecken im Zulauf auf Regensburg an. Zudem sind neue zusätzliche Haltepunkte geplant. Voraussetzung für die Einführung einer leistungsfähigen Regio-S-Bahn ist der Ausbau der Schieneninfrastruktur in der Region.

Durch den Ausbau der Schieneninfrastruktur für den Fern-, Nah- und Güterverkehr wird der Zugverkehr gestärkt. Das umfasst zum Beispiel den mehrgleisigen Ausbau im Streckenabschnitt Prüfening–Obertraubling, die Elektrifizierung der Strecke Regensburg–Marktredwitz oder die Schaffung von Überholmöglichkeiten von Güterzügen nach dem europäischen Standard.

Mit einer „ÖPNV-Angebotsoffensive" hat die landkreiseigene Nahverkehrs-

Foto: DB Netz Marion Fink

gesellschaft GFN zwischen 2020 und 2021 das umfangreichste Maßnahmenpaket ihrer Geschichte umgesetzt. Das ÖPNV-Angebot wurde im Landkreis Regensburg sowohl qualitativ als auch quantitativ verbessert und auf ein neues Niveau gehoben: dichtere Takte, neue Linien, zusätzliche Angebote am Abend und am Wochenende. Damit leistet der Landkreis Regensburg zur Stärkung des ÖPNV in der Region sowie der Mobilität aller Bürger und damit zur Entlastung der Verkehrssituation im Raum Regensburg einen wichtigen Beitrag.

Neue flexible ÖPNV-Angebote wie Rufbusse/On-Demand-Services sorgen für eine flächenhafte Erschließung des gesamten Landkreises und ergänzen gezielt das auf den Hauptachsen gut ausgebaute ÖPNV-Angebot. Bereits etabliert hat sich die landkreisübergreifende Rufbuslinie 900 Wörth–Brennberg–Rettenbach–Falkenstein. Die neue Rufbuslinie 800 Kiefenholz–Wörth a.d.Donau–Hofdorf–Zinzendorf sowie ein On-Demand-Service mit Elektrofahrzeugen für die sechs Gemeinden im westlichen Landkreis starten Ende 2022.

Ein weiterer wichtiger Baustein für eine nachhaltige Mobilität im Landkreis ist das Engagement der Bürger. In einigen kreisangehörigen Kommunen (z. B. Tegernheim) wurden sogenannte Bürgerbusse auf ehrenamtlicher Basis installiert, die Fahrten zum Arzt oder Einkaufsmöglichkeiten erleichtern – und das mehrmals pro Woche.

Förderung des Radverkehrs

Für ein landkreisweit durchgängiges Alltagsradverkehrsnetz wurde ein interkommunales Mobilitätskonzept erarbeitet. Fahrten zur Arbeit, zum Einkaufen, zur Schule oder auch als Zubringer zu öffentlichen Verkehrsmitteln in der Region sollen noch besser mit dem Fahrrad bewältigt werden können. Im Rahmen des „Mobilitätskonzepts Radverkehr" wurden bereits zahlreiche Maßnahmen zur Stärkung des Radverkehrs umgesetzt. Neben den Radwegen wird auch die begleitende Radverkehrsinfrastruktur wie Radabstellanlagen zum sicheren Abschließen der Räder oder ergänzende Angebote wie Fahrradmitnahme in Bussen und Zügen immer weiterentwickelt. Als Qualitätsmerkmal für die erfolgten und künftigen Anstrengungen strebt der Landkreis die ADFC-Zertifizierung als fahrradfreundlicher Landkreis an.

Gestaltung der Zukunft: das „Mobilitätskonzept Großraum Regensburg"

Das Mobilitätskonzept Großraum Regensburg soll die Klammer für ein über alle Verkehrsträger hinweg abgestimmtes Mobilitätsangebot der Menschen im gesamten Großraum sein. Dabei wird auch die Siedlungsentwicklung berücksichtigt, genauso wie Unterschiede zwischen dicht besiedelten Regionsteilen und eher ländlich geprägten Räumen. Ziel ist die Einleitung einer nachhaltigen Mobilitätswende für den gesamten Großraum.

Foto: Daniel Ehlis - stock.adobe.com

Fotos: Karin Weber, Josef Eder

Gemeinde Pentling

„Unter zinnenförmig von Silber und Rot geteiltem Schildhaupt, unterstützt von einem goldenen Balken, in Schwarz eine silberne heraldische Lilie."

Rot und Silber des Schildhauptes symbolisieren die ehemalige Pentlinger Burg, unterstrichen von einer goldenen Linie, die an die geschichtsträchtige Römerstraße erinnert, welche sich zur Blütezeit des Römischen Reiches durch die Gemeinde zog. Auch der historisch wichtige Bezug zum Kloster St. Emmeram durfte nicht vernachlässigt werden und fand durch die signifikante Lilie vor schwarzem Hintergrund Platz auf dem historisch geprägten Gemeindesymbol.

Ortsteile

Die Gemeinde hat zehn Ortsteile mit fünf Kirchengebäuden. Pentling liegt verkehrsgünstig unmittelbar am südlichen Stadtrand Regensburgs.

Fläche:	32,55 km²
Einwohner:	6 279 (29.7.2022)
Bürgermeisterin:	Barbara Wilhelm

Stadtnah und naturverbunden

Die Gemeinde Pentling entstand nach den Gebietsreformen 1972 und 1978 aus den Gemeinden Neudorf, Hohengebraching, Matting, Graßlfing, Großberg und Poign.

Der Name der Gemeinde geht auf einen gewissen Pentilo bzw. Bantilo zurück, der sich mit seiner Sippe im 6. Jahrhundert hier niederließ. Nachdem Abt Albert von Schmidtmühlen die Burg zu Pentling im Jahre 1329 kaufte, begann er mit der Dorfgestaltung und förderte den Weinbau im Dorf. Die Dorfkirche St. Johannes gegenüber dem heutigen Kindergarten wurde 2007 zur Papstkirche erhoben. Eine Gedenktafel neben dem Eingang des Gotteshauses erinnert an den emeritierten Papst Benedikt XVI., der in der Bergstraße lebte, als er als Theologieprofessor an der Universität Regensburg lehrte. 1987 wurde er zum Ehrenbürger der Gemeinde Pentling ernannt und blieb der Gemeinde auch als Papst immer verbunden.

Zwei Naturschutzgebiete

Das Gemeindegebiet ist Teil des von außergewöhnlicher Schönheit geprägten Donautales mit den angrenzenden Steilfelsen. Zahlreiche Wanderwege durchziehen die Wälder und führen auf vielen Kilometern durch die hügelige Landschaft. Das Naturschutzgebiet Mattinger Hänge mit bis zu 50 Meter hohen Jurafelsen beheimatet eine Fülle geschützter Pflanzen und Kleintiere. Auf der gegenüberliegenden Donauseite erstreckt sich das Naturschutzgebiet Max-Schultze-Steig mit seiner Schutzfelsformation, die nach dem Botaniker David Heinrich Hoppe (1760–1846) benannt ist und als „Hoppefelsen" bezeichnet wird.

Älteste Steinbauernhäuser Bayerns

In Matting stehen die ältesten Steinbauernhäuser Bayerns. Ein eindrucksvolles Beispiel historischer Baukunst ist das Appoltshauser-Anwesen, ein in den 1990er-Jahren saniertes Gebäude, das heute die Gaststätte „Zunftstüberl" beherbergt. Im „Zunftstüberl" sind die ältesten Wandmalereien (1608/09) der Oberpfalz mit Menschen in Zunftkleidung erhalten.

Fotos: Gemeinde Pettendorf

Gemeinde Pettendorf

„In Silber eine erhöhte eingeschweifte blaue Spitze, darin der silberne Kopf der Pfalzgräfin Heilika; oben links eine blaue Lilie, oben rechts ein blauer Stern."

Heilika war die Mutter des bayerischen Herzogs Otto I. (gestorben 1183) und damit die Stammmutter der wittelsbachischen Herzöge. Die Mariensymbole Lilie und Stern verweisen auf das im 13. Jahrhundert gegründete Dominikanerinnenkloster Adlersberg und die an der Mündung der Naab in die Donau gelegene Wallfahrtskirche Mariaort. Die enge Verbindung mit den Wittelsbachern kommt auch in der Tingierung Silber und Blau zum Ausdruck.

Ortsteile

Die Gemeinde besteht aus 19 Ortsteilen, darunter zwei Kirchdörfer, sieben Dörfer, vier Einöden, fünf Weiler und das Pfarrdorf Pettendorf.

Fläche:	24,57 km²
Einwohner:	3 507 (31.12.2021)
Bürgermeister:	Eduard Obermeier

Pettendorf blüht

Nachhaltige Bürgerkommune

Die Gemeinde am westlichen Rand Regensburgs besitzt seit 2011 das vom Bayerischen Umweltministerium verliehene Gütesiegel „Nachhaltige Bürgerkommune".

Schloss Pettendorf

Die ummauerte Hofanlage mit dem imposanten Wohngebäude liegt gegenüber der Kirche. Vor 1120 war hier bereits der Sitz der Herren von Pettendorf. Nach dem Übergang in wittelsbachischen Besitz und zwischenzeitlicher Umwandlung in ein Kloster diente die Anlage als Amtshof, war dann Hofmark und kam schließlich in Privatbesitz. Derzeit ist dort ein landwirtschaftlicher Betrieb beheimatet.

Bienenerlebniswelt Pettendorf

Als Projekt der „Nachhaltigen Bürgerkommune" startete 2018 „Pettendorf blüht", dessen Logo mittlerweile als Identifikationsmerkmal für die Gemeinde Pettendorf dient. Mithilfe bürgerschaftlichen Engagements wurde eine Vielzahl von Blühflächen geschaffen und ein Bewusstsein für Arten- und Naturschutz auf eine breite Basis gestellt. Getreu dem Motto „Pettendorf blüht – wir blühen mit" konnten die Ziele des Volksbegehrens „Rettet die Bienen" vorbildlich umgesetzt werden. Neben „Pettendorf blüht" errichtete die Gemeinde 2020 einen Bienenlehrpfad. Als besonderes „Schmankerl" befindet sich vor dem „PettenDorfladen" eine Dauerausstellung von Bienenbeuten des Freilandmuseums Neusath-Perschen.

Römische Galeere „Regina" in Mariaort

Im Rahmen eines Forschungsprojektes am Lehrstuhl für Alte Geschichte der Universität Regensburg wurde von Studierenden dieses weltweit einzige seetaugliche antike Flusskriegsschiff gebaut. Interessenten haben die Möglichkeit, das Alltagsleben am spätantiken Flusslimes kennenzulernen, indem sie selbst auf diesem Römerschiff der Gattung „Navis Lusoria" das Ruder in die Hand nehmen.

Gemeinde Pfakofen

„In Rot ein silbernes Andreaskreuz, darüber eine goldene Blattkrone, darunter eine goldene Bügelkrone."

Das Andreaskreuz steht stellvertretend für die geistlichen Institutionen, die für die Pastorierung der Pfarrei Pfakofen zuständig waren. Die beiden Kronen sind dem Wappen der Grafen von Königsfeld entnommen, die von 1532 bis 1808 Inhaber der Hofmark Pfakofen waren.

Fotos: Gemeinde Pfakofen

Spuren der Jungstein- und Urnenfelderzeit

Die Geschichte der Gemeinde Pfakofen ist die Geschichte der drei ehemals selbstständigen Dörfer Pfakofen, Pfellkofen und Rogging. Die drei Orte an den fruchtbaren Auen der Großen Laber können auf eine lange Siedlungsgeschichte zurückblicken. Aus vorgeschichtlicher Zeit wurden im Gemeindegebiet Spuren der Jungsteinzeit (5000–2000 v. Chr.), der Hügelgräberzeit und vor allem der Urnenfelderzeit entdeckt.

Die erste urkundliche Erwähnung Pfakofens stammt aus dem Jahr 1185. In einer großen Urkunde des Papstes Lucius III. bestätigt dieser der Alten Kappelle zu Regensburg Besitz und Schutz einer Reihe von Gütern, darunter auch derer der Kirche von Phaphinchoven (Pfakofen). Um das Jahr 1400 erschienen in Pfakofen erstmals auch weltliche Herren. Es sind dies die Valkensteiner, die Paulsdorfer, die Gumpenberger und ab 1526 die Königsfelder.

Im Dreißigjährigen Krieg waren in Rogging in den Jahren 1646 bis 1647 die Schweden im Winterquartier. Damals brach die Pest aus. Sechs Jahre nach dem Kriegsende gab es in Pfakofen in elf Behausungen 22 Erwachsene und 16 Kinder. Von den Leiden des Krieges wurden Pfakofen, Rogging und Pfellkofen auch in napoleonischer Zeit nicht verschont.

Nach dem Zweiten Weltkrieg wurden die bisher eigenständigen Dörfer Pfakofen, Pfellkofen und Rogging zum Gemeindeverband Pfakofen zusammengefasst, aus dem sich Rogging 1948 zwar wieder selbstständig machte, 1976 aber erneut eingemeindet wurde. 1978 hat sich Pfakofen im Zuge der Gebietsreform als eigenständige Gemeinde der Verwaltungsgemeinschaft Alteglofsheim angeschlossen. Durch die Neubaugebiete „Am Kreuzberg", „Am Kellerberg I", „Am Kellerberg II" und „Heuweg" ist die Gemeinde in den letzten Jahren beständig gewachsen.

Ortsteile

Die Gemeinde besteht aus den Ortsteilen Einhausen, Fuchsmühle, Hausmühle, Pfellkofen, Rogging, dem Hauptort Pfakofen und dem Baugebiet Am Rothbuckel.

Fläche:	15,28 km²
Einwohner:	1 688 (31.12.2021)
Bürgermeister:	Christian Gangkofer

Gesundheitsregion^{plus} – Netzwerk für passgenaue gesundheitliche Angebote in der Region

Gesundheits
region^{plus}
Stadt und Landkreis
Regensburg
gefördert durch
Bayerisches Staatsministerium
für Gesundheit und Pflege

Gesundheitsversorgung und Vorsorge sind in Deutschland auf einem hohen Niveau – und damit das so bleibt, ist die Sicherung und Optimierung der gesundheitlichen und pflegerischen Versorgung ein zentrales Anliegen der Politik. Dieses Zukunftsthema gewinnt aufgrund vieler Entwicklungen wie Fachkräftemangel, Digitalisierung oder einer älter werdenden Gesellschaft weiter an Bedeutung. Dabei stehen die Kommunen in Bayern vor ganz unterschiedlichen Herausforderungen: In manchen Regionen gibt es zu wenig Ärzte, in manchen fehlt Praxispersonal oder es gibt kaum Angebote zur Gesundheitsförderung. Es braucht also passgenaue Lösungen sowie einen „Knotenpunkt", an dem alles vernetzt wird.

Mitglieder der Gesundheitsregion^{plus} beim Gruppenfoto anlässlich der 5. Sitzung des Gesundheitsforums mit Landrätin Tanja Schweiger und Oberbürgermeisterin Gertrud Maltz-Schwarzfischer (Bildmitte)
Foto: Peter Ferstl

Regionale Netzwerke als Schlüssel

Das Bayerische Ministerium für Gesundheit und Pflege (StMGP) unterstützt daher die Einrichtung lokaler Netzwerk-Plattformen durch das Förderprogramm Gesundheitsregion^{plus}. In der Geschäftsstelle der Gesundheitsregion^{plus} laufen die Fäden zusammen. Um die Herausforderungen zu bewältigen, braucht es Know-how und Teamarbeit. Darum sind die Netzwerke für die Gesundheitsregion^{plus} so wichtig. Bayernweit gibt es derzeit 60 Gesundheitsregionen^{plus} (Stand Juli 2022).

Stadt und Landkreis bewarben sich bereits im Dezember 2015 gemeinsam um das Förderprojekt und erhielten am 21. März 2016 den Zuschlag für den ersten Förderzeitraum. In der Gründungsphase der Gesundheitsregion^{plus} standen vorrangig die Einrichtung einer Geschäftsstelle, der Aufbau eines Netzwerks, die persönliche Vorstellung des Projekts bei möglichen Mitgliedsinstitutionen sowie eine Bestands- und Bedarfsanalyse im Mittelpunkt. Mitglieder sind Institutionen und Organisationen, die bei der regionalen gesundheitlichen Versorgung, der Pflege und der Prävention beziehungsweise Gesundheitsförderung wesentliche Aufgaben wahrnehmen, wie etwa die Kreisklinik in Wörth, der ärztliche Kreisverband, Wohlfahrtsverbände, der Hospizverein, Vertreter der Krankenkassen oder der Selbsthilfe.

Inzwischen wurden Vertreter von rund 40 Institutionen in der Region von den beiden Vorsitzenden Landrätin Tanja Schweiger und Regensburgs Oberbürgermeisterin Gertrud Maltz-Schwarzfischer berufen. Diese wirken seither aktiv in Arbeitskreisen oder Projektgruppen bei der Gestaltung der Gesundheitsregionen^{plus} mit. Im Jahr 2020 beschlossen der Kreistag des Landkreises und die Ausschüsse der Stadt Regensburg die Weiterführung des Förderprojekts. Das Bayerische Ministerium für Gesundheit und Pflege verlängerte die Förderung bis 2025.

Arbeitssitzung der Projektgruppe „Jobmesse“: Gemeinsam mit einer Agentur arbeitet die Projektgruppe an der Umsetzung und Gestaltung der Messe, die Interessierte auf (Pflege-)Berufe im Gesundheitswesen aufmerksam machen will.
Foto: Beate Geier

Foto: Â©Shmel - stock.adobe.com

Geschäftsstelle beim Gesundheitsamt

Die Fäden des Netzwerks der Gesundheitsregion^{plus} laufen in der Geschäftsstelle beim Gesundheitsamt Regensburg zusammen. Deren wesentliche Aufgabe ist das strategische Management der Gesundheitsregion^{plus}. Sie steuert und initiiert die Planungs-, Entscheidungs- und Umsetzungsprozesse in den drei Handlungsfeldern „Gesundheitsversorgung“, „Pflege“ und „Gesundheitsförderung/Prävention“.

Gesund aufwachsen – unter dem Dach der Gesundheitsregion^{plus} macht sich ein Arbeitskreis Gedanken über Präventionsangebote für Kinder und Jugendliche.

Die Geschäftsstelle der Gesundheitsregion^{plus} Regensburg vernetzt die verschiedenen Akteure und fördert damit den Austausch und die Zusammenarbeit. Ein Hauptaugenmerk liegt dabei auf dem Wissenstransfer. Aus diesem Grund steht die Geschäftsstelle in engem Kontakt mit Hochschuleinrichtungen und weiteren Innovationspartnern. Der Austausch zwischen Wissenschaft und der praktischen Anwendung beziehungsweise Umsetzung hat einen hohen Stellenwert und kennzeichnet die Gesundheitsregion Regensburg. So kommen neue Erkenntnisse in den Bereichen Pflege, Gesundheitsförderung oder Versorgung zielgerichtet in der Praxis an.

Ergebnisse aus den Arbeitskreisen, bayernweite Kampagnen oder regionale Gesundheitsinformationen – all dies findet sich aufbereitet auf der Homepage der Gesundheitsregion^{plus} Regensburg. Unter der Rubrik „Handlungsfelder" gibt es thematisch gegliedert umfangreiche Informationen. Der Internetauftritt hilft, die Angebote für die Bürger zu bündeln und zu strukturieren.

Gesundheitsförderung & Prävention

Jede Gesundheitsregion^{plus} in Bayern muss in allen drei genannten Themenfeldern aktiv sein – dies ist Förderbedingung.

Wie diese Bereiche ausgestaltet werden, wird regional unterschiedlich gehandhabt und ist abhängig von regionalen Herausforderungen sowie den örtlichen Ergebnissen von Bestands- und Bedarfsanalysen. Für die Gesundheitsregion Regensburg zeigte die Bedarfsanalyse zum Start der Gesundheitsregion im Jahr 2017 Handlungsbedarf auf. Im Bereich Gesundheitsförderung und Prävention sah etwa ein Drittel der befragten Gemeinden das Angebot als unzureichend, weitere 40 Prozent schätzten es als ausreichend, aber ergänzungsbedürftig ein. Daher wurden für die Themen „Gesund aufwachsen" und „Gesund älter werden" entsprechende Arbeitskreise ins Leben gerufen, die sich regelmäßig besprechen und Maßnahmen auf den Weg bringen.

Foto: 123rf_stockbroker

Gesund älter werden und fit bleiben – wie die ältere Generation Informationen dazu finden und Kompetenzen aufbauen kann, ist ein Themenbereich der Gesundheitsregion^plus.

So sind im Arbeitskreis „Gesund aufwachsen" beispielsweise alle vertreten, die mit Kindern und deren Gesundheit zu tun haben – Vertreter der Kitas und Schulen, Kinder- und Jugendärzte, Jugendämter, Anbieter von Präventionsangeboten und Vertreter von Krankenkassen. Ihr Augenmerk ist auf die Gesundheit der Kinder und Jugendlichen gerichtet. Im Bedarfsfall entwickeln sie Maßnahmen wie beispielsweise Eltern-Vorträge oder eine Sammlung von Präventionsangeboten für Schulen.

Angebote für die ältere Generation

Das zweite Fokus-Thema im Bereich Gesundheitsförderung & Prävention ist „Gesund älter werden". Im Mittelpunkt steht der Erhalt der Gesundheit und damit verbunden die Aussicht auf ein möglichst langes, selbstbestimmtes Leben. Bei bereits bestehender Beeinträchtigung soll eine gute, sektorenübergreifende Versorgung die Teilhabe der Bürger an der Gesellschaft unterstützen. Dafür gründete sich im Mai 2019 der Arbeitskreis „Gesund älter werden".

Leitidee ist auch hier, bestehende Angebote zu vernetzen und etwaige Lücken zu schließen. So gestalteten Institutionen aus dem Arbeitskreis gemeinsam zwei Aktionstage zum Thema Herzinfarktprävention „Hand aufs Herz". Von Blutdruck- und Blutzuckermessungen bis hin zu Bewegungsempfehlungen und einer Ausstellung zur herzgesunden Ernährung fanden Interessierte an zwei Tagen im Juli 2022 ein breites Mitmach- und Informationsangebot im Donaueinkaufszentrum vor. Weitere Präventionsprogramme, beispielsweise zur Sturzprophylaxe, sind derzeit bereits in Arbeit, um ein möglichst langes, gesundes Leben zu Hause zu ermöglichen.

Gesundheitsversorgung & Digitalisierung

Zwei in Auftrag gegebene Studien bestätigen der Gesundheitsregion^plus Regensburg eine sehr gute medizinische Versorgungslage in haus- und fachärztlicher Sicht. Legt man die Vorgaben der ärztlichen Bedarfsplanung zugrunde, ist die Region beispielsweise gut bis sehr gut mit Hausärzten versorgt. Der Versorgungsgrad liegt zwischen 111,7 Prozent und 124,23 Prozent. Eine eingerichtete Arbeitsgruppe hat dabei auch die kleinräumige Situation im Blick. Durch die Digitalisierung im Gesundheitswesen eröffnen sich für die Versorgungsstrukturen neue Chancen und Möglichkeiten.

An der Schnittstelle zwischen den Bereichen Gesundheitsförderung/ Prävention und Gesundheitsversorgung & Digitalisierung setzt das Förderprojekt „Stärkung von Gesundheitskompetenzen von Senioren" an. Dabei werden erste Kurse entwickelt, die Senioren digitale Gesundheitskompetenzen vermitteln. Diese werden in eine App-Struktur eingebettet, die speziell für diese Zielgruppe entwickelt wurde. Unter dem Begriff „Gesundheitskompetenzen" (Health Literacy) versteht man die notwendigen Fähigkeiten, gesundheitsrelevante Informationen zu finden, zu verstehen, zu beurteilen und umzusetzen. Dies betrifft sowohl die Felder der Krankheitsbewältigung (Diagnosen, Therapien) als auch deren Prävention und eine allgemeine, lebenslange Gesundheitsförderung.

Gesundheitskompetenzen sind damit ein zentraler Schlüssel für ein entsprechendes Verhalten. Mit den Kursen sollen die Senioren in die Lage versetzt werden, sich an den gesundheitlichen Entwicklungen zu beteiligen. Ebenso soll ihnen weiterhin eine gesellschaftliche Teilhabe und der Zugang zu gesundheitsförderlichen Angeboten ermöglicht werden. Dieses Projekt wird bis Ende 2022 durch die BARMER-Krankenversicherung gefördert.

Gesundheit in allen gesellschaftlichen Bereichen mitdenken

Ein weiteres Fokusthema im Bereich Versorgung war in den letzten Jahren die aktive Beteiligung der Geschäftsstelle und des Gesundheitsamtes beim Regionalentwicklungskonzept und dem Stadtentwicklungsplan. Gesundheit als Thema betrifft nicht nur den Sektor der daran beteiligten Einrichtungen, sondern stellt eine gesamtgesellschaftliche Aufgabe und Herausforderung dar. Das Konzept „Health in all policies" beschreibt, wie Gesundheit in allen Politikbereichen mitgedacht werden kann. Das Mitwirken bei den Entwicklungskonzepten bot die Gelegenheit, den Gesundheitsaspekt in der Stadt- und Regionalentwicklung zu verankern und somit als Netzwerkpartner wahrgenommen zu werden. Die Geschäftsstelle der Gesundheitsregion^{plus} Regensburg unterstützt darüber hinaus erste Kommunen im Landkreis, wie z. B. Schierling, als Leuchttürme „Gesunder Kommunen".

Die Pflege im Fokus: das Organisationsteam der Jobmesse mit Vertretungen von Arbeitsagentur und der zwölf Arbeitgeber im medizinischen und Pflegebereich
Foto: Beate Geier

Pflege & Nachwuchsförderung

Im Rahmen der zweiten Förderphase kam der Bereich Pflege dazu und befindet sich derzeit im Aufbau. Eine entsprechende Arbeitsgruppe konstituierte sich 2021. Erste Treffen hatten beispielsweise die Verringerung der Ausbildungsabbrüche durch Mentoren für Pflege zum Thema. Der durch Fachkräftemangel einerseits und wachsenden Pflegebedarf andererseits gekennzeichnete Bereich wird in den kommenden Jahren stark an Bedeutung gewinnen. Hier wird es verstärkt gemeinsame Kraftakte brauchen, entsprechende innovative Versorgungsstrukturen zu entwickeln, um den Herausforderungen begegnen zu können.

THOMAS WISER HAUS

Mensch sein, sich begegnen und erleben

Dr. Thomas Wiser, Dechant und Pädagoge, gründete 1880 die Dechant Wiser Stiftung. Sie ist Träger des Thomas Wiser Hauses in Regenstauf, das somit auf eine über 140-jährige Tradition zurückblickt. Seit Mitte der 1990er-Jahre hat sich das Thomas Wiser Haus zu einer modernen ausdifferenzierten Einrichtung der Kinder- und Jugendhilfe entwickelt, in der 250 Mädchen und Jungen im Alter von 0 bis 21 Jahren in 28 heilpädagogischen und therapeutischen Gruppen betreut werden.

Im Thomas Wiser Haus ist Raum und Zeit für Mädchen und Jungen, Mitarbeiterinnen und Mitarbeiter, sich zu begegnen und zu erleben, Entwicklung und Heilung zu ermöglichen und zu fördern. In der Beziehung Kinder und Erwachsene sind liebevolle Zuwendung, Eindeutigkeit, Transparenz und Zuverlässigkeit im Handeln der Erwachsenen und als Ziel für die Kinder grundlegend für eine heilsame Entwicklung.

Dienst für die Gesellschaft

Wir verstehen uns als sozialer Dienstleister, der mit seiner Leistung dem einzelnen Mädchen, Jungen und deren Familie sowie der Gesellschaft dient. Wichtig ist uns die Lust, zu gestalten, in Verantwortung zu gehen, Neues in die Welt zu bringen und kreative Lösungen zu entwickeln. Wir können für hochbelastete Mädchen und Jungen neue Lebensperspektiven aufzeigen.

Mit unseren über 250 Mitarbeitern, davon gut 80 im Landkreis Regenburg, sind wir als Mittelstandsunternehmen ein Wirtschaftsfaktor für die Region. Für unsere Mitarbeiter sind uns ein großes Maß an Transparenz, sichere Arbeitsplätze, Individualisierung von Arbeitszeiten, Vereinbarkeit von Beruf und Familie oder auch Freizeit wichtig.

Das Thomas Wiser Haus hat sich in den letzten Jahren immer wieder neuen Themen gewidmet, wie sexuelle Gewalt, Angst und Depression, Essstörungen, Verwahrlosung, selbstverletzendes Verhalten, kleine Kinder im Heim, Mutter-Kind-Wohnen, um nur einige Beispiele zu nennen. Die Angebote orientieren sich daher an veränderten Problemlagen und gesellschaftlichen Rahmenbedingungen und entwickeln sich, unter Berücksichtigung unserer Leitidee und des individuellen Bedarfs der Jugendämter, schnell und flexibel weiter.

Fotos: Thomas Wiser Haus

Firmensitz von Sanitätshaus Röger in Wörth: Bei Sanitätshaus Röger steht der Kunde immer an erster Stelle.

SANITÄTSHAUS RÖGER GMBH

Individuelle Lösungen zum Wohl des Kunden

Am 1. August 2012 von Familie Ibanez Gomez übernommen, entwickelte sich das Sanitätshaus Röger vom anfänglich reinen Verkaufsgeschäft für Sanitätshaus- und Gesundheitsartikel zum heutigen Ausbildungsbetrieb mit Reha-Technik und Orthopädie-Technik mit Zertifizierung und Meisterqualifikation unter der Leitung von Orthopädietechnikermeister Kai Kriebel. Am Standort in Wörth entstand zusätzlich eine Werkstatt für Orthopädie- und Reha-Technik.

Durch gezielte Mitarbeiterschulungen kam es zu Spezialisierungen in Fachbereichen wie lymphatische Versorgungen, Kompressionsware, Brustprothetik, Prothetik der unteren Extremitäten, Orthetik und orthopädische Schuheinlagen sowie Versorgungen für Diabetiker und Schlaganfallpatienten.

Im April 2019 folgte die Eröffnung einer weiteren Filiale mit Werkstatt für Orthopädie- und Orthopädieschuh-Technik in Langquaid. Somit wurde das Leistungsspektrum um ein weiteres Fachgebiet, den orthopädischen Maßschuhbau, erweitert. An den Standorten des Unternehmens werden auch konfektionierte Bandagen und Orthesen angepasst. Auch Sportler wissen die Versorgungsleistungen zu schätzen. Außerdem zählen die Versorgung bei Inkontinenz sowie Alltagshilfen und Fitnessprodukte zum Sortiment.

Lösungen für Patienten nach Klinikentlassung

Im Reha-Hilfsmittelsektor (z. B. Pflegebetten und Rollstühle) bietet das Sanitätshaus Röger individuelle Lösungen für Patienten nach der Klinikentlassung gleichwohl im häuslichen Umfeld als auch im betreuten Wohnen sowie in stationären Pflegeeinrichtungen. Zudem stehen Versorgungen im klinischen, orthopädischen und chirurgischen Bereich im Fokus des Versorgungsspektrums.

Stetige Fort- und Weiterbildungsmaßnahmen der Mitarbeiter sieht das Unternehmen als Selbstverständlichkeit an. Zudem bildet die Firma auch selbst Mitarbeiter und Mitarbeiterinnen für das Berufsfeld aus.

Service steht an erster Stelle, da das Unternehmen möchte, dass alle seine Kunden zufrieden sind. Das qualifizierte Fachpersonal berät gerne zu den individuellen Bedürfnissen.

Mit „Unserem Wissen für Ihre Mobilität" findet das Sanitätshaus Röger für jeden Kunden immer die optimale Lösung und steht Menschen mit angeborenen und erworbenen Handicaps für die persönliche Beratung zur Verfügung.

Fotos: Sanitätshaus Röger GmbH

Bildung im Fokus und angepasst an gesellschaftliche Entwicklungen

Stetig im Wandel präsentiert sich die Bildungssituation – im Landkreis Regensburg ebenso wie in Gesamtdeutschland. Das liegt vornehmlich daran, dass sich Strukturen und Angebote an gesellschaftliche Entwicklungen und Herausforderungen anpassen müssen. Deutlich zeigt sich dies im Vergleich der Bildungssituation von 1972 mit der von heute. Ein erster Bildungsbericht für den Landkreis Regensburg wurde 2017 veröffentlicht. Der Freistaat Bayern zeichnete am 7. Juli 2017 den Landkreis und die Stadt Regensburg als „Bildungsregion in Bayern" aus. Es wurden Bildungskonferenzen durchgeführt, bei denen Bildungsakteure über aktuelle Themen und Probleme diskutierten. In Kooperation mit der VHS Regensburger Land hat der Landkreis eine mobile Bildungsberatung etabliert. Seit 2018 berät ein mobiler Berater an fünf Standorten sowie online die Bürger. Dieses Angebot soll all jene unterstützen, die sich beruflich verändern, ihre Fähigkeiten ergänzen und ausbauen möchten. Neu überarbeitet wurde in diesem Zeitraum auch der Bildungswegweiser mit umfassender Übersicht der Bildungseinrichtungen in Stadt und Landkreis Regensburg auf der Webseite des Landratsamts.

Der zweite Bildungsbericht aus dem Jahr 2019 informiert mit gleicher Grundstruktur über die aktuelle Bildungssituation, wurde jedoch um Inhalte ergänzt. Er enthält ein Kapitel über die Seniorenbildung und

Die Realschule Neutraubling
Foto: Altrofoto

Das Sonderpädagogische Förderzentrum Neutraubling
Foto: Altrofoto

umfasst so alle Phasen des lebenslangen Lernens. Zudem beleuchtet ein Kapitel zu den allgemeinbildenden Schulen, wie sich die Digitalisierung auf Bildung im Landkreis auswirkt. Ein weiterer Ausbau der Bildungsangebote im Landkreis wurde angestrebt durch die Teilnahme am Programm „Bildung integriert" des Bundesministeriums für Bildung und Forschung und des Europäischen Sozialfonds.

Regionale Rahmenbedingungen

Die Bevölkerung im Landkreis wächst, v. a. durch Wanderungsgewinne – Prognosen bis 2040 gehen von einem Plus von 5,3 Prozent aus, auf dann 204 600 Einwohner. Wie auf Landes- und Bundesebene wird auch im Landkreis Regensburg der Anteil der 65-Jährigen und Älteren deutlich zunehmen. Bei Wirtschaftsleistung und Zahl der Erwerbstätigen geht man (Stand 2022) von einer positiven Entwicklung aus. Der Anteil Zugewanderter aus dem Ausland steigt.

Entwicklung der Schullandschaft im Landkreis seit 1972

Neben den Grund- und Hauptschulen (heute Mittelschulen) standen im Landkreis Regensburg 1972 Realschulen, Sondervolksschulen (heute Förderzentren), ein Berufsbildungszentrum, jedoch kein Gymnasium zur Verfügung.

Für die **Realschule Neutraubling**, gegründet 1966, wurde ab 1969 ein eigenes Gebäude mit Turnhalle errichtet. Im Jahr 2000 entstand ein neues Schulgebäude, im Schuljahr 2017/2018 wurde eine zweite Turnhalle errichtet. Die **Realschule Regenstauf** (seit 2006 Max-Ulrich-von-Drechsel-Realschule Regenstauf) wurde 1971 gegründet und ist seit dem Schuljahr 1974/1975 in einem eigenen Gebäude mit Dreifachturnhalle beheimatet. Im Schuljahr 1969/1970 wurde der Unterricht am **Sonderpädagogischen Förderzentrum Neutraubling** (heute SFZ Neutraubling) aufgenommen. Im Jahr 2003 konnte ein neues Schulgebäude mit Turnhalle in der Johann-Michael-Sailer-Str. 18 bezogen werden. Mit dem Landkreis gemeinsam begeht die Sondervolksschule Regenstauf (später SFZ Regenstauf, seit dem Schuljahr 2019/2020 **Schule an der Friedenstraße**) 2022 ihr 50-jähriges Jubiläum. Ab dem Schuljahr 1971/1972 wurde in den Räumen der Grund- und Hauptschule unterrichtet, 1977 folgte die Einweihung des eigenen Schulgebäudes am aktuellen Standort.

Als eine der ältesten Fachschulen dieser Art in Bayern nahm bereits im Jahr 1868 das Berufsbildungszentrum (heute **Berufliches Schulzentrum Regensburger Land**) den Unterrichtsbetrieb auf. 1952 beschloss der Kreistag einen Neubau für die Fachschule, und ab dem Schuljahr 1967/1968 erfolgte der Unterrichtsbetrieb in der heutigen Form als landwirtschaftliche Kreisberufsschule. Dem voran ging die Auf-

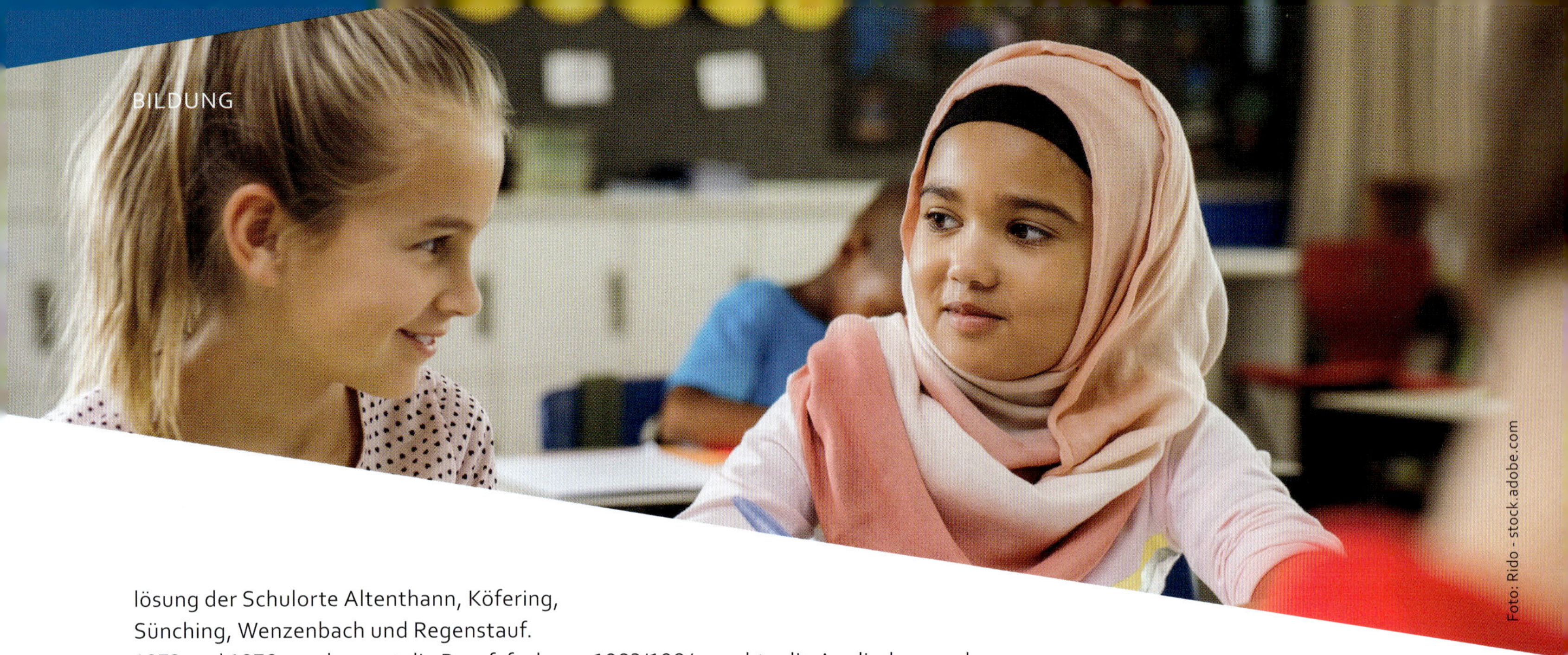
Foto: Rido - stock.adobe.com

lösung der Schulorte Altenthann, Köfering, Sünching, Wenzenbach und Regenstauf. 1972 und 1976 wurden erst die Berufsfachschule für Hauswirtschaft und nachfolgend die Berufsfachschule für Kinderpflege angegliedert. Im Schuljahr 1972/73 ging dem eine Erweiterung des Schulgebäudes für die Berufsfachschüler voraus. 1977 erfolgte die Trennung der Berufsfachschule in die Zweige Hauswirtschaft und Kinderpflege, 1983/1984 machte die Angliederung der Berufsschule für Gärtner und Floristen eine neuerliche Erweiterung des Schulgebäudes nötig. 2004 hatte der deutliche Rückgang von Landwirtschaftsschülern die Inbetriebnahme des Beruflichen Bildungszentrums und der Landwirtschaftsschule in der Plattlinger Straße in Regensburg in nur einem Gebäude zur Folge. Eine neuerliche Trendwende veranlasste eine Änderung im Schuljahr 2018/2019: Die **Landwirtschaftsschule mit Schwerpunkt Hauswirtschaft und Ernährung** bezog erneuerte und angemietete Räume im Amt für Ernährung, Landwirtschaft und Forsten in der Lechstraße in Regensburg.

Ausbildungstour bei der Firma Technoplast Foto: Martin König

Ausbildungstour bei der Firma Krones Foto: Martin König

Schulgründungen in den letzten 50 Jahren: Zwei Gymnasien, eine neue Realschule, ein weiteres Sonderpädagogisches Förderzentrum sowie die Weiterentwicklung des Beruflichen Schulzentrums Regensburger Land sind im Laufe der vergangenen 50 Jahre im Landkreis dazugekommen. 1974/1975 wurde das **Gymnasium Neutraubling** gegründet und erhielt 1976 ein eigenes Schulgebäude. Seither erfuhr das Gymnasium regelmäßige Erweiterungen wie verschiedene Turnhallen, den Kollegstufenbau, Erweiterungs- und Neubauten sowie die Inbetriebnahme einer Schüler-

Die Realschule Obertraubling Foto: Hanke

Das BSZ Regensburger Land Foto: Altrofoto

mensa. Im Schuljahr 2010/2011 wurde das neue **Gymnasium Lappersdorf**, zunächst als Außenstelle des Albertus-Magnus-Gymnasiums Regensburg, eröffnet. 2012/2013 erfolgte der Beginn des Schulbetriebs in Lappersdorf. Zum Schuljahr 2017/18 wurde bereits ein Erweiterungsbau mit zusätzlichen Klassen- und Fachräumen sowie neuen Kursräumen für die VHS in Betrieb genommen. Im Schuljahr 2007/2008 konnte das Schulgebäude der im Jahr davor gegründeten **Realschule Obertraubling** eingeweiht werden, und seit 2007 gibt es in **Hemau ein weiteres Sonderpädagogisches Förderzentrum** im Landkreis. Das **Berufliche Schulzentrum Regensburger Land** erfuhr seit 2006 eine beachtliche Entwicklung mit der Ergänzung durch zahlreiche Fachbereiche: 2006 Berufsfachschule für Sozialpflege, 2015 Berufsschule für Berufsvorbereitung und Berufsintegration, 2017/2018 Fachakademie für Sozialpädagogik in Pielenhofen, 2020/2021 Fachschule für Grundschulkinderbetreuung in Pielenhofen und ebenfalls in diesem Jahr eine verkürzte Ausbildung für Erzieher sowie ein sozialpädagogisches Einführungsjahr.

Der Landkreis Regensburg ist somit aktuell Sachaufwandsträger für zehn Schulen (im Vergleich 1972: fünf Schulen). Zudem besteht eine Kooperation als Sachaufwandsträger mit dem Landkreis Neumarkt für

Im Gymnasium Neutraubling unterstützen Whiteboards den Unterricht. Foto: Lorenz Schreiner

„Bildung in jeglicher Form zu fördern, ist eine der besten Investitionen."

Landrätin Tanja Schweiger

die Edith-Stein-Realschule Parsberg und das Gymnasium Parsberg. Beide Schulen werden von zahlreichen Schülern aus dem Landkreis Regensburg besucht. Besonders in den letzten 15 Jahren wurde verstärkt in Schulmensen und Räume für die Ganztagsbetreuung investiert. Mensen entstanden an vier Standorten sowie zahlreiche offene und gebundene Ganztagsgruppen für die Schülerbetreuung – ein vorläufiger Höhepunkt wurde dabei mit 33 Gruppen im Schuljahr 2016/2017 erreicht.

In den zehn Schulen des Landkreises werden ca. 5 600 Schüler unterrichtet. Zudem besuchen ca. 6 800 Gastschüler aus dem Landkreis Regensburg Schulen außerhalb des Landkreises. Die Kosten des laufenden Schulbetriebes belaufen sich auf insgesamt 21 Millionen Euro. Darin enthalten sind etwa 10,5 Millionen Euro für Gastschulbeiträge und etwa 4,5 Millionen Euro für die Kosten der Schülerbeförderung.

Bildungssituation in ergänzenden Bereichen

In Sachen **frühkindliche Bildung** und Betreuung ist ein stetiges Wachstum zu sehen: Es gibt immer mehr Einrichtungen, immer mehr Kinder werden betreut, besonders bei den unter Dreijährigen. Dabei gibt es auch mehr Kinder mit Migrationshintergrund oder sonderpädagogischem Förderbedarf. Die Einschulungszahlen steigen leicht an, bei den Schulanfängern mit Migrationshintergrund stark.

Die Anforderungen an Einrichtungen sowie an die Aus- und Weiterbildung des Personals steigen dadurch ebenso. Das vorhandene **Weiterbildungsangebot** für die Bevölkerung wird stetig weiterentwickelt. Neue barrierefreie Räumlichkeiten in Neutraubling und Lappersdorf stärken die VHS Regensburger Land, die privaten Eckert Schulen bauen ihr digitales Angebot aus, und es gibt spezifische Angebote für einzelne Bevölkerungsgruppen

wie die mobile Bildungsberatung. Bei der **beruflichen Bildung** sieht der Landkreis noch Entwicklungsbedarf: Die Zuwanderung führt zu Herausforderungen in den Schulen wie in den Ausbildungsbetrieben, aber auch zu positiven Entwicklungen wie mehr Auszubildenden im Handwerk. Trotzdem bleiben zu viele Ausbildungsstellen unbesetzt – Studienabbrecher stehen als potenzielle Auszubildende noch zu wenig im Fokus der Betriebe. Die Zahl der Hochschulabsolventen steigt und bietet so ein wachsendes Fachkräftepotenzial. Stark geprägt präsentiert sich der Landkreis weiterhin von **Non-formaler Bildung**: Die Vielfalt von Familienbildung über kulturelle und ökologische Einrichtungen sowie die Jugend- und Vereinsarbeit ist stark gegenwärtig. Ehrenamtliches Engagement ist dabei wesentlich und profitiert von Unterstützungsstrukturen wie der Vereinsschule. Verbesserungsbedarf sieht man bei der Familien-, Jugend- und Seniorenbildung – die Möglichkeiten zur Teilnahme begrenzt eine eingeschränkte Mobilität dieser Gruppen.

Erweiterter Fokus auf die Seniorenbildung

Der demografische Wandel rückt Bedürfnisse, auch in Sachen Bildung, der älteren Generation ins Blickfeld. Senioren können im Landkreis aus vielfältigen Bildungsangeboten wählen – gleichwohl nutzen sie die Angebote weniger, als zu erwarten wäre.

Entwicklungen der nächsten Jahre sollten dahin gehen, dass Bildungsangebote wohnortnah und/oder leicht erreichbar sind, Räumlichkeiten barrierefrei werden und sich die Kosten für die Teilnahme in einem erschwinglichen Rahmen bewegen.

Gemeinde Pfatter

„Unter silbernem Schildhaupt, darin ein blauer Wellenbalken, in Schwarz drei silberne Rüben mit silbernen Blättern."

Der blaue Wellenbalken steht als redendes Symbol für den Ortsnamen, der vom kleinen Fluss Pfatter abgeleitet ist. Die Pfatter mündet ganz in der Nähe in die Donau. Aus der intensiven landwirtschaftlichen Nutzung der Gemeindegründe im fruchtbaren Schwemmland an der Donau, insbesondere dem Anbau der weithin bekannten Pfatterer Rüben, ergab sich das zweite Wappenbild, drei Rüben in schwarzer Erde.

Ortsteile

Geisling, Gmünd, Griesau, Herfurth, Irling, Klingelmühle, Leiterkofen, Maiszant, Moosmühle, Pfatter, Seppenhausen, Sepperlmühle, St. Johann

Fläche:	48,16 km²
Einwohner:	3 417 (30.6.2022)
Bürgermeister:	Johann Biederer

Fotos: Gemeinde Pfatter

Die „Pfadara Zeiln" in prächtigem Frühjahrsgewand ...

Jahrhundertelang herzoglicher Gerichtssitz

Am 15. Juli 773 wurde Pfatter erstmalig urkundlich erwähnt. Es war jahrhundertelang herzoglicher Gerichtssitz. Das Regensburger Domkapitel und mehrere Regensburger Klöster waren bis zur Säkularisation in Pfatter begütert. Der Ort war auch einst Schiffsanlegeplatz für die Salzschiffe am Donauufer bei der Schifferkirche St. Nikolaus. Doch nicht nur dadurch war im Mittelalter der Ort frequentiert, sondern auch wegen seiner Lage an der viel befahrenen Straße zwischen Regensburg und Straubing, die als Heerweg, Handelsroute und Postweg diente.

Aber auch Pfatter blieb nicht von kriegerischen Auseinandersetzungen verschont. So wurden in der Nacht vom 12. auf den 13. Dezember 1491 das herzogliche Dorf und seine Umgebung im Zuge des Ritteraufstands gegen Herzog Albrecht IV. von Hieronymus von Stauf (auf Sünching) gebrandschatzt und ein Teil der Bevölkerung als Geiseln genommen.

Ein dunkles Kapitel war auch die Hexenverfolgung im 17. Jahrhundert, die im Pfatterer Ortsteil Geisling ihre Opfer fand. 1796 wurde der Ort ein „churfürstlicher Marktfleken in Nieder Bayern" genannt. 1818 entstand die heutige politische Gemeinde.

In der Neuzeit entwickelte sich Pfatter durch die günstige Verkehrslage und die vielen bodenständigen Gewerbe zu einem bedeutenden Marktort. Durch die Lage an der alten Handelsstraße Frankfurt – Wien war Pfatter bis weit ins 19. Jahrhundert hinein der zentrale Ort im Pflegegericht Haidau. Mit dem Bau der Eisenbahnlinie Regensburg–Straubing 1859 über Sünching, und nicht – wie ursprünglich gedacht – über Pfatter, büßte der Ort seine einst bedeutende Stellung ein.

Pfadara „Zeiln" ist einzigartiges Naturdenkmal

Die Pfatterer Lindenallee beginnt am Ortseingang und verläuft auf etwa 500 Metern entlang der Regensburger Straße. Man kann sie wohl als einzigartiges Naturdenkmal im ganzen Landkreis bezeichnen. Die Rede ist von der „Pfadara Zeiln": eine beeindruckende Prachtallee von besonderer Schönheit – zu jeder Jahreszeit. Sie ist geprägt von Bäumen unterschiedlicher Altersklassen, einige sogar älter als 100 Jahre, andere deutlich jünger, wodurch die Allee ein heterogenes Erscheinungsbild erhält.

Die Geschichte der Lindenallee reicht lange zurück. Bis zu ihren Wurzeln ist allerdings noch niemand so recht vorgedrungen. Die ehemalige Chaussée war jedenfalls der kaiserliche Postkutschenweg von Frankfurt nach Wien. Mächtige Bäume und Alleen säumten oftmals die Zufahrt zu Herrschaftshäusern und waren ein Zeichen von Reichtum und Besitz. Bei Dunkelheit boten die grünen Spaliere den Heimkehrern Orientierung.

Auch wenn die Bäume im Herbst viel Laub abwerfen, nehmen die allermeisten Anwohner diese Arbeit auf sich und pflegen den Grünstreifen vor ihren Gärten. Sie sehen „ihre" Linden als ein unschätzbares, wertvolles Refugium für Vögel, Insekten und Kleinsäuger an, die in den Kronen Unterschlupf und Nahrung finden. Denn: Blühende Lindenalleen bieten reichlich Pollen und Nektar für Bienen.

Außerdem wandeln Bäume das Treibhausgas Kohlendioxid in lebensnotwendigen Sauerstoff um. Sie spenden Schatten, kühlen ihre Umgebung und filtern Feinstaub. Bäume zu erhalten, im Wald und eben auch entlang unserer Straßen, ist existenziell, um das Klima zu schützen.

Somit hat die Lindenallee in Pfatter neben ihrer Schönheit und Historie auch hohen Wert für die Natur, für die Umwelt und das Klima – und damit für die Menschen.

... und in glitzernder Winterpracht

Fotos: Gemeinde Pielenhofen

Gemeinde Pielenhofen

„In Schwarz ein goldener Lilienstängel, der unten von einem gesenkten, in zwei Reihen von Silber und Rot geschachten Balken überdeckt ist."

Die Kombination des Mariensymbols Lilienstängel mit dem silbern-rot geschachteten Balken, dem sogenannten Zisterzienserbalken, erinnert an das im 13. Jahrhundert von Zisterzienserinnen gegründete Kloster Pielenhofen, das bis zur Säkularisation 1803 Bestand hatte und 1838 von Salesianerinnen wieder besetzt wurde.

Ortsteile

Die Gemeinde besteht aus den Ortsteilen Aignhof, Berghof, Dettenhofen, Distelhausen, Freiung, Pielenhofen, Reinhardshofen, Reinhardsleiten, Rohrdorf und Zieglhof.

Fläche:	14,52 km²
Einwohner:	1 671 (31.12.2021)
Bürgermeister:	Rudolf Gruber

Kloster Pielenhofen

Über die erste Besiedlung des Ortes Pielenhofen ist nichts Genaues bekannt. Um 500 v. Chr. ließen sich die Kelten hier nieder, die im 6. Jahrhundert von den Bajuwaren verdrängt wurden.

Aus einer Urkunde vom 12. März 1240 geht hervor, dass Bischof Siegfried von Regensburg den Nonnen des Zisterzienserordens die Kirche Pielenhofen übertrug mit der Auflage, daselbst zu Ehren Gottes und der hl. Maria ein Kloster zu gründen.

Das Kloster stellte eine klösterliche Hofmark dar, in der die Äbtissin über grundherrliche und Gerichtsrechte verfügte. In Pielenhofen war dies allerdings ein Klosterrichter.

1655 kauften die Mönche der Fürstabtei Kaisheim das Kloster Pielenhofen mit Pettendorf vom Herzog. 1838 erwarben die Salesianerinnen die Klostergebäude und errichteten ein Institut für Höhere Töchter. Für einige Jahre übernahmen sie auch den Volksschulunterricht. Während des Zweiten Weltkrieges beherbergte das Kloster evakuierte Schüler, zuletzt auch noch ein Kriegslazarett. Von 1946 bis 1980 führten die Salesianerinnen wieder eine eigene Schule mit Internat. Ab 1981 diente das Kloster den jüngsten Regensburger Domspatzen als Heimat. 2013 wurde es von den Ordensschwestern verkauft. Zwischenzeitlich beherbergt das Kloster eine private Real- sowie eine Fachoberschule.

Wahrzeichen der Gemeinde

Schon von Weitem sieht man das Wahrzeichen, die beiden Türme des Klosters. Der zentrale Dorfplatz mit dem Klosterladen, Dorfladen und Café lädt zum Verweilen ein. Als kulturelles Angebot finden im Kultursaal und -keller Konzerte und Kunstausstellungen statt. Der Jura-Steig, das Radwegenetz und der Bootswanderweg bieten Aktiven genügend Abwechslung in der Natur.

Die Freiwilligenagentur – Ihre Anlaufstelle für „Bürgerschaftliches Engagement"

Die Geschichte des „Bürgerschaftlichen Engagements" hat lange zurückliegende, unterschiedliche Wurzeln. Eine geht auf das Gebot der Nächstenliebe zurück, zitiert z. B. im Neuen Testament mit dem Gleichnis vom barmherzigen Samariter. „Schaut hin, helft einander, seid füreinander da", so die einfache Botschaft! Das klassische „Ehrenamt" wurzelt in Deutschland in den 1807 bis 1815 eingeleiteten Preußischen Reformen. Sie schufen die Grundlage für die Beteiligung des Bürgertums am Gemeinwesen, proklamierten die kommunale Selbstverwaltung und etablierten mit dem Bürgermeisteramt und dem Gemeinderat die ersten politischen Ehrenämter. Der Hintergrund dabei war primär der Anspruch des Bürgertums mitzuentscheiden und mitzugestalten – eine Motivation, die in demokratischen Gesellschaften heute zu den zentralen Beweggründen von Engagement gehört.

„Das Ehrenamt ist wie ein Baum"

Das, was wir heute unter dem Begriff „Engagement" subsumieren – Ehrenämter auf Zeit, im politischen, zivilgesellschaftlichen oder im wirtschaftlichen Bereich, länger- oder kurzfristiges Engagement in Bewegungen, Initiativen und Selbsthilfegruppen, das Mitwirken in sozialen, kulturellen, religiösen, sportlichen, auf Umweltschutz, Geselligkeit oder sonstige Ziele ausgerichteten Organisationen – all das lässt sich gut verstehen als nach und nach entstandene „Jahresringe", die den alten klassischen „Ehrenamtsbaum" größer und breiter werden lassen.

Engagement ist heute vielfältig und sichtbar mit Blick auf den Landkreis, auf Bayern, auf Deutschland und darüber hinaus. Es findet in verschiedenen, zum Teil auf Dauer angelegten Organisationsformen statt (z. B. in Vereinen), aber auch anlassbezogen und ohne feste Gruppe (z. B. spontane Fluthilfe) oder sogar ohne sich vor Ort zu treffen (z. B. digitale Leselernhilfe).

Ehrenamt verändert sich … und bleibt dennoch gleich!

Die Liste der Vielfalt und damit der Unterscheidungsmöglichkeiten ehrenamtlichen oder bürgerschaftlichen Engagements ließe sich ohne Mühe fortsetzen. Eine der zentralen Botschaften dieses Engagements ist klar definiert: Ehrenamt und Engagement wandeln und entwickeln sich – und nur scheinbar widersprüchlich – und sie bleiben auch gleich! Neue Felder und Formen von Engagement entstehen, während alte, traditionelle Formen und damit das klassische Ehrenamt bestehen bleiben.

Der Landkreis verfügt bereits über 25 Nachbarschaftshilfe-Organisationen.

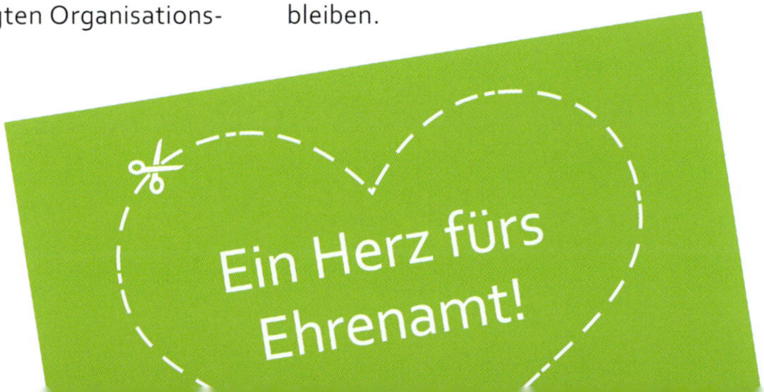

Teilnehmer der Leselernhilfe-Schulung Foto: Beate Mies

Herausforderungen für das Bürgerschaftliche Engagement

Gesellschaftlich-ökonomische und bildungspolitische Entwicklungen machen es schwer, junge Menschen ins Engagement zu bringen und Bürger, die im Berufsleben stehen, darin zu halten. Die Verrechtlichung und zunehmende Bürokratisierung unserer Lebenswelt und ihre zunehmende Digitalisierung erhöhen den Bedarf an Fach- und Spezialwissen. Das bedeutet eine hohe Verantwortung für Engagierte, die nicht mit Lohn oder Gehalt honoriert wird. Umso wichtiger ist eine ausgeprägte Anerkennungs- und Wertschätzungskultur für Ehrenamt und Engagement, gerade und vor allem auf lokaler und regionaler Ebene.

Die Freiwilligenagentur als zentrale Anlauf- und Unterstützungsstelle

Ein auf Dauer angelegtes, institutionalisiertes Zeichen für die große Bedeutung, die der Landkreis Regensburg der Anerkennung und Würdigung bürgerschaftlichen Engagements beimisst, ist die Freiwilligenagentur des Landkreises. 2009 in ihrer heutigen, hauptamtlichen Form gegründet, hat sie sich zu einem der angesehensten Koordinierungszentren für Bürgerschaftliches Engagement in Bayern entwickelt: Thematisch breit aufgestellt, personell gut ausgestattet, professionell und mit großer Leidenschaft arbeitend, hat sie sich innerhalb des Landkreises als die Anlaufstelle für Engagement etabliert und wurde 2021 von der Bundesarbeitsgemeinschaft der Freiwilligenagenturen (bagfa e. V.) mit dem Qualitätssiegel „Ausgezeichnet!" gewürdigt. Auf dieser Basis stärkt und unterstützt sie das in immenser Zahl vorhandene bürgerschaftliche Engagement im Landkreis.

Ohne ehrenamtliches Engagement wäre es um die Lebensqualität im Landkreis Regensburg nicht so gut bestellt

Foto: Helmut Koch

Engagement anerkennen:

Wir machen mit!

ehrenamtskarte.bayern.de

Konkret heißt das: Die Freiwilligenagentur . . .

- berät Bürger, die sich ehrenamtlich engagieren möchten.
- hilft weiter, wenn Bürger ein Projekt starten oder vorwärtsbringen möchten.
- unterstützt Vereine und Initiativen mit einer „Vereinsschule“.
- bietet passgenau zugeschnittene, individuelle Vereinscoachings an (im Rahmen des 2019 vom Bundeslandwirtschaftsministerium initiierten „Hauptamt-stärkt-Ehrenamt“-Projekts, bei dem der Landkreis Regensburg mit seiner Freiwilligenagentur als einziger bayerischer Landkreis dabei ist).
- vernetzt Vereine, Initiativen und Gruppen und bietet Möglichkeiten zum Austausch.
- konzipiert und setzt eigene Projekte um, beispielsweise „Organisierte Nachbarschaftshilfe“ oder „Vorlese- und Leselernhilfepaten“.
- bringt die Themen „Bürgerschaftliches Engagement“ und „Ehrenamt“ in die Öffentlichkeit.
- macht sich – unter anderem durch die Umsetzung der Bayerischen Ehrenamtskarte im Landkreis und die Organisation von Ehrenamtsabenden – stark für die Anerkennung und Würdigung von engagierten Bürgern des Landkreises.

Weitere Infos:
www.freiwilligenagentur-regensburger-land.de

Markt Regenstauf

„In Form eines Halbrundschildes überspannt auf blauem Grund ein Regenbogen in Rot, Grün und Gold zwei schräg gekreuzte silberne Fische."

Foto: Markt Regenstauf

Der Regenbogen ist redendes Bild für den Ortsnamen; die Fische stehen für den Fluss Regen, der die Marktgemeinde Regenstauf prägt.

Ortsteile

Der Markt besteht aus 87 Ortsteilen, darunter 32 Einöden, 29 Weiler, 19 Dörfer, fünf Pfarrdörfer, ein Kirchdorf und der Hauptort Regenstauf.

Fläche:	103,77 km²
Einwohner:	16 579 (30.6.2022)
Bürgermeister:	Josef Schindler

Lebensraum mit Perspektive

Badeplatz Ramspau mit Blick auf die Kirche St. Laurentius
Foto: Monika Ernst

Um 970 findet Regenstauf als Ort in Aufzeichnungen erstmals Erwähnung. Nach dem althochdeutschen „stauf/stouf" (kegelförmiger, spitzer Berg) bedeutet der Name „Burgberg am Regen". Im 11. Jahrhundert noch in Besitz der Landgrafen von Stefling, fiel Regenstauf nach dem Aussterben dieser Linie an die Wittelsbacher und war somit Teil des Herzogtums Bayern. Im Jahr 1326 wurde Regenstauf zum Markt erhoben. Der Landshuter Erbfolgekrieg ging an Regenstauf nicht spurlos vorbei. Mehr als 270 Jahre gehörte der Marktflecken zum Fürstentum Pfalz-Neuburg, bis 1777 die bayerischen Wittelsbacher ausstarben und deren Territorium mit der Pfälzer Linie des Hauses zu Kurpfalz-Bayern vereinigt wurde. Damit kehrte Regenstauf zum Herzogtum und später zum Königreich Bayern zurück. Das 1812 in Regenstauf eingerichtete Landgericht wurde 50 Jahre später Amtsgericht für 31 Gemeinden. Durch die Gemeindegebietsreform wurde der Markt Regenstauf zur größten Gemeinde im Landkreis Regensburg.

„Lebensraum mit Perspektive" lautet das Motto der Marktgemeinde. Eine sehr gut ausgebaute Infrastruktur, Kindertageseinrichtungen, Schulen, ärztliche Versorgung, Seniorenheime, Dienstleistungsunternehmen, Einzelhandel, klein- und mittelständische sowie große Gewerbebetriebe aus allen Bereichen und die daraus resultierenden ca. 5 500 Arbeitsplätze decken den Wunsch nach Wohnen und Arbeiten an einem Ort ab. Doch auch Erholung und Freizeitgestaltung kommen nicht zu kurz. Satte Wiesen und Wälder säumen das Flusstal, sanfte Hügelketten schmiegen sich an den Flusslauf und verleihen dem Regental seine wildromantische Ausprägung. Knapp 140 Vereine ergänzen die Angebote der Freizeitgestaltung perfekt. Im Dreijahresrhythmus findet die beliebte Festtrilogie Bürgerfest, Bergfest und Festival am Fluss statt.

Mühle Regenstauf Foto: Johann Zellner

Schlossberg mit Turm und Infocenter

Idyllische Schlösser und Burgen und zauberhaft gelegene Ortschaften fügen sich ein in eine über Jahrhunderte gewachsene Kulturlandschaft. Reizvolle Bauten, Brücken, Brunnen und Denkmäler wollen erkundet werden. Zum Beispiel der berühmte Aussichtsturm auf der Spitze des 436 Meter hohen Regenstaufer Schlossberges, der den alten Markt um gut 90 Meter überragt. Neben dem Turm, der eine herrliche Aussicht auf das Regental und bis nach Regensburg bietet, finden sich auf dem Schlossberg Wanderwege, auf denen die Natur erkundet werden kann. Im Infocenter „Geschichte trifft Natur" wird auf spielerische Weise die heimische Flora und Fauna erklärt, und im Anschluss laden die Ritterspielplätze zum Verschnaufen ein.

Infocenter am Schlossberg Foto: Christian Hierl

LBV Vogel- und Umweltstation Regenstauf

In der reizvollen Regentalaue, direkt am Fluss gelegen, bietet die Umweltstation des Landesbundes für Vogelschutz (LBV) seit 2008 Naturerkundungsmöglichkeiten für Besucher aller Altersgruppen. Sie möchte im Rahmen der „Bildung für nachhaltige Entwicklung" Menschen für den Umwelt- und Naturschutz sensibilisieren. Ob Vorträge und Führungen für Erwachsene, Kindergeburtstage, Familiennachmittage oder Vereinsausflüge – für jede Gruppe gibt es ein maßgeschneidertes Angebot. In der Vogelauffangstation des LBV werden jährlich rund 1 500 verletzte oder hilfsbedürftige heimische Wildvögel versorgt und von ausgebildeten Falknern auf ihre Freilassung vorbereitet. Die Kombination einer Vogelauffangstation mit einer staatlich anerkannten Umweltbildungseinrichtung ist bayernweit einmalig!

Drei Flussbäder bieten Naherholung

Die Regenstaufer lieben ihre Badestellen beim Valentinsbad, idyllisch am Ortsrand inmitten einer intakten Flusslandschaft gelegen, in Ramspau mit herrlichem Blick auf den Ort und in Hirschling am rechten Ufer des Regen. Ob sonnen, baden, planschen, Stand-up-Paddeln, Bootswandern, Spielplätze mit Geräten für die Kleinen – die Möglichkeiten rund um das kühle Nass sind vielfältig.

Literaturhistorische Zeugnisse

Johann Wolfgang von Goethe (1749–1832) setzte auf seiner berühmten „italienischen Reise" Regenstauf ein literaturhistorisches Denkmal, als der Ort in seinem Reisebericht, an den heute noch die „Europäische Goethestraße" erinnert, Erwähnung fand. Die Novelle „Das Eisenbahnunglück" des Dichters und Nobelpreisträgers Thomas Mann (1975–1955) basiert auf dem Zugunglück vom 1. Mai 1906 im Bahnhof in Regenstauf. Er selbst saß in einem der Züge auf der Fahrt nach Hof.

LBV-Umweltstation Regenstauf Foto: Christoph Bauer

HOFMANN DRUCK UND VERLAG

Über 50 Jahre Partner in Sachen Druck

Mehr als 50 Jahre sind vergangen, seit der Schriftsetzermeister Josef Hofmann und seine Frau Anna die Firma Hofmann Druck und Verlag mit einem Heidelberger Tiegel und Handsatz-Lettern gründeten. Was als kleiner Familienbetrieb begann, ist heute eine stattliche Druckerei mit über 30 Mitarbeitern an zwei Standorten in Bad Kötzting und Regenstauf. Das engagierte Team verbindet solides Handwerk mit digitalem High-Tech. Ziel ist es, die Kunden umfassend zu beraten, zu betreuen und mit Druckprodukten zu versorgen. Kunden schätzen die Zuverlässigkeit und Service von der Gestaltung der Drucksachen bis zur termingerechten Auslieferung.

Individualität und vor allem Flexibilität sind die Stärken der Druckerei. Die Firma gestaltet alle Druckprodukte ganz nach den Kundenwünschen. Ob Vollproduktion mit Layout- und Grafikprogrammen oder mit gelieferten Daten, die schnelle und zuverlässige Abwicklung ist garantiert. Die Mitarbeiter und Mitarbeiterinnen der Druckvorstufe haben alle ein Gespür für Grafik, Strukturfindung und Festlegung von Gestaltungsrastern wie Schrift, Satzspiegel und Farben für ein inspirierendes Ergebnis. So entstehen perfekte Produkte wie Prospekte, Briefpapier, Festschriften, Hochzeitskarten, Banner, Roll-Ups, Angebotsmappen und vieles mehr.

Dank moderner Technik und qualifizierten Druckteams fertigt das Unternehmen in kürzester Zeit und ohne Qualitätsverlust. Auch Einzelstücke und Kleinstauflagen sind möglich. Speziell für gedruckte Mailings bietet Hofmann die Möglichkeit der Personalisierung bis zur Posteinlieferung. Der Kunde muss sich dabei also um nichts mehr kümmern.

Neben den technisch-modernen Druckverfahren bietet Hofmann traditionelles Druckerei-Handwerk, um Drucksachen zu veredeln. Sämtliche Stanz- und Prägearbeiten werden durchgeführt. Und auch die alte Handwerkskunst des Buchbindens wird hier noch beherrscht: Fadenbindung, Klebebindung und Deckelprägungen für Bücher, Präsentationsexemplare oder die Doktor-, Bachelor- oder Masterarbeit bis hin zu Reparaturen und Restaurierungen alter Bücher.

Die Druckerei Hofmann ist somit der Ansprechpartner für alles, was mit Druck zu tun hat. Und das seit über 50 Jahren mit direkter Leidenschaft.

Fotos: Hofmann Druck und Verlag

Fotos: Gemeinde Riekofen

Gemeinde Riekofen

„Schräg links geteilt von Schwarz und Gold; auf schwarzem Dreiberg ein Steinbock in verwechselten Farben, der zwischen den Vorderhufen ein grünes Kleeblatt hält."

Das Gemeindewappen entspricht dem redenden Familienwappen der adeligen und seit 1721 freiherrlichen Familie Limpöck, die dem Straubinger Bürgertum entstammte und sich als Inhaber der Hofmark Riekofen seit 1635 nach ihrem Sitz auf Schloss Riekofen nannte. Das Schloss wurde 1870 abgebrochen.

Ortsteile

Die Gemeinde besteht aus den Ortsteilen Oberehring, Taimering, Unterehring und dem Hauptort Riekofen.

Fläche:	23,92 km²
Einwohner:	820 (30.6.2022)
Bürgermeister:	Johann Schiller

Kleinste Gemeinde im Landkreis Regensburg

Die Gemeinde Riekofen ist ländlich geprägt. Die Landwirtschaft bestimmt das Leben in der Gemeinde. Es besteht ein sehr gutes Wegenetz in der Flur, das teilweise asphaltiert wurde und so auch den Radfahrern Freizeitmöglichkeiten bietet. In den letzten Jahren wurden wichtige Radwege von Riekofen nach Pfatter (Anbindung zum Donauradweg) und von Riekofen nach Sünching geschaffen. Insbesondere die Kinder können jetzt sicher zur Schule, zum Kindergarten und auch zum Bahnhof nach Sünching fahren.

Die Gemeinde erkannte, dass eine Zusammenarbeit mit anderen Gemeinden wichtig ist und nur so die zukünftigen Aufgaben bewältigt werden können. So ist Riekofen seit 1974 Mitglied des Schulverbandes Sünching. Die Dorfschulen wurden aufgegeben, und zusammen mit den Gemeinden Sünching und Mötzing wurde der Schulverband gegründet und ein neues Schulgebäude in Sünching errichtet, das in den vergangenen Jahren komplett saniert werden konnte. Auch im Bereich Kinderbetreuung schloss sich Riekofen mit Mötzing und Sünching zusammen. Hier bestehen Zweckvereinbarungen. Die Wasserversorgung gewährleistet der Zweckverband Landkreis Regensburg-Süd.

In den vergangenen Jahren waren die Einwohnerzahlen rückläufig. Die Gemeinde Riekofen wies deshalb kleine Baugebiete aus, die Einwohnerzahlen stiegen in der Folge wieder leicht an. Finanziell ist die Gemeinde Riekofen seit Jahrzehnten gut aufgestellt. Sie hat keinerlei Schulden und verfügt für ihre Größe über sehr hohe Rücklagen.

Auch im Breitbandausbau hat man derzeit schon eine gute Versorgung. Durch den Beitritt zur Laber-Naab-Infrastruktur GmbH sollen in den nächsten Jahren alle Haushalte einen Glasfaseranschluss erhalten.

Regionalentwicklung und -management

Das Regionalmanagement leistet als Instrument der Landesentwicklung durch den Aufbau regionaler fachübergreifender Netzwerke in Landkreisen und kreisfreien Städten einen wichtigen Beitrag zur Verbesserung der regionalen Lebensqualität und Wettbewerbsfähigkeit in Bayern. Mithilfe der Netzwerke sollen vorhandene Potenziale optimal genutzt und die eigenverantwortliche regionale Entwicklung nachhaltig gestärkt werden. Ziel ist es, die Schwächen einer Region zu kompensieren und deren Stärken zu sichern, zu nutzen und weiter auszubauen. Dafür stellt der Freistaat Bayern als Regelförderung maximal 100 000 Euro pro Projektjahr und regionale Initiative bereit. Gegenstand der regionalen Initiativen sind die fünf zentralen Zukunftsthemen der Landesentwicklung: demografischer Wandel, Wettbewerbsfähigkeit, Siedlungsentwicklung, regionale Identität und Klimawandel.

miteinander mehr erreichen IN DER REGION REGENSBURG

Der Landkreis Regensburg verfolgt seit vielen Jahren vielseitige Strategien einer nachhaltigen Regionalentwicklung, seit November 2015 ist er Partner im Regionalmanagement Bayern. Zusammen mit Fachstellen, Organisationen und Projektpartnern aus den Städten, Märkten und Gemeinden des Landkreises, der Stadt Regensburg und der benachbarten Landkreise stellt sich das Regionalmanagement kooperativ den bestehenden Herausforderungen. Dabei werden zukunftsorientierte Konzepte und Projekte ebenso ausgearbeitet wie Maßnahmen realisiert, die den Erhalt der Region als Lebens-, Erholungs-, Kultur- und Wirtschaftsraum sichern und notwendige Verbesserungen anregen und fördern. Für die Umsetzung der vielfältigen Projekte in den Jahren 2016–2022 wurde das Regionalmanagement des Landkreises Regensburg von der Bayerischen Staatsregierung mit ca. 390 000 Euro gefördert.

Miteinander mehr erreichen

Unter dem Motto „Miteinander mehr erreichen" haben Landkreis und Stadt Regensburg zusammen mit Bürgern, Experten, Verbänden und Unternehmen eine Strategie für die Entwicklung der Region Regensburg für die nächsten 20 Jahre erarbeitet. Dabei wurden

15 Handlungsfelder identifiziert, aus denen 14 Leitprojekte hervorgingen, die die einzelnen Aufgabenbereiche des Entwicklungskonzepts konkretisieren. Die Projekte widmen sich beispielsweise der Umsetzung eines Klimafahrplans, der Wege zur Klimaneutralität aufzeigt und die Realisierung von regenerativen Energieerzeugungsanlagen unterstützt. Oder einer kooperativen Siedlungs- und Landschaftsentwicklung, die auf einen nachhaltigen Umgang mit der wertvollen Ressource Fläche ausgerichtet ist. Das Digitalforum wiederum geht an den Start, um Zukunftsbranchen und Digitalisierungspotenziale auszuloten. Gemeinsam mit Betroffenen soll erörtert werden, wie die Region mit dem Thema Digitalisierung umgeht. Die sich daraus ergebenden Erkenntnisse sollen in die Strategie einer „Smart Region Regensburg" einfließen.

Initiative „Bildungsregionen in Bayern"

Um die Wettbewerbsfähigkeit des Standortes mit seinen Besonderheiten zu stärken, beteiligte sich der Landkreis Regensburg an der Initiative „Bildungsregionen in Bayern", die 2012 vom Bayerischen Staatsministerium für Bildung und Kultur, Wissenschaft und Kunst zusammen mit dem Bayerischen Staatsministerium für Arbeit und Soziales, Familie und Integration ins Leben gerufen worden war. Den Kern der Initiative stellt die Vernetzung der Akteure in der Region dar, um Angebote weiterzuentwickeln und zu erweitern, die die Bildungs- und Teilhabechancen junger Menschen vor Ort erhöhen und optimieren. Dazu wurden Ideen, Anregungen und Aktivitäten der Kommunen, Verwaltungen und (Wirtschafts-)Unternehmen gebündelt, die die Bildung und Qualifikation junger Menschen und die Fachkräftesicherung betreffen. Auch eine mobile Bildungsberatung wurde eingerichtet, die die Volkshochschule Regensburger Land organisiert.

Eine Win-win-Situation entstand mit den Ausbildungstouren im Landkreis Regensburg. Ausbildungsbetriebe erhielten Unterstützung bei der Akquise von Nachwuchs, Schulabgänger wiederum konnten vor Ort in Betrieben einen Eindruck von verschiedenen Berufen gewinnen.

Digitale Regionale Entwicklung

Das Projekt „Digitale Regionale Entwicklung" (DiRegEnt) wurde initiiert, um die Potenziale der Digitalisierung im ländlichen Raum zu sondieren und dabei eine Vernetzung zwischen Start-up--Unternehmen und den Gemeinden anzustoßen. Ziel war es, digitale Lösungen für regionale Bedürfnisse zu entwickeln und die ländliche Entwicklung damit zu verbessern.

Inklusion – geht gut bei uns!

Gemeinsam mit 200 Beteiligten wurden im Projekt „Aktionsplan Inklusion und Demografie" mehr als 100 Maßnahmen erarbeitet, um die Teilhabe von Menschen mit Beeinträchtigungen im Landkreis zu verbessern. Schwerpunkte waren die Öffnung des Arbeitsmarktes für Menschen mit Behinderung sowie größtmögliche Barrierefreiheit der Naherholungsangebote. Am sehr stark frequentierten Guggenberger See bei Neutraubling beispielsweise wurden ein barrierefreier Seezugang und Sanitäranlagen im Rahmen der LEADER-Förderung verwirklicht. Daneben wurden in allen Teilregionen des Landkreises attraktive barrierearme Freizeit- und Wanderwege ermittelt, untersucht und der Öffentlichkeit zugänglich gemacht, erstmals auch in einer Wander-App. Unternehmen des Landkreises, die Menschen mit Behinderung beschäftigen, erhalten das Qualitätssiegel „Inklusion. Geht gut bei uns!".

Regionaltage

Die seit 2003 jährlich stattfindenden Regionaltage sind ebenfalls Impulsgeber für neue Initiativen und Projekte, zugleich aber auch Plattform für regionale Identität und Entwicklung. Auf mehrere Tage verteilt, ist bei verschiedenen Veranstaltungen live zu erleben, was der Landkreis Regensburg in den Bereichen regionale Produkte, Handwerk, Dienstleistungen oder Kultur zu bieten hat.

Eine große Rolle spielen regionale Wertschöpfungsprozesse, jedes Jahr steht dabei ein anderes Thema im Fokus. So stand 2004 heimisches Holz auf dem Programm, 2008 lautete das Motto der Veranstaltungsreihe „Kulinarische Vielfalt im Regensburger Land" und ein Jahr später „Besser Leben, Bauen und Wohnen im Regensburger Land".

Auch im Jubiläumsjahr 2022 zeigen die Regionaltage, dass der Landkreis Regensburg „einfach (er)lebenswert, sehenswert, liebenswert" ist. Highlights aus Kultur, Geschichte, Sport und Kulinarik bieten unter diesem Motto die Gelegenheit, den Landkreis (neu) zu entdecken – was bestens auch während des Landkreislaufs geschehen kann, den erstmals der Landreis ausrichtet. Von Nittendorf aus geht es auf zehn Etappen bis nach Holzheim a. Forst.

Ramspau
Foto: Harald Hünn (www.derfilmograph.de)

METZGEREI BRUNNER

Tradition mit Zukunft

Metzger- und Küchenmeister Max Brunner setzte sich zum Ziel, mit seinem Betrieb einen nachhaltigen Weg einzuschlagen, der dem Begriff gerecht wird – weg von Massentierhaltung und industrieller Schlachtung und hin zu Regionalität, Handwerk, Tierwohl und Transparenz. Handeln im Sinne von Mensch, Natur und Tier ermöglicht Genuss mit weniger Quantität bei höherer Qualität. Tiere für die Metzgerei Brunner kommen ausschließlich von Partnerlandwirten aus der Oberpfalz und Niederbayern.

Bei der Gründung vor 25 Jahren gab es Max Brunner und drei Mitarbeiter, durch stetige Erweiterungen und Ausbau des kulinarischen Angebots ist das familiengeführte Unternehmen mittlerweile auf über

110 Mitarbeiter angewachsen. Im Familienbetrieb steht neben der Geschäftsführung Max und Heike Brunner bereits die nächste Generation am Start, die Geschwister Marie und Moritz Brunner werden das Unternehmen in eine erfolgreiche Zukunft führen.

Die Metzgerei freut sich über eine enge Zusammenarbeit mit dem Landkreis Regensburg, in Bereichen wie der Schulverpflegung, Catering bei Veranstaltungen oder der Behördenkantine im Landratsamt. Seit 16 Jahren werden Kindergärten und Schulen in Stadt und Landkreis Regensburg beliefert. Über 60 Einrichtungen vertrauen heute auf das besondere Frischekonzept aus regionalen und Bio-Lebensmitteln.

Die Kooperationen mit Landwirten, Zulieferern und Kunden stärkt die regionale Wirtschaft. Das Resultat: hochwertige Fleisch- und Wurstwaren und bester Service, traditionelle Handwerkskunst ausgeübt mit modernster Technik. Begeisterung und Kreativität des Unternehmens stehen für Vielfalt, exklusive Fleisch- und Wurstwaren sowie kontra Fastfood bei Imbiss und Mittagstisch – stets inspiriert von Tradition und zeitgemäßer Ernährung.

Fotos: Metzgerei Brunner

Fotos: Markt Schierling

Markt Schierling

„In Blau zwei schräg gekreuzte silberne Reuthaken."

Die zwei Reuthaken sind unter Weglassung von Helm und Helmzier dem Familienwappen der ortsadeligen Familie der Schirlinger entlehnt. Die Tingierung basiert auf der heraldischen Schraffierung in einer Abbildung von 1787. Sie verweist auch auf die bayerischen Landesfarben. Schierling nahm das Wappen mit der Erhebung zum Markt im Jahr 1953 an.

Ortsteile

Der Markt hat 26 Gemeindeteile inklusive Weiler.

Fläche:	77,42 km²
Einwohner:	8 369 (Stand Juli 2022)
Bürgermeister:	Christian Kiendl

Löwendenkmal

Markt Schierling

Sizilien der Oberpfalz

Der Markt Schierling mit seinen 26 Gemeindeteilen ist die südlichste Gemeinde des Landkreises Regensburg und wird oft auch als das Sizilien der Oberpfalz bezeichnet.

Die Gennßhenkher-Sage

Im Dreißigjährigen Krieg wüteten die Schweden in der Region und stahlen der Bevölkerung die letzten Gänse, die der Schlossherr töten und an der Westseite des Schlosses aufhängen lassen hatte. Seitdem haben die Schierlinger den Spitznamen „Gänshänger", den sich die Gemeinde über die Jahre zum Markenzeichen gemacht hat. Der Verein für Heimatpflege lässt alle vier Jahre die damaligen Ereignisse beim „Gennßhenkher-Fest" wiederaufleben.

Schlacht bei Eggmühl

Am 22. April 1809 mussten 5 000 Menschen ihr Leben in der Schlacht bei Eggmühl lassen, als die Verbündeten unter Führung des französischen Kaisers Napoleon die Österreicher schlugen. Genau 100 Jahre nach dieser Schlacht setzten die Eggmühler diesen Gefallenen ein Denkmal. Seitdem überblickt der bayerische Löwe, in Bronze gegossen, in Trauer um die Gefallenen das Schlachtfeld.

Errettung aus Kriegsnot

1945, gegen Ende des Zweiten Weltkrieges, als die Flugzeuge der Alliierten zu Hunderten die Oberpfalz überflogen, war auch der Markt Schierling vor der Zerstörung durch den Krieg nicht mehr sicher. Die größte Gefahr drohte von der „Muna" – einer Munitionsanstalt bei Schierling –, in der 8 000 Tonnen Giftkampfstoffe offen gelagert waren. Am 25. April 1945 erschienen sechs Jagdflugzeuge über der Muna, um sich vor einem möglichen Angriff zu orientieren. Kurz darauf fielen schon die ersten Bomben. Doch das Glück und der Schutz Gottes bewahrten den Markt damals vor der unvorstellbaren Katastrophe. In dieser Gefahr

Altes Schulhaus

Große Laber

Wegweiser der „Via Nova"

versprachen die Einwohner, Gott durch ein Gelübde jedes Jahr feierlich Dank zu erweisen. Seit über 75 Jahren wird das Versprechen erneuert.

Als Schierling zur Oberpfalz kam

Der ehemalige Landkreis Mallersdorf wurde 1972 in vier Bereiche geteilt, und die Gebiete kamen zu den neuen Großeinheiten Straubing-Bogen, Dingolfing-Landau, Landshut und Regensburg. Für Schierling blieb aufgrund der Lage die Qual der Wahl. Bei einer Bürgerversammlung 1971 fragte der damalige Bürgermeister Ludwig Kattenbeck: „Wo ist denn unsere Stadt?" Und die Schierlinger waren sich schnell einig: Regensburg!

Wirtschaft, Infrastruktur und Kultur

Der Markt ist per Bahn mit dem Bahnhof Eggmühl stündlich an Regensburg, Landshut und München angebunden. Durch die Anbindung an die Bundesstraße 15 n mit zwei Anschlussstellen – an deren Verwirklichung der Bürgermeister a. D. Otto Gascher maßgeblichen Anteil hatte – liegt Schierling ebenso verkehrsgünstig zu den großen Metropolen wie auch zum Flughafen München. Die neue Straße war und ist ein enormer Gewinn für Schierling. Seit der Eröffnung vor rund elf Jahren hat der Markt rund 1 000 Einwohner mehr. Daneben entstanden ebensoviele neue Arbeitsplätze.

Schierling hat sich – auch wirtschaftlich – während der letzten 50 Jahre zum wichtigen Zentrum im südlichen Landkreis Regensburg entwickelt. Bedeutende Unternehmen wie Webasto oder SMP sind hier ebenso aktiv wie Fahnen Kössinger, Labertaler Heil- und Mineralquellen und die Spezialbrauerei Schierling.

Ältestes Schulhaus Deutschlands

Das wohl „Älteste Schulhaus Deutschlands" steht direkt neben der Pfarrkirche St. Peter und Paul. Es wurde im Jahr 2010 aufwendig saniert und restauriert. Das Gebäude aus dem Jahr 1607 wird für Ausstellungen, Vernissagen und auch für standesamtlichen Trauungen genutzt.

Wandern und Natur

Schierling ist eingebettet in das niederbayerische Hügelland. Die Große Laber durchzieht den Markt und prägt sie mit ihrer weiten Auenlandschaft. Sanfte Hügel, grüne Wiesen, fruchtbare Felder und immer wieder ein Wasserlauf: Schierling hat viele Wege zum Wandern. Der europäische Wanderweg „Via Nova" führt durch den Ort, und es gibt zahlreiche Plätze für Entspannung und Erholung in purer Natur. Die nördliche Trasse der „Via Nova" führt über Rain, Schönach, Sünching, Aufhausen nach Schierling und dann weiter in den Landkreis Kelheim, während die südliche Trasse von Mallersdorf kommend über Schierling ebenso im Landkreis Kelheim endet.

Funkfernsteuerungen sind auch auf Baustellen effizient.

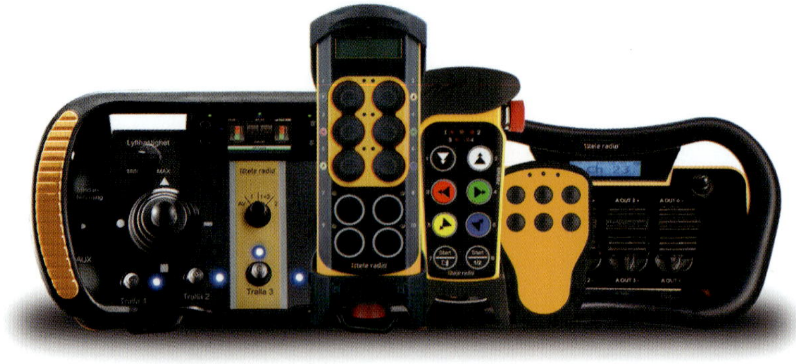

Alles aus einer Hand: Funkfernsteuerungsgerät von Tele Radio

TELE RADIO GMBH FUNKFERNSTEUERUNGEN

Weltweit agierendes Unternehmen

Vor über 60 Jahren gründete Inge Dahlgren 1955 in Lysekil/Schweden ein Geschäft für Heimelektronik spezialisiert auf Television und Radiotechnik. 1969 wurde die erste Funkfernsteuerung in Lysekil verkauft, damals noch eine umgebaute Funklösung eines amerikanischen Herstellers. Seit dieser Zeit spezialisierte sich Tele Radio auf Funklösungen für Tore und Türen. 1988 kaufte Bertil Görling, Inge Dahlgrens Schwiegersohn, das Unternehmen und siedelte es nach Göteborg um, um für seine Kunden besser erreichbar zu sein. Ab diesem Zeitpunkt begann das Wachstum von Tele Radio. 2018 wurde das Unternehmen in die Allgon-Firmengruppe integriert, zu der auch Smarteq, WSI, Åkerströms, Satmission und Ilox gehören.

Andreas Blank, Geschäftsführer der deutschen Niederlassung

Heute ist Tele Radio ein weltweit agierendes Unternehmen mit 24 Niederlassungen und einer Vielzahl an Händlern und Partnern. Seit 1999 wurden jährlich neue Niederlassungen gegründet. Unter anderem 2001, als die deutsche Niederlassung ihre Türen öffnete und seitdem unter der Leitung des Geschäftsführers Andreas Blank stetig an Größe und Umsatz zunimmt. Mit mittlerweile 41 Mitarbeitern zählt Tele Radio Deutschland zu den stärksten Niederlassungen der Gruppe.

Sicherheit als oberste Priorität

Das Geschäftskonzept basiert darauf, nahezu jede Anwendung funkfernzusteuern und damit die Bedürfnisse der Kunden nach Sicherheit, Effizienz und einer einfachen Einbindung der Funkfernsteuerungslösung in ihre Anwendung zu erfüllen, was durch den Fokus auf Entwicklung, Produktion, Marketing und Service erfolgen soll. So kommen bei Tele Radio sämtliche Forschung und Entwicklung aus einer Hand und aus dem Hause Tele Radio selbst. Daher können vielfältige Anwendungsgebiete durch ein extrem flexibles und oft kundenspezifisches Produktangebot erschlossen werden.

Tele Radio bietet eine breite Produktpalette – beginnend bei einfachen Funkfernsteuerungen für die Industrie bis zu nach IEC 61808 SIL 3 e1 zugelassenen und nach German Lloyds zertifizierten Sicherheitsfunkfernsteuerungen, wobei bei allen Steuerungen Sicherheit als höchste Priorität gilt.

Tele Radio ist zertifiziert nach ISO 9001:2000, erfüllt die Umwelt-Richtlinie ISO 14001-2004 und engagiert sich im Tierschutz.

Fotos: Tele Radio GmbH Funkfernsteuerungen

Das „Plastikeis“ wurde speziell zum Eishockeyspielen und zum Schlittschuhlaufen entwickelt.

Eine „Plastikeisbahn“ vor weihnachtlicher Kulisse

LIKE-ICE SCIENCE GMBH

Eislaufen OHNE Energie und CO_2

Die LIKE-ICE Science GmbH ist ein Kunststoffentwickler und Kunststoffproduzent, der auf selbstschmierende Kunststoffe spezialisiert ist. Hauptgeschäftszweig ist die Verwendung des Kunststoffes zum Eislaufen und Eisstockschießen. Hier ist das Produkt LIKE-ICE! Plus 7 technologischer Marktführer. Das „Plastikeis“ von LIKE-ICE! wurde speziell für das Eishockey und das Eislaufen entwickelt. Die Schlittschuhkufen gleiten darauf nahezu wie auf echtem Eis. Ein wichtiger Antrieb war die Herstellung eines CO_2-neutralen Eisbelages, welcher ohne Strom und Wasser betrieben werden konnte. Das Produkt kann auch jederzeit zu 100 Prozent recycelt werden.

Neben der Anwendung als Eisfläche wurden weitere Produkte für die industrielle Anwendung entwickelt. Inzwischen liefert LIKE-ICE auch selbstschmierende Kunststoffe in die Industrie.

Die Wurzeln des Unternehmens führen bis ins Jahr 2005 zurück. Damals wurde mit Standard-Polyethylen-(PE-)Platten und entsprechenden Gleitflüssigkeiten experimentiert, die aufgetragen wurden. Das Gleitmittel wurde entweder weggespült oder es zog sehr stark den Schmutz an. Die Kleidung der Nutzer verschmutzte damit nicht nur mit dem Gleitmittel, sondern auch noch mit dem Schmutz, der darin gebunden war.

2006 wurde beschlossen, ein entsprechendes Produkt ohne Gleitmittel zu entwickeln. Es dauerte bis zum Jahr 2008 und erforderte hohe Investitionen, bis die selbstschmierende Platte serienreif war. Ein entsprechendes Verbindungssystem musste entwickelt werden, welches die immensen Kräfte bei großen Flächen übertragen konnte. 2008 war auch dieses System fertig und wurde sofort am Patentamt angemeldet. Mit der Fertigstellung des neuartigen Produkts wurde auch die Firma LIKE-ICE gegründet. 2014 wurde das System noch verbessert und zum internationalen Patent in vielen Ländern angemeldet. Der Name LIKE-ICE steht nicht nur für den Produktnamen, sondern auch für das erklärte Ziel, „wie Eis“ zu sein.

Weltweit einzigartig ist die Zulassung als Eisstock-Turnierboden bei der International Federation Icestocksport (IFI) und im Eishockeybereich die Zulassung zum „Official Supplier“ des Deutschen Eishockey Bunds (DEB).

Fotos: LIKE-ICE Science GmbH

Besonders reines Wasser aus der Natur

Getränkevielfalt mit Qualitätsgarantie und Geschmacksvorsprung für die ganze Familie – das verbinden Kunden mit der großen Vielfalt der Labertaler Getränke und deren Vertrieb über die Hausler Getränkemärkte und die rund 900 Handelspartner. Aus der Schierlinger Heimat kommt das von Natur aus reine und besondere Labertaler Mineralwasser. Die Brunnen spenden die Basis für die beliebten Erfrischungsgetränke.

Die Hausler-Getränkemärkte gehen namentlich zurück auf das Ehepaar Kreszenz und Sebastian Hausler, die 1949 mit einer „Limonadenproduktion" den Grundstein für das bis heute familiengeführte Unternehmen legten. 1979 eroberte die Eigenmarke „Hauli" mit dem „Seelöwen" den Markt. Brunnenbohrungen nahe des Schierlinger Firmensitzes 1986 wurden als vielversprechend bewertet, und seit 1988 wird das anerkannte natürliche, natrium- und kochsalzarme Mineralwasser unter dem Namen LABERTALER Stephanie Brunnen gefördert und liefert seither auch den Grundstock für alle Labertaler Erfrischungsgetränke. Nur ein kleiner Teil des Trinkwassers ist hochwertiges Mineralwasser. Es ist das einzige Lebensmittel in Deutschland, das amtlich anerkannt werden muss.

Unternehmensführung für Erfolg und Menschen

Das Wohl der Kunden und höchste Qualität stehen für die Geschäftsführung in dritter Generation, Lilo und Frank Sillner, stets an erster Stelle. Das Unternehmen hatte eine positive CO_2-Bilanz, bevor es eine solche gab. Kurze Transportwege und Arbeiten pro Umwelt sind fundamental für die natürliche Ressource Mineralwasser. Die Wertschöpfung des Wassers und den Schutz der Quellen gewährleisten aufwendige Analysen und umweltschonende Technologien. Das natürliche Mineralwasser aus dem Stephanie Brunnen reiste durch Ton und Gestein in die Tiefe und ruhte bis zur Förderung mindestens 5 000 Jahre in der Erde. Hier angereichert durch wertvolle Mineralien ist es unerreichbar für Verunreinigungen wie Medikamentenrückstände oder Abbauprodukte. Höchste Verantwortung sieht das Unternehmen für seine Mitarbeiterinnen und Mitarbeiter und deren Familien. Der Betrieb setzt auf Ausbildung und berufliche Zukunft des Teams und freut sich über gut qualifizierte, engagierte und langjährige Beschäftigte. Die Auszeichnungsreihe „Geht gut!" des Landkreises prämiert den Betrieb für „Ausbildung" sowie „Beruf und Familie". Eine respektvolle Zusammenarbeit mit innovativen Lieferanten ist ein weiteres Puzzlestück für den Erfolg von heute und morgen.

„Fundament unseres Erfolgs ist unser ausgeprägtes Qualitätsbewusstsein. Oberstes Ziel ist es, für unsere Kunden eine hervorragende Qualität unserer Produkte und Leistungen zu erbringen."

Lilo Sillner, LABERTALER-Geschäftsführerin

Labertaler Firmensitz in Schierling

Flüssiges Gold und Produktion – in purer Qualität

Das Mineralwasser aus dem Stephanie Brunnen eignet sich bestens für die Zubereitung von Babynahrung, es zählt aufgrund seines Geschmacks und der Mineralisierung zu den Besten Europas. Ausgezeichnet wurde es das 24. Mal in Folge in GOLD durch die Deutsche-Landwirtschafts-Gesellschaft. Klimaneutralität und das Qualitätssiegel für Bio-Mineralwasser stehen zudem hinter dem Produkt Stephanie Gourmet-Mineralwasser. Zertifiziert ist das Unternehmen für sein Umwelt- und Qualitätsmanagement. Lösungen von LABERTALER bei der Produktion stehen auf Zukunft: Mineralwasser, Hauli-Produkte und Co. schmecken aus Mehrweg-Glasflaschen oder recycelbaren PET-Varianten. Die Unternehmensführung investiert kontinuierlich in fortschrittliche Technologien, um den Energieverbrauch zu senken. Eine optimierte Flaschenform spart Gewicht und Material, Etiketten bestehen aus recyceltem Papier. Der Energieverbrauch profitiert unter anderem von Wärme-Rückgewinnungs-Systemen, einem modernen Fuhrpark sowie energieeffizienten Beleuchtungssystemen im Produktionsbetrieb und in den Hausler-Getränkemärkten.

Sozial verantwortlich – regional und weitreichend

Entscheidungen der Geschäftsführung werden stets mit Blick auf die Sicherung der Arbeitsplätze im Unternehmen abgewogen. Das Engagement für soziale Einrichtungen, Vereine, Veranstaltungen und Projekte gehört zur Firmenpolitik – auch über die Region hinaus: LABERTALER unterstützt z. B. ein Wasserkraft-Projekt im Nationalpark Virunga in der D.R. Kongo.

Für jeden Durst hat LABERTALER die perfekte Antwort. Vielseitig und prickelnd begeistern Mineralwässer mit und ohne Geschmack, Fruchtsaftgetränke, Limonaden, Wellnessgetränke und vieles mehr – auch in Bioqualität. Beste Eigenschaften der Mineralwässer zur Verwendung in der Küche lassen „über den Durst hinaus" denken.

Fotos: LABERTALER Heil- und Mineralquellen Getränke Hausler GmbH

Auszug aus dem LABERTALER-Mineralwassersortiment

Produktionsstandort Eggmühl
und das Team HOLMER

HOLMER MASCHINENBAU GMBH

Weltmarktführer für Zuckerrüben-Erntetechnik

Die Übergabe des landwirtschaftlichen Anwesens der Eltern an Alfons Holmer 1969 in Eggmühl ist die Geburtsstunde der HOLMER Maschinenbau GmbH. Der in der Region als Schmied und Erfinder bekannte Alfons Holmer baute 1974 den ersten sechsreihigen selbstfahrenden Zuckerrüben-Vollernter. Mit Unterstützung der Firma Südzucker, der Rodegemeinschaft Geiselhöring als Kunde und dem Einsatz seines kleinen Teams wurde die Maschine ein Erfolg. Bei dem in Eggmühl erfundenen System des Rodens aus der Gare findet der gesamte Erntevorgang vor der ersten Achse des Fahrzeugs statt. Nach diesem Prinzip werden heute weltweit alle Zuckerrüben-Vollernter gebaut.

1992 wurde mit dem Klassiker erstmals ein Zuckerrüben-Vollernter in Serie gefertigt. 1996 folgte das Modell Terra Dos, das zur Bodenschonung mit einem Knick ausgestattet ist, sodass jedes Rad eine eigene Spur hat. Dieses Modell baut HOLMER heute in der fünften Generation. Der Rübenroder Terra Dos 5 sendet Daten in die Cloud, kann auf dem Feld selbstständig wenden und stellt die Arbeitstiefe automatisch ein.

Bis 2022 wurden in den Werkshallen in Eggmühl über 4 000 Zuckerrüben-Vollernter gebaut. Sie werden in über 40 Länder auf der ganzen Welt exportiert und machen HOLMER zum Weltmarktführer für selbstfahrende Zuckerrüben-Erntetechnik.

Das HOLMER-Team besteht aus über 400 Mitarbeiterinnen und Mitarbeitern. 300 davon arbeiten im Stammwerk Eggmühl sowie in den Außenstellen Schierling und Rogging. Neben zwei Servicestützpunkten bei Hannover und Magdeburg gibt es Tochterunternehmen in den USA, Frankreich, Tschechien, Polen, Ukraine, Türkei, Ägypten und eine Repräsentanz in China. HOLMER ist heute Teil des französischen Unternehmens EXEL Industries der Familie Ballu.

Neben Zuckerrüben-Vollerntern werden seit den 1980er-Jahren in Eggmühl auch Verladegeräte gebaut. Seit 1996 prägt HOLMER mit dem Trägerfahrzeug Terra Variant zudem den Markt für Gülleselbstfahrer. Den Erfolg sichert damals wie heute, dass bei HOLMER alles aus einer Hand kommt: Bei Entwicklung, Produktion, Vertrieb und Service steht der Kunde immer im Mittelpunkt. Der Weltmarktführer aus Eggmühl setzt mit seinen Maschinen so Standards für die moderne Landwirtschaft.

Fotos: HOLMER Maschinenbau GmbH

Tourismus und Naherholung im Regensburger Land

Schon vor weit mehr als 50 Jahren hat man die Region um Regensburg mit seiner landschaftlichen Vielfalt und dem hohen Freizeitwert geschätzt, und die Städter fuhren aus Regensburg hinaus in die Flusstäler von Schwarzer Laber, Naab und Regen, um sich eine Auszeit zu gönnen und die Natur zu genießen. Damals populäre Ziele und Aktivitäten waren der Max-Schultze-Steig oberhalb der Donau, eine Schifffahrt auf der „blauen" Lebensader sowie Besuche der bedeutenden Walhalla oder des malerischen Kallmünz. Nach und nach entwickelte sich im Laufe der Jahrzehnte aus diesen Anfängen ein Netz an gut ausgebauten Rad- und idyllischen Wanderwegen – und das Regensburger Land zu einer attraktiven Region für Freizeit, Urlaub und Naherholung.

Tourismus vor 50 Jahren – steter Ausbau der Angebote

Blickt man in die Geschichte des Landkreises in den letzten 50 Jahren zurück, findet sich bis 2004 keine hauptamtlich besetzte Stelle im Tourismus. Die Ursprünge der Landkreisarbeit innerhalb

Luftaufnahme der Walhalla
Foto: Moritz Mümmler

Am Schwarze-Laber-Radweg bei Eilsbrunn
Foto: Stefan Gruber

Der Große-Laber-Radweg bei Schierling
Foto: Stefan Gruber

Der Pilgerweg Via Nova führt durch den südlichen Landkreis
Foto: Stefan Gruber

des Tourismus- und Erholungssektors sind in einer engen Zusammenarbeit mit dem Tourismusverband Ostbayern e. V. in der Mitarbeit zu Jahresthemen und Projekten zu sehen. Zudem gab es bis dato eine finanzielle Beteiligung an der „Fremdenverkehrsarbeit" der Gemeinden, die eigens versucht haben, Naherholungskonzepte zu entwickeln, dabei aber häufig an finanzielle und personelle Grenzen stießen. Einzelmaßnahmen des Landkreises reihten sich punktuell ein. Schnell rückte das Thema Radeln in den Fokus: So wurde z. B. 1982 gemeinsam mit dem Naherholungsverein Regensburg e. V. eine kostenpflichtige Radkarte herausgegeben. Der schrittweise **Ausbau des Radwegenetzes** (v. a. entlang der Flüsse) ergänzte die bis dahin nicht konzeptionelle und personell besetzte Tourismusarbeit. Die Tour de Baroque war der erste ausgeschilderte bayerische Radfernweg und wurde – verlaufend auf dem Donauradweg – im Mai 1986 eröffnet. Seither verstärkte sich der Trend zum Fahrradurlaub stetig, Antworten darauf gaben schon damals im Landkreis auch die gut ausgebauten Trassen des Regental- und Naabtalradwegs sowie markierte Rundtouren. Nach der Auflösung der Bockerlbahn von Wutzlhofen über Wenzenbach nach Falkenstein im Jahr 1984 wurde auf der Trasse der **Radweg Regensburg–Falkenstein** angelegt und 1992 eröffnet. Parallel wurden auch immer mehr Wanderangebote nachgefragt. Den Aufbau der umfassenden Struktur an Wanderwegen von heute unterstützte als Basis das bereits damals bestehende **weitläufige Wanderwegenetz** des Waldvereines Regensburg e. V.. Vorreiter im Tourismus in Sachen Sehenswürdigkeiten war der Landkreis übrigens bei Hinweisschildern an Autobahnen: Das Schild mit Hinweis auf die Walhalla war das erste in Ostbayern, aufgestellt 1994 auf Initiative des damaligen Bundestagsabgeordneten Benno Zierer.

Foto: Stefan Gruber

Entwicklung der Flussschifffahrt

Dass Türen, die sich schließen, oftmals neue öffnen, zeigt sich an folgendem

Beispiel: Mit der Aufgabe der Eisenbahnlinie des Walhallabockerls für den Personenverkehr 1960 (endgültige Stilllegung 1968) bekam die seit 1887 bestehende **Personenschifffahrt** eine größere Bedeutung. 1968 wurde die Personenschifffahrt Klinger gegründet, sie übernahm in den 1980er-Jahren die „Walhallaschifffahrt". Ein weiterer Meilenstein, die regionale Schifffahrt betreffend, ist in der Eröffnung des Rhein-Main-Donau-Kanals zu sehen. Seit 1992 fahren die Schiffe der Reederei Klinger bis ins Altmühltal. 2012 wurde das Angebot für Schifffahrten im Landkreis durch das Unternehmen Personenschifffahrt Wurm und Noé ab Regensburg ergänzt. Beliebtes Ziel für Schiffsausflüge ist die Walhalla, aber auch Strudel- und Themenfahrten begeistern Gäste und Einheimische gleichermaßen im Landkreis.

Touristische Fachstelle – Aufbauarbeit seit 2004

Mit der Schaffung einer personell besetzten Fachstelle auf Impuls des damaligen Landrats Herbert Mirbeth startete die touristische Aufbauarbeit im Landkreis Regensburg im November 2004. Schwerpunkte wurden gelegt auf konzeptionelle Projektarbeit durch Bündelung und Aufbereitung der An-

Das Tal der Schwarzen Laber bietet vielfältige Rad- und Wanderangebote Foto: Stefan Gruber

Foto: Stefan Gruber

Blick von der Burgruine Donaustauf auf die Donau – sie ist tragende Säule für touristische Angebote

Bootswandern an der Naab – ein Erlebnis für Familien und Gruppen Foto: www.erlebnismax.de

Der Nepal-Himalaya-Pavillon bei Wiesent ist sehenswert Foto: Stefan Gruber

gebote im Landkreis, Vernetzungs- und Beratungsarbeit, Projektumsetzung und touristisches Marketing. Durch die Schaffung vermarktbarer Angebote sollte auch die Arbeit in den Gemeinden erleichtert werden. 2005 wurden erstmals **kostenlose Tourismusbroschüren** auf den Weg gebracht. Das Ferienmagazin Regensburger Land erschien 2006, eine Wanderbroschüre 2007 und eine Karte für Radwanderer im Jahr 2008. Ebenfalls 2005 starteten erstmals **digitale Informationsportale.** Den Anfang bildete ein Veranstaltungskalender in Kooperation mit den Gemeinden, später folgten je ein Portal zu den Themen Gastgeber, Sehenswürdigkeiten und Touren. Parallel zur Pflege und Erweiterung der Wander- und Radwanderstruktur setzte man auf die gezielte Vermarktung von **Bootswandererlebnissen** an Naab und Regen. Die Liste von Themen rund um die touristische Weiterentwicklung im Landkreis ließe sich umfassend fortsetzen.

Stadt-Land-Fluss-Erlebnisse im Landkreis

Die Panorama-Radtour **Obsterlebnisweg** mit angegliederten Spazierwegen führt seit 2008 auf 34 Kilometern Strecke von den Tangrintler Höhen bis ins Naabtal. Die Vermarktung des **Tals der Schwarzen Laber** ab 2011 erfolgte bereits mit einem Konzept eines durchgängigen Radwanderwegs zwischen Neumarkt i.d.OPf. und Sinzing, einem Erlebnisführer, einer Webseite und einer Radwanderkarte. Bedeutende Stationen waren sicherlich auch die Teilhabe am und Eröffnung des Fernwanderwegs **„Donaupanoramaweg"** 2014 sowie, einem neuen Geist geschuldet, die Entstehung des überregionalen **Pilgerwegs Via Nova** 2015. Letzterer erschließt spirituelle Ziele im südlichen Landkreis und führt u. a. von Schönach über Mötzing, Sünching, Aufhausen und Pfakofen nach Schierling.

2016 bis 2018 wurde im Zuge eines LEADER-geförderten Projekts im Zusammenschluss mit den Nachbarlandkreisen der 300 Kilometer lange **Fünf-Flüsse-Radweg** aufgewertet – dazu entstanden eine detaillierte Radkarte sowie eine Homepage in vier Sprachen. 2019 konnte sich der Landkreis über die erstmalige Zertifizierung des Donauradwegs mit vier Sternen durch den ADFC freuen.

„Einfach wandern!" – so heißen das Projekt und eine Broschüre unter Federführung des Regionalmanagements, in der barrierearme Freizeitwege und Touren ausgemacht wurden und die seit 2022 erhältlich ist.

Heiße Sommer sorgen für Badelust: **Badestellen** gibt es an den Flüssen Naab und Regen, aber auch zahlreiche Seen und Weiher locken ins kühle Nass. Der Guggenberger See bietet dabei eine Segelschule und seit Neuestem einen barrierearmen Zugang. Kioske, Beachvolleyball und Grillangebote gibt es ebenfalls am Roither und Sarchinger See. Pettendorf lockt mit dem Schwetzendorfer, Weiher und Hemau und Wörth präsentieren reizvolle Waldbäder.

Von der EXPO nach Wiesent und andere herausragende Projekte

Auf der Weltausstellung EXPO 2000 war als besondere Attraktion ein **Nepal-Himalaya-Pavillon** zu bestaunen. 2003 fand dieser eine neue Heimat in einem mittlerweile neun Hektar großen Park in der Landkreisgemeinde Wiesent. Für Begeisterung sorgt das Gelände zudem mit üppiger, farbenprächtiger Botanik, die den Pavillon exzellent in Szene setzt. 2005 wurde ein kleines, feines Weinbaugebiet zwischen Regensburg und Wörth a.d.Donau etabliert – inzwischen ist es überregional bekannt als **„Das kleinste Weinbaugebiet Bayerns"**.

Badeerlebnisse – wie hier im Waldbad Hemau – bietet der Landkreis einige Foto: Stefan Gruber

Die Burgenlandschaft im Landkreis gewann mit dem Projekt **„Regensburger Burgensteige"** 2007 zunehmendes Interesse von Einheimischen und Gästen. Die

Burgensteige führen in fünf Wanderrouten zu 44 Burgen und Ruinen nördlich der Donau. Der Weg im Tal der Schwarzen Laber beispielsweise erschließt die Burgruinen von Ehrenfels, Laaber und Loch.

Die Burg Wolfsegg kann besichtigt werden
Foto: Stefan Hanke

Badespaß am Guggenberger See bei Neutraubling
Foto: Stefan Gruber

Herzstück der Baierweinregion ist das Baierweinmuseum in Bach an der Donau mit Weinlehrpfad Foto: Stefan Gruber

Jurasteig bei Schönhofen
Foto: Stefan Gruber

Der Fünf Flüsse-Radweg führt auch durch Pielenhofen mit seinem Kloster Foto: FlorianTrykowski.com

Weitere Touren führen durch das Naabtal, das Regental, nach Donaustauf und in den Brennberger Raum. Dazu gab der Landkreis Wanderkarten heraus und informiert auf eigenen Tafeln an den Objekten über jeweilige Besonderheiten. Ein schulpädagogisches Konzept sowie gemeinsam mit der vhs Regensburger Land e. V. und KEB Regensburg Land e. V. ausgebildete **Burgen- und Kirchenführer** ergänzen das Angebot. Teils in historischen Gewändern geleiten sie zu geschichtsträchtigen Denkmälern – eine Broschüre informiert über die Angebote.

Ebenfalls im Jahr 2007 wurde der **Goldsteig** mit Verlauf einer Etappe rund um Brennberg und Wörth eröffnet sowie 2008 der Qualitätsweg **Jurasteig**, ein 239 Kilometer langer Weitwanderweg durch die Landkreise Regensburg, Amberg-Sulzbach, Neumarkt i.d.OPf. und Kelheim.

Tourismus, Naherholung & Umwelt

Im Jahr 2008 wurde das **Walderlebniszentrum Regensburg** eingeweiht. Der vornehmliche Bildungsauftrag ist die Vermittlung von Wildwissen um Tiere, Bäume sowie die Ressource Holz und deren Nutzung. Nachhaltiges Denken und Handeln sollen spielerisch erarbeitet werden. In Regenstauf wurde im Jahr 2008 die staatlich anerkannte **Umweltstation des LBV** eröffnet. An diesem Bildungs- und Begegnungsort, zu dem auch eine Vogelauffangstation gehört, werden Gruppen und Einzelpersonen für die Themen Natur- und Artenschutz sensibilisiert. Besucher aller Altersgruppen werden motiviert, sich eigenverantwortlich für die nachhaltige Entwicklung ihrer Umwelt, insbesondere der Tier- und Pflanzenwelt, einzusetzen. Weitere Infos dazu gibt es unter www.oberpfalz.lbv.de.

Entwicklung statistisch erfasst seit 1983

Der Landkreis kann auf eine erfolgreiche touristische Entwicklung zurückblicken: Im Jahr 1983 (erstmalige amtliche Erfassung der touristischen Zahlen) zählte der Landkreis knapp 121 000 Übernachtungen – mit stetem Trend nach oben hatte der Landkreis 2017 sein bestes Jahr mit 437 000 Übernachtungen (dies entspricht einer 3,6-fachen Steigerung seit 1983). Die Tourismusstatistik hatte sich bis vor der Corona-Pandemie auf respektablem Niveau festgesetzt. Wie in allen Tourismusregionen brachte Corona starke Einbußen, so verzeichnete der Landkreis 2021 nur 250 000 Übernachtungen. Ebenso wie andernorts rechnet auch die Tourismusbranche im Landkreis fest mit starken Zuwächsen im Zuge der Beendigung pandemiebedingter Beschränkungen. Einflüsse auf den positiven Verlauf der statistischen Zahlen werden zurückgeführt auf die gezielte konzeptionelle Aufbereitung des Tourismusangebotes seit Ende 2004, den wachsenden Trend, in Deutschland Urlaub zu machen, und natürlich auch eine überregionale Aufmerksamkeit durch Auszeichnungen wie die Ernennung der Altstadt von Regensburg mit dem Bezirk Stadtamhof zur Welterbestätte durch die UNESCO.

Tourismus – ein Wirtschaftsfaktor

Im Rahmen der Tourismusanalyse „Wirtschaftsfaktor Tourismus für den Landkreis Regensburg" durch das Deutsche Wirtschaftswissenschaftliche Institut für Fremdenverkehr (DWIF) wurde für das Jahr 2014 ein im Tourismus erwirtschafteter Bruttoumsatz von rund 94,6 Millionen Euro errechnet. Davon sind 45,1 Millionen Euro touristisches Gesamteinkommen, das entspricht rund 1 640 Personen, die durch die touristische Nachfrage im Landkreis ein durchschnittliches Jahreseinkommen von ca. 27 512 Euro beziehen. 28,6 Millionen Euro werden unmittelbar zu Löhnen und Gehältern, das ist der direkte Einkommenseffekt. 16,5 Millionen Euro werden zu indirekten Einkommen aus der zweiten Umsatzstufe.

Beim Tourismusbüro des Landkreises können kostenlos Broschüren zu touristischen Angeboten bestellt werden.

Nepal-Park in Wiesent
Foto: Ulrike Romeis

Foto: masik0553 – stock.adobe.com

„Meister dahoam" – Sport-Meisterschaften im Landkreis Regensburg

Was hat sportliche Aktivität im Landkreis Regensburg mit Winston Churchill zu tun? Auf den ersten Blick nicht viel, doch geht es um die Grundeinstellung zum Thema Sport und seine Bedeutung für Mensch und Gesellschaft, folgen Landkreis und Churchill einer gemeinsamen Linie: „Keine Stunde, die man mit Sport verbringt, ist verloren." Was der legendäre Politiker einst kundtat, wird im Landkreis Regensburg gelebt und ausgezeichnet.

Meisterlich durch „Meister dahoam"

Bereits im Jahr 1980 gab es im Landkreis Regensburg unter dem damaligen Landrat Rupert Schmid die ersten Landkreismeisterschaften im Skifahren. Beim „Familien-Skiwochenende" fanden Wettbewerbe in Abfahrt, Langlauf und Riesentorlauf statt. Nur fünf Jahre später wurden die Landkreismeisterschaften im Luftgewehrschießen ins Leben gerufen. Die Verantwortlichen des Schützenvereins Eichenlaub Oberhinkofen richteten die Meisterschaften damals aus und fuhren sogar bis nach Frankfurt am Main, um dort eine Seilzuganlage für die Schützenscheiben abzuholen. Ebenfalls 1985 trafen sich auch die Freunde des „Weißen Sports", um erstmals eine Landkreismeisterschaft im Tennis durchzuführen. Inzwischen messen sich die Bürger bei sieben Sport-Meisterschaften in insgesamt neun Disziplinen. Neben Ski alpin und Snowboard, Luftgewehr- und Luftpistolenschießen (mit bis zu 600 Teilnehmern aus über 100 Schützenvereinen des Landkreises) sowie Tennis (alle Bereiche im Jubiläumsjahr bereits zum 37. Mal) gibt es zwischenzeitlich Wettbewerbe im Vielseitigkeitsreiten (2022 zum siebten Mal), Dressurreiten (seit sechs Jahren) und Springreiten (2022 zum 23. Mal). Zum dritten Mal fand 2022 die Meisterschaft im Trail-Run im Rahmen des „Bernhaldswalder Herbst-Trails" statt – durch das mit Granitfelsen bestückte Waldgebiet „Wilder Mann". Trail-Run definiert sich durch Ausprägungen des Laufens fernab asphaltierter Straßen. Das reicht vom leichten Laufvergnügen im Park bis zu Ultraläufen, die z. B. in mehreren Etappen über die Alpen führen. Beim Trail-Run 2022 konnten Läufer aus Disziplinen über eine Distanz von fünf, zehn oder 20 Kilometern wählen.

An den Landkreismeisterschaften können alle Bürger des Landkreises Regensburg sowie Mitglieder eines Sportvereins bzw. Schützenvereins mit Vereinssitz im Landkreis Regensburg teilnehmen.

Landkreislauf Regensburg

Die 13. Auflage des Landkreislaufes wurde zum ersten Mal vom Landkreis Regensburg organisiert. Die Laufstrecke führte über zehn Etappen und 77 Kilometer durch den Oberpfälzer Jura im nordwestlichen Landkreis. An den Start gingen am Marktplatz in Nittendorf Damen-, Jugend- und Mixedstaffeln sowie Ultraläufer und zeitversetzt die Herrenmannschaften. Am Ziel in Holzheim a. Forst begrüßten Fans und Publikum die Läufer. Im Anschluss erfolgte die offizielle Siegerehrung. Laufen nimmt einen hohen Stellenwert im Bereich der Breitensportarten ein. Laufveranstaltungen motivieren zum Training, setzen Ziele und belohnen mit einer Bestätigung der persönlichen Leistung. Im Landratsamt freute man sich, den Landkreislauf im Jubiläumsjahr der Gebietsreform mit Unterstützung zahlreicher regionaler Partner und Unternehmen organisieren zu dürfen.

Fit & aktiv im Landkreis

Sport treiben tut Körper und Seele gut: Es bietet einen Ausgleich zum Alltag, lässt sich ideal in Gemeinschaft ausüben und stärkt das Selbstvertrauen. Gerade im Breiten- und Vereinssport lernt man von klein auf wichtige Werte wie Fairness, Verantwortung und Solidarität.

Die Wettkämpfe bieten einen zusätzlichen Anreiz und die Möglichkeit, Gleichgesinnte kennenzulernen. Aus diesem Grund unterstützt der Landkreis Regensburg den Breitensport, der in den Sportmeisterschaften des Landkreises Regensburg gut zur Geltung kommt.

Landkreismeisterschaften im Spring- und Dressurreiten
Foto: Coenen Fotografie – Vanessa Gstettner

Landkreismeisterschaften im Trail-Run
Foto: Klemens Janischowsky

Landkreismeisterschaften im Luftgewehr- und Luftpistolenschießen
Foto: H.C. Wagner

Gemeinde Sinzing

„Über einer gesenkten, eingeschweiften, fünfmal von Silber und Blau geteilten Spitze gespalten von Silber und Rot; vorne ein durchgehendes rotes Balkenkreuz, hinten auf silbernem Dreiberg ein silberner natürlicher Rosenstrauch."

Das dreigeteilte Wappen verweist auf die Zusammensetzung der Gemeinde aus unterschiedlichen grund- und gerichtsherrschaftlichen Bestandteilen: Das durchgehende rote Kreuz auf silbernem Grund im vorderen Feld erinnert an die umfangreichen Besitzungen der Klosterhofmark Prüfening in den bis 1972 eigenständigen Gemeinden Bergmatting, Eilsbrunn und Sinzing. Das hintere Feld zeigt mit dem Rosenbusch eine Figur aus dem alten, seit 1970 geführten Gemeindewappen von Viehhausen. Die fünfmal von Silber und Blau geteilte eingeschweifte Spitze im Schildfuß erinnert an das altbayerische Dynastengeschlecht der Herren von Laber.

Ortsteile:	24
Fläche:	44,02 km²
Einwohner:	8 166 (1.8.2022)
Bürgermeister:	Patrick Grossmann

Foto: Gemeinde Sinzing

Bildung der Großgemeinde Sinzing 1971/72

Bürgerversammlungen in den letzten November- und ersten Dezembertagen 1971 in den Gemeinden Viehhausen, Bergmatting-Reichenstetten und Sinzing bereiteten die Stimmung für eine Großgemeinde Sinzing. Am 5. Dezember 1971 fanden Volksbefragungen in Sinzing, Viehhausen und Bergmatting statt, bei denen sich die Bürgerinnen und Bürger mehrheitlich für eine Großgemeinde Sinzing aussprachen. Die Aufnahme Schönhofens, das auch zur Großgemeinde Sinzing wollte, wurde seitens Sinzings abgelehnt.

Da für die Bildung der Großgemeinde rechtlich Gemeinderatsbeschlüsse notwendig waren, beschlossen die Gemeinderäte der Gemeinden Sinzing mit Bürgermeister Kirchberger, Viehhausen mit Bürgermeister Dürr, Bergmatting mit Bürgermeister Leichtl und Eilsbrunn mit Bürgermeister Staimer in einer gemeinsamen Gemeinderatssitzung am 21. Dezember 1971 im Landratsamt Regenburg unter der Leitung von Landrat Leonhard Deininger den freiwilligen Zusammenschluss zu einer Großgemeinde Sinzing.

Die neue Gemeinde Sinzing erreichte 1972 eine Einwohnerzahl von 4 192. Hierzu brachte die ehemalige Gemeinde Sinzing (mit den Ortsteilen Bruckdorf, Kleinprüfening, Mariaort, Minoritenhof, Riegling, Unteralling, Vogelsang und Waltenhofen) 2 410 Personen, die Gemeinde Eilsbrunn (mit den Ortsteilen Grafenried, Hardt und Oberalling) 380 Personen, die Gemeinde Viehhausen (mit den Ortsteilen Adlstein, Alling, Kohlstadt, Saxberg, Schneckenbach, Thalhof und Zeiler) 1 258 Personen und die Gemeinde Bergmatting (mit den Ortsteilen Dürnstetten und Reichenstetten) 144 Personen ein. Bergmatting, das bis dahin im Landkreis Kelheim (Niederbayern) gelegen hatte, gehörte zukünftig zum Landkreis Regensburg (Oberpfalz).

Kloster Pielenhofen
Foto: Harald Hünn (www.derfilmograph.de)

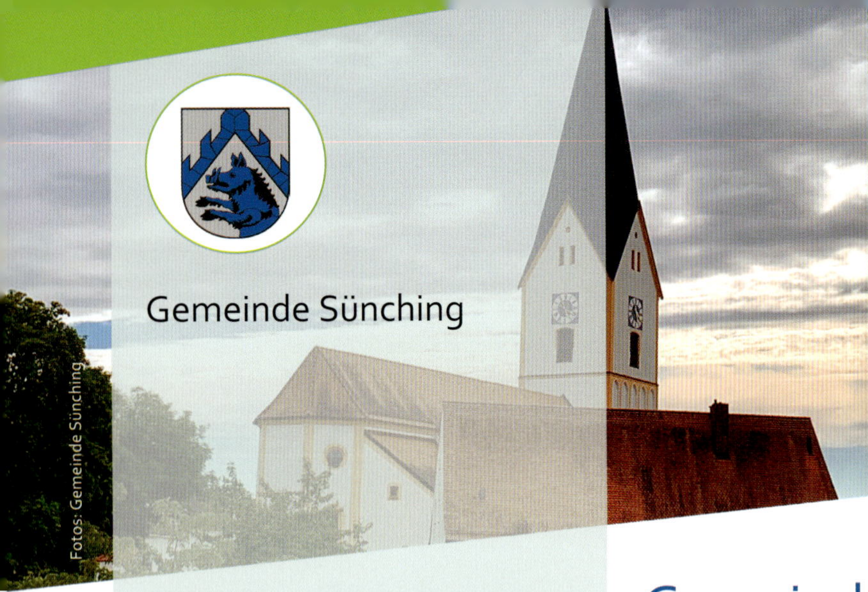

Fotos: Gemeinde Sünching

Gemeinde Sünching

„In Silber unter einem oben gezinnten blauen Sparren ein aus dem unteren Schildrand wachsender blauer Eberrumpf."

Der Eberrumpf erinnert an das Ortsadelsgeschlecht der Sünchinger, das von Mitte des 12. bis Mitte des 14. Jahrhunderts nachweisbar ist. Der gezinnte Sparren verweist auf die Hofer von Lobenstein, die bis Mitte des 15. Jahrhunderts Ortsherren in Sünching waren. Der Eber war auch das Wappensymbol der Seinsheimer, die von 1573 bis 1916 auf Schloss Sünching residierten; von deren Wappen wurde die Tingierung Silber und Blau übernommen.

Ortsteile

Die Gemeinde besteht aus den Ortsteilen Haidenkofen, Hardt und Sünching.

Fläche:	19,42 km²
Einwohner:	2 301 (30.6.2022)
Bürgermeister:	Robert Spindler

Gemeinde Sünching

Schloss Sünching

Sünching steht im 1250. Jahr seit seiner ersten urkundlichen Erwähnung. In einer Urkunde von 773 übereignete ein Helmuni, Sohn des Edlen Adalunc, Güter in „Sunihinga" der Domkirche in Freising. Ab 1133 erscheinen die Sünchinger Adelsgeschlechter der Sünchinger, Hofer und Staufer als Marschälle des Hochstifts Regensburg. Beeindruckende Grabmäler dieser Ritter aus dem 15. und 16. Jahrhundert befinden sich in der Pfarrkirche Sünching. Seit 1573 steht Schloss Sünching im Besitz der Grafen von Seinsheim und deren Nachkommen. Die heutige Erscheinungsform geht auf den Umbau und die Neuausstattung von 1757 bis 1766 zurück, durch Reichsgraf Josef Franz von Seinsheim, kurfürstlicher Obersthofmeister in München. Die Elite der damaligen Hofkünstler ließ ein Rokoko-Juwel von außerordentlicher Schönheit entstehen. Planung und Bauleitung oblagen François de Cuvillies d. Ä., Bildhauer Ignaz Günther und Stukkator Franz Xaver Feichtmayr d. J. Der Hofmaler Georges Desmarees und der bekannte Freskant Matthäus Günther schufen in Zusammenarbeit ein Gesamtkunstwerk des Rokoko von europäischem Rang. Hinter der zurückhaltend gestalteten Fassade sind Pracht und Reichtum der Innenausstattung nicht zu vermuten.

Heimatmuseum Sünching

Die Gemeinde Sünching hat seit 2005 ein außergewöhnliches Museum in einzigartiger Lage. Etwa vier Kilometer vom Ort entfernt liegt das Heimatmuseum, welches in 16 Bunkern eines ehemaligen Munitionsdepots eingerichtet ist. Da die einzelnen Bunker etwa 40 Meter voneinander entfernt liegen, begeben sich die Besucher im wahrsten Sinne auf eine Zeitwanderung. Die Natur gibt ihr Möglichstes dazu. Zwischen den Bunkern gedeihen die schönsten Wild- und Waldblumen und machen die Zeitreise zugleich zu einem Waldspaziergang.

Gebäude der Verwaltungsgemeinschaft Sünching

Verwaltungsgemeinschaft Sünching

Zum 1. Januar bzw. 1. Mai 1978 wurde die Verwaltungsgemeinschaft Sünching aus den Gemeinden Aufhausen, Mötzing, Riekofen und Sünching gebildet. Zuvor hatten sich 13 ehemalige Gemeinden zu den vier Mitgliedsgemeinden zusammengeschlossen. Die VG Sünching besteht seither in unveränderter Form. Jedoch haben sich die Einwohnerzahlen von ursprünglich ca. 5 200 auf nunmehr 6 400 erhöht.

Bei der Wahl des 1. Vorsitzenden der Verwaltungsgemeinschaft 1978 haben die vier Bürgermeister einvernehmlich festgelegt, dass das Amt des VG-Vorsitzenden turnusmäßig alle sechs Jahre ein anderer Bürgermeister der Mitgliedsgemeinden übernehmen soll. Diese Regelung hat nach wie vor Gültigkeit und sorgt seit über 40 Jahren unter anderem für einen kollegialen und freundschaftlichen Umgang.

Sitz der Verwaltungsgemeinschaft ist Sünching. Um geeignete Räume zu schaffen, wurde 1977 das ehemalige Kloster der Armen Schulschwestern mit Mädchenschule zu einem leistungsfähigen Verwaltungszentrum umgebaut. In den beiden zurückliegenden Jahren erfolgte durch die Gemeinde Sünching eine Generalsanierung des Gebäudes unter Berücksichtigung der energetischen und sozialen Anforderungen an ein modernes Verwaltungsgebäude.

Die Verwaltungsgemeinschaft sanierte die Innenräume, erneuerte alle Möbel und Einrichtungsgegenstände und stattete die Arbeitsplätze mit höhenverstellbaren Schreibtischen aus.

Die Verwaltung ist nicht nur für die Mitgliedsgemeinden zuständig, sondern auch für den Schulverband und die Ambulante Alten- und Krankenstation Sünching.

Sitzungssaal der Verwaltungsgemeinschaft

Fotos: Verwaltungsgemeinschaft Sünching

Kultur erleben im Regensburger Land

Vor Jahrzehnten waren kulturelle Angebote im Regensburger Land wie in allen ländlichen Gebieten eher von einer etablierten Vereinslandschaft geprägt. Zu denken wäre hier z. B. an Blaskapellen, Theater- oder Gesangsgruppen, die besonders an traditionellen Festen ihren kulturellen Beitrag in die Gemeinden trugen. Der Blick auf die Kulturlandschaft im Landkreis heute bietet ein breites Spektrum mit fließenden Grenzen zwischen urbanen und ländlichen Kulturformen. Auch heute noch entsteht ein großer Teil des Angebots in ehrenamtlichen Strukturen. Neben den genannten Vereinen haben sich in vielen Ortschaften Kulturinitiativen gegründet, die sich lokal um die Organisation von spannenden Veranstaltungen kümmern. Waren Kulturschaffende zur Zeit der Entstehung des Landkreises vor 50 Jahren noch weitestgehend auf sich alleine gestellt, erhalten sie heute vielfältige Unterstützung. Dazu wurden im Landratsamt sowie in Städten und Gemeinden haupt- und ehrenamtliche Kulturverantwortliche eingesetzt.

Das AURELIUM – Kultur- und Begegnungsstätte in Lappersdorf
Foto: Susanne Kammerer

Kultureinrichtungen – wo die Kultur Besuche empfängt

Im Landkreis gibt es zahlreiche und gute Adressen für „Kultursuchende", von Ateliers, Werkstätten, Archiven und Bibliotheken über Galerien, ein Kino, Bildungseinrichtungen, Kulturzentren und Theaterspielstätten bis hin zu Museen. Eine Liste von Kultureinrichtungen findet man unter www.landkreiskultur.de. Landkreiseinrichtungen, Veranstaltungsorte und Verlage leisten maßgeblich ihren Beitrag zum kulturellen Leben. Zeitgenössische Kultur gibt es zum Beispiel in Kulturzentren wie dem AURELIUM in Lappersdorf. Unter seinem Dach treffen sich Interessierte zu Konzerten, Gastspielen, Lesungen, Vorträgen und Kabarettabenden. Im Schloss Köfering der gräflichen Familie von und zu Lerchenfeld finden einzelne Konzerte des Musikförderkreises Köfering-Neutraubling statt, und das Barockschloss Alteglofsheim beheimatet die Bayerische Musikakademie, eine zentrale Bildungs- und Tagungsstätte

Das Schloss Alteglofsheim
Foto: Stefan Gruber

für Musik, Kunst und Kultur. Museumskultur im Landkreis steht für Vielfalt und Tradition, z. B. mit dem Heimat- und Bauernmuseum Oberhinkofen, Heimatmuseen in Sünching und Altenthann, dem BaierWeinMuseum Bach a.d.Donau oder dem Burgmuseum in Wolfsegg.

Kultur der vielen Gesichter

Das Schöne an der Kultur: Sie birgt Schätze für jede und jeden. Kultur lebt auch im Regensburger Land immer von den Menschen, die sie schaffen und auf die Bühne bringen. Exemplarisch vorgestellt stehen die folgenden Akteure für so viele mehr. Bei einer Kultur-Tour durch den Landkreis kommt es zu spannenden Begegnungen, besonderen Kultur- und Kunsterlebnissen mit regionalem Charme.

Gemeinsam mit dem Landkreis feiert die Deuerlinger Blasmusik 2022 ihr 50-jähriges Jubiläum – bayerisch, böhmisch, bodenständig.

Die Deuerlinger Blasmusik Foto: Matthias Eckel

Sie lieben Popmusik, Sie lieben Italien? Die Band „I Dolci Signori" bringt mit ihrer Musik La Dolce Vita auf die Bühnen im Landkreis.

Swing, Pop, Gospels, Spirituals, Klassik und Weltmusik bestimmen das Repertoire des Männer- und Frauenchors Belcanto aus Neutraubling – seine Konzerte transportieren die Freude am Singen in die Herzen des Publikums.

Für die bildende Kunst steht die gefragte Malerin Katja Barinsky aus Nittendorf – eines ihrer Werke lässt sich in der Pinakothek der Moderne in München bestaunen, viele andere immer wieder bei Ausstellungen im Regensburger Land.

Theater, Theater ..., wenn Geschichte zum Leben erwacht: Der renommierte Schauspieler Martin Hofer stand als Kaiser der Franzosen bei den Napoleon-Schlossfestspielen im Rampenlicht.

Die Alte Mühle in Eichhofen Foto: Johannes Paffrath

Klassik gefällig? Dann sei die KammerVielharmonie mit Dirigent Markus Schindlbeck empfohlen. Viele Mitglieder des Ensembles kennen sich vom Uni-Orchester. Seine Konzerte sorgen immer wieder neu für Begeisterung.

Heimatforschung und Sprachkultur: Jemand, der sich mit dem Bairischen auskennt, ist Mundartforscher, Bairisch-Experte und „Dialektpapst" Ludwig Zehentner. Mundartfreunde sollten einen Termin mit ihm nicht verpassen. Unter dem Titel „Basst scho" hat er in mehreren Bänden bairische Wörter und Wendungen analysiert.

Der Landkreis Regensburg motiviert Bürger und Kulturschaffende, sich zu engagieren und kulturelles Leben zu pflegen. So gibt es im Jubiläumsjahr 2022 bereits zum dreizehnten Mal den Kulturpreis – verliehen wird der allgemeine Kulturpreis, der Jugendkulturpreis und der Preis für das Lebenswerk.

Zentrale Anlaufstelle Kulturreferat

Im Kulturreferat wird umtriebig und kreativ gearbeitet. So gibt es eine jährliche Veranstaltungsreihe mit wechselnden Themen, welche 2022 selbstverständlich im Zeichen von „50 Jahre Landkreis Regensburg" steht. 61 Veranstaltungen im gesamten Landkreisgebiet erhielten je eine liebevoll gestaltete Seite in einem eigens dafür gestalteten Abreißkalender. Darunter finden sich etwa Konzerte, Ausstellungen, Lesungen und einige Formate speziell für Kinder. Unter dem Titel „Heim(at)spiel" veranstaltet der Landkreis im Jubiläumsjahr Events mit überregional bekannten Künstlern aus dem Landkreis.

Besonderes kulturelles Engagement wird jedes Jahr mit dem Kulturpreis ausgezeichnet

Die Burg Wolfsegg
Foto: Stefan Hanke

Bei den Landkreis-Kulturfahrten treffen die Mitreisenden Kulturschaffende in einem anderen Kontext, z. B. in ihren Ateliers oder ihrem Zuhause. Bei den Tagesausfahrten mit dem Bus treffen Kulturinteressierte unter anderem auf beeindruckende moderne Architekturen, musikalische oder performative Überraschungen, Schlösser und außergewöhnliche Kirchenräume. Immer wieder gibt es auch Sonderveranstaltungen wie z. B. „Kultur lebt!“ nach Aufhebung der Corona-Beschränkungen. Im Dezember 2021 erschien der siebte Band der beliebten Schriftenreihe mit dem Titel „Regensburger Land – Der Landkreis in Geschichte und Gegenwart“. Die Ausgabe informiert und unterhält mit Texten und zahlreichen Illustrationen über die Landkreisgeschichte von der Jungsteinzeit bis zur Kultur in Coronazeiten.

Reich an Denkmälern – reich an Geschichte

Zahlreiche historisch wertvolle und schützenswerte Gebäude und Artefakte zeugen heute noch von der Geschichte der

Isa Fischer und die Nowak bei „Kultur lebt!“ Foto: Sandra Adler

Region. Davon sind 940 Baudenkmäler und 1790 Bodendenkmäler in der Denkmalliste eingetragen. Eines der herausragenden Beispiele ist etwa die Burg Wolfsegg. Sie ist eine der am besten erhaltenen Burganlagen der Region, wurde 1278 erbaut und 1721 erweitert. Einer der prachtvollsten Adelssitze des Spätbarocks ist das Landschloss Alteglofsheim aus dem 14. Jahrhundert mit Um- und Ausbauten aus dem 17. und 18. Jahrhundert. Den Charakter eines nachmittelalterlichen Marktes bewahrt der Ortskern von Kallmünz – das Ensemble mit der auf einem Felsvorsprung gelegenen Ruine spiegelt die ältere Ortsgestalt. Die kleine Chorturmkirche St. Leonhard in Penk ist eine der ältesten stehenden Landkirchen in Deutschland. Der fast vollständig erhaltene Saal der Kirche stammt aus dem Jahr 900.

Das Neckerhaus in Hemau Foto: Frieder Roßkopf

2021 wurde bei Straßenbauarbeiten bei Köfering eine Grabanlage aus der Glockenbecherzeit gefunden. Es handelt sich dabei um ein sehr komplexes Bodendenkmal aus der Zeit von 2500 v. Chr.

Ein kulturgeschichtlich überregional bedeutsamer Stadel aus dem Jahr 1791 in Pittmannsdorf wird aktuell nach Denkmalschutzrichtlinien saniert. Die Jura-MarktStadel eG nutzt das Gebäude als Standort für Direktvermarktung regionaler Anbieter. Das Projekt mit Modellcharakter wird gefördert durch das Amt für ländliche Entwicklung Oberpfalz, die Deutsche Stiftung Denkmalschutz, die Stadt Hemau und den Landkreis Regensburg.

Auch mit einem Denkmalpreis setzt sich der Landkreis für den Erhalt und die Pflege von baulichen Kleinoden ein. 2022 wird er zum achten Mal verliehen. Beispielhaft instandgesetzte Gebäude werden mit einem Preisgeld von insgesamt 6 000 Euro belohnt. 2020 etwa wurden das Neckerhaus in Hemau sowie Schloss Schönberg in Wenzenbach ausgezeichnet.

Organisierte Heimatpflege

Mit vier Kreisheimatpflegern und 41 Ortsheimatpflegern ist der Landkreis Regensburg sehr gut aufgestellt. Sie stehen für die Bewahrung und Pflege des heimatlichen Kulturguts. Ihr Aufgabenkreis ist vielfältig und reicht von Beratung und Unterstützung der Denkmalschutzbehörden über die Brauchtumspflege, Museumsbetreuung, Öffentlichkeitsarbeit bis hin zum „Networking" mit Vertretern anderer Bereiche mit überschneidenden Interessen, z. B. Archive, Museen, Wissenschaft oder Naturschutz.

Archivpflege

Der Kreisarchivpfleger unterstützt und berät als zentrale Anlaufstelle Archivare der

Landkreisfahrt Norden
Gymnasium Lappersdorf
Foto: Christine Schmid

Städte und Gemeinden beim Aufbau und bei der Pflege des Kommunalarchivs. Dabei geht es um Aktensichtung, ordnungsgemäße Unterbringung in geeigneten Archivräumen und die Organisation regelmäßiger Treffen aller Verantwortlichen von Städten und Gemeinden.

Für eine Weiterentwicklung der Archivpflege wurde 2015 der Verein „Kommunale Archivpflege im Landkreis Regensburg e. V.“ gegründet. Ziel des Vereins ist es, verschiedene, mit dem gesetzlichen Archivierungsauftrag verbundene Aufgaben in höherem Umfang und mit noch besserer Qualität zu erfüllen. Dazu stellt er geeignetes Fachpersonal für die Archivarbeit vor Ort zur Verfügung, das beispielsweise die Erschließung alter Archivbestände, die Bewertung und Übernahme von analogen und digitalen Unterlagen der Kommunalverwaltung, die Betreuung von Archivbenutzern oder die Beratung der Gemeinden in archivfachlichen Fragen übernimmt.

Das Pettendorftheater Foto: Claudia Kreissl

Foto: Gemeinde Tegernheim

Gemeinde Tegernheim

„Gespalten von Blau und Silber; vorne auf grünem Berg ein silberner Kirchturm mit rotem Dach, darauf ein silbernes Kreuz, hinten auf grünem Berg ein grüner Rebstock an rotem Pfahl."

Der heraldisch stilisierte Kirchturm im linken Feld steht für den romanischen Wehrturm der Pfarrkirche Tegernheim. Der Rebstock im rechten Feld erinnert an die spätestens seit 1186 gepflegte Weinbautradition an den zur Donau hin abfallenden Hängen mit günstigen Boden- und Klimaverhältnissen. Die besondere geografisch-geologische Situation der Gemeinde kommt in den zwei Bergen im Schildfuß zum Ausdruck: In der sogenannten Tegernheimer Schlucht stoßen Urgestein und Juraformationen aufeinander.

Ortsteile

Die Gemeinde besteht aus dem Ortsteil Tegernheim.

Fläche:	11,43 km²
Einwohner:	5 655 (30.7.2022)
Bürgermeister:	Max Kollmannsberger

Zufluchtsort für Heimatvertriebene

In Tegernheim Süd-West existierten um 1000 v. Chr. eine Siedlung und ein Gräberfeld der Urnenfelderkultur. Im Jahr 901 wird in einer Urkunde der Ort Tegernheim erstmals erwähnt.

1186 findet sich die erste urkundliche Erwähnung eines Weinberges in Tegernheim. 1582 brachten 36 Weinberge einen Ertrag von ca. 40 000 Litern Wein. Eine zunehmend schlechter werdende Weinqualität führte zu einem stetigen Rückgang des Weinbaus am gesamten Donaubogen. 1912 wurde die ganze Weinernte durch die Peronospora-Erkrankung (Falscher Mehltau) vernichtet. Dadurch kam in Tegernheim der Weinbau völlig zum Erliegen.

Mit der verfassungsrechtlichen Neugestaltung des Königreichs Bayern traten 1808/18 die Gemeindeedikte in Kraft. Dadurch wurde Tegernheim politisch selbstständig. In den Jahren 1923/24, 1939 und 1978 sollte die Gemeinde nach Regensburg eingemeindet werden, blieb aber nach wie vor selbstständig.

Ein Bombenangriff am 9. Dezember 1944 verwüstete das Dorf schwer. Sieben Menschen kamen ums Leben. Am 25. April 1945 besetzten amerikanische Truppen den Ort. Als Folge des Zweiten Weltkrieges kamen viele Flüchtlinge und Heimatvertriebene nach Tegernheim. Dadurch stieg der Anteil der Protestanten in der einst rein katholischen Gemeinde auf zehn Prozent, wodurch 1968 die Errichtung der Martin-Luther-Kirche erfolgte. Um eine geregelte Verwaltungsarbeit zu gewährleisten und den Anforderungen gerecht zu werden, wurde 1965/66 ein für damalige Verhältnisse modernes Verwaltungsgebäude mit Feuerwehrgerätehaus in der Ringstraße 47 gebaut. Seit der Fertigstellung des Rathauses verdoppelte sich bis heute die Bevölkerung. Die beengten Räumlichkeiten für die Verwaltungsangestellten machen einen Rathausneubau notwendig.

Gemeinde Thalmassing

„In Rot ein durchgehender silberner Sparren, darunter ein silberner Hahn.“

Der Hahn als Attribut des heiligen Veit erinnert an den Patron des Klosters Prüll in Regensburg als früheren Grundherren. Der Sparren ist dem Wappen der Grafen von Lerchenfeld entnommen, die seit Mitte des 16. Jahrhunderts die Hofmarken Wolkering und Luckenpaint in ihre ausgedehnte Grund- und Niedergerichtsherrschaft einbezogen.

Ortsteile

Alt-Prüll, Höselberg, Irlbach, Klausen, Luckenpaint, Mooshof, Neueglofsheim, Neuhaus, Obermassing, Sanding, Sankt Bäumel, Stadlhof, Thalmassing, Untermassing, Weillohe, Wolkering

Fläche:	37,11 km²
Einwohner:	3 606 (30.6.2022)
Bürgermeister:	Raffael Parzefall

Fotos: Gemeinde Thalmassing

Liebens- und lebenswerte Wohngemeinde

Die Geschichte der Gemeinde reicht in ihren Anfängen zurück bis in die Zeit der Ur- und Frühgeschichte, wo nachweislich im Gebiet des jetzigen Baugebietes „Scherfeld“ eine Siedlung bestanden hat. Die erste urkundliche Erwähnung des Hauptortes findet sich in der zweiten Hälfte des 8. Jahrhunderts. Auch die heutigen Ortsteile haben eine lange geschichtliche Vergangenheit und waren mit dem Hause Thurn und Taxis oder den Grafen von Lerchenfeld verbunden. Über ein halbes Jahrtausend gehörten Thalmassing und die Ortsteile zum alten Landgerichtsbezirk Haidau.

1972 schlossen sich die bis dahin eigenständigen Orte Thalmassing, Luckenpaint, Sanding, Weillohe und Wolkering freiwillig zu einer neuen Gemeinde zusammen. Nach einer kurzen Mitgliedschaft in der Verwaltungsgemeinschaft Alteglofsheim erlangte Thalmassing am 1. Januar 1980 die volle kommunale Selbstständigkeit zurück.

Die Gemeinde hat derzeit rund 3 550 Einwohner, verteilt auf fünf Ortsteile.

Thalmassing ist eine attraktive Wohngemeinde, die aber auch noch landwirtschaftlich geprägt ist.

Am Ort befinden sich alle Infrastruktureinrichtungen, die eine liebens- und lebenswerte sowie moderne Gemeinde ausmachen: zwei Kinderhäuser, eine Grundschule, Arzt und Zahnarzt, eine öffentliche Bücherei, eine Bank und Geschäfte für den täglichen Lebensbedarf. Es bestehen zahlreiche Vereine und Gruppen, die das gesellschaftliche Leben gestalten. Für den Schul- und für den Vereinssport steht eine attraktive Mehrzweckhalle zur Verfügung. Derzeit sind einige Erweiterungen im Hinblick auf die Nahversorgung in Planung. Zudem besteht eine lebendige Kirchengemeinde, und es existieren außerdem viele Kirchen, Kapellen und Flurkreuze.

Fotos: Der Filmograph Romeomustdie73

Gemeinde Wenzenbach

„Durch einen silbernen Schrägbalken, der mit einer roten Hellebarde belegt ist, geteilt; oben in Blau eine auffliegende silberne Lerche, unten fünfmal schräglinks geteilt von Schwarz und Gold."

Der Schrägbalken stammt aus dem Wappen der Hauzendorfer, die fünfmalige Schrägteilung von Schwarz und Gold steht für die Freidl. Die auffliegende Lerche ist das redende Symbol der Grafen von Lerchenfeld. Die rote Hellebarde verweist auf die am 12. September 1504 ausgetragene berühmte Schlacht von Wenzenbach (Schönberg), die letzte große Ritterschlacht, die den Landshuter Erbfolgekrieg entschied. Die Farben Weiß und Blau symbolisieren die Zugehörigkeit zu den Wittelsbachern.

Ortsteile

Es gibt 33 Ortsteile, darunter 18 Einöden, drei Weiler, neun Dörfer, zwei Pfarrdörfer und ein Kirchdorf.

Fläche:	29,85 km²
Einwohner:	9 030 (30.6.2022)
Bürgermeister:	Sebastian Koch

Lebenswert gewachsen

Eine Gemeinde, deren Einwohnerzahl in nicht einmal 30 Jahren von 5 500 auf inzwischen über 9 000 gewachsen ist, muss etwas an sich haben, was zum Bleiben einlädt. Die allerbeste Möglichkeit herauszufinden, was es mit diesem erstaunlichen Wachstum auf sich hat, ist sicherlich, Wenzenbach zu besuchen.

Alles ist vor Ort

Wenzenbach hat viel zu bieten. Ob Lebensmittel oder Medikamente, die Dinge des täglichen Lebens sind allesamt und in reicher Auswahl vor Ort und fast immer fußläufig zu bekommen. Ebenso befinden sich Ärzte und alle nötigen Dienstleister in der Nachbarschaft. Zudem sind in jüngster Vergangenheit vorbildliche Angebote für den Nachwuchs wie der prämierte Freizeitbereich in der Wenzenbach-Aue geschaffen worden.

Wechselvolle Geschichte

Es lohnt sich auch, sich mit der Geschichte der Gemeinde zu befassen, die im 9. Jahrhundert mit „Menzipah", einer Siedlung, die auf einen Menzo zurückgeht, beginnt. Im heutigen Ortsteil Irlbach stand vermutlich schon im 8. Jahrhundert eine Kapelle. Und 1504 tobte hier die „Schlacht von Schönberg", der entscheidende Kampf im Landshuter Erbfolgekrieg. Schönberg war lange Jahre auch der Name der Gemeinde. Erst seit 1924 heißt sie offiziell Wenzenbach. Stein geworden ist Wenzenbachs abwechslungsreiche Geschichte in der Pfarrkirche. Ihr Neubau ragt in die historische Pfarrkirche hinein, und ihre ältesten Elemente stammen vermutlich noch aus dem 9. Jahrhundert. Auch die folgenden Jahrhunderte und Epochen, romanische wie gotische, haben in dem Bauwerk ihre Spuren hinterlassen. Wenzenbach hat noch viele weitere Baudenkmäler vorzuweisen. Unbedingt sehenswert sind auch die Schlösser Hauzenstein und Schönberg, welche erstmals 1372 und 1269 urkundlich erwähnt werden.

COMPASSIO-SENIORENDOMIZILE

Rundum gut versorgt – Pflege und Betreuung aus einer Hand

Sich im Alter gut versorgt wissen, ist der Wunsch von vielen. Ein Zuhause zum Wohlfühlen bieten die modernen compassio-Seniorendomizile Haus Maria, Haus Josef und Haus Urban in der Region Regensburg. Helle und funktional ausgestattete Zimmer mit eigenem Bad und WC, familiäre Wohnbereiche, Aktivitäten in Gemeinschaft und ein hauseigener Garten mit Spazierwegen und Ruhebänken laden zum Verweilen ein. Abgerundet wird die schöne Wohnatmosphäre mit einem umfangreichen Dienstleistungsangebot aus Dauer- und Kurzzeitpflege sowie offenen Angeboten. Für diejenigen, die weiterhin in den eigenen vier Wänden leben, dennoch Sicherheit genießen möchten, eignen sich die betreuten Wohnungen im Haus Maria. Auch Menschen, die nicht in unseren Domizilen wohnen, haben Gelegenheit, die Leistungen zu nutzen. Unsere offenen Angebote für Senioren wie täglicher Mittagstisch, Kaffeenachmittage und Veranstaltungen in den hauseigenen Cafés bieten einen optimalen Treffpunkt für Freizeitaktivitäten.

Das Haus Urban befindet sich in unmittelbarer Nähe zum Kindergarten und Sportplatz in Tegernheim

Das Haus Maria liegt im Zentrum von Sinzing

Das Haus Josef liegt in der Ortsmitte von Wenzenbach

Fotos: Compassio-Seniorendomizile

REITENSPIES GMBH & CO. KG

Spezialist für Schädlingsbekämpfung und Taubenabwehr

Seit 1934 ist die Firma Reitenspies als kompetenter Schädlingsbekämpfer für seine Kunden da. Dank jahrzehntelanger Erfahrung hat sich das Unternehmen in Regensburg und Umgebung einen Namen als zuverlässiger Partner im Kampf gegen Schädlinge und Tauben gemacht.

Der Familienbetrieb existiert bereits in der dritten Generation und gibt sein Wissen und Know-how, das in mehr als 80 Jahren Geschäftstätigkeit gesammelt wurde, innerhalb der Familie weiter. Die Kunden profitieren somit von der Erfahrung und dem Fachwissen im Bereich der Schädlingsbekämpfung.

Im Gegensatz zu herkömmlichen Schädlingsbekämpfern setzt das Unternehmen überwiegend auf umweltschonende Methoden, die sich als saubere, biologische und effektive Alternativen bewährt haben. Und mit neuesten Techniken wie Edelstahlspikes, Litzendrahtsysteme oder Vernetzung werden die Tauben vertrieben. Auch bei der Bekämpfung von Insekten-Schädlingen wie Motten, Parasiten, Schaben oder Silberfischen bevorzugt das Unternehmen eine umweltschonende Vorgehensweise. So werden während der Arbeit die Natur und die einheimische Biodiversität geschont.

Zu den zufriedenen Kunden in der ganzen Oberpfalz, in Niederbayern und im Regensburger Raum zählen Hausverwaltungen, Großbetriebe aus der Lebensmittelindustrie, Speditionen, Gaststätten und Kommunen, aber auch Privatpersonen.

Fotos: Reitenspies GmbH & Co. KG

KWITEK KRANE GMBH

Hohe Erwartungen? Kwitek Krane ist für Sie da!

1975, als Superbenzin noch 92 Pfennige kostete, Helmut Schmidt Bundeskanzler war und Niki Lauda mit Ferrari Formel-1-Weltmeister wurde, eröffnete Richard Kwitek sen. zusammen mit seiner Frau eine Firma für Kranersatzteile in seiner Garage in Pettendorf. Schon damals bot er Dienstleistungen wie Montage, Reparatur und Wartung rund um den Kran an. Inzwischen ist aus der Garage eine Halle mit ca. 650 Quadratmetern geworden, aus dem Zweimannbetrieb ein mittelständisches Unternehmen mit 25 Angestellten. Der Mietpark der Firma Kwitek Krane GmbH umfasst im Moment über 120 Geräte verschiedener Fabrikate.

Komplettanbieter mit moderner Logistik

Eines ist jedoch geblieben: die Leidenschaft für Krane und das Know-how, um auch für schwierige Örtlichkeiten oder Großbaustellen den richtigen Kran zu finden. Als Komplettanbieter ist die Firma Kwitek Krane GmbH von der fachkundigen Planung bis zur Umsetzung mit moderner Logistik und kompetentem Personal gern für ihre Kunden da.

In der Vergangenheit konnten dadurch viele Projekte im Großraum Regensburg und in ganz Bayern realisiert werden, angefangen von Einfamilienhäusern bis hin zu ganzen Wohnkomplexen und zahlreichen Supermärkten. In Regensburg waren Krane der Firma Kwitek beispielsweise beim Bau des Candis-Areals und des Marina-Quartiers im Einsatz, genauso wie bei städtebaulichen und kulturellen Projekten wie dem Bau des RT Bades oder der Sanierung des Doms.

Die Geschäftsführung liegt seit dem 1. Januar 2010 in den Händen von Richard Kwitek. Als Sohn des Gründers ist es ihm

eine Herzensangelegenheit, die Firma durch innovatives Denken und Handeln langfristig stabil am Markt zu erhalten und den Mitarbeitern als attraktiver Arbeitgeber die Vereinbarkeit von Beruf und Familie zu ermöglichen. 2021 wurde die Firma Kwitek Krane GmbH vom Landkreis Regensburg für dieses Engagement ausgezeichnet.

Nachhaltigkeit und Umweltschutz

Auch der Umweltaspekt kommt im Unternehmen nicht zu kurz. Moderne Geräte mit reduziertem Stromverbrauch, der fortschrittliche und effiziente Fuhrpark sowie die Umstellung auf Ökostrom sind nur einige Beispiele, die deutlich machen, dass sich das Unternehmen durchaus der Verantwortung für die nächsten Generationen bewusst ist.

Fotos: Kwitek Krane GmbH

Gemeinde Wiesent

„Unter silbernem Schildhaupt, darin drei nach rechts gewendete schwarze Raben, in Blau eine goldene heraldische Lilie."

Die drei schwarzen Raben im Schildhaupt sind dem Stammwappen der Familie Lintelo entnommen, die sich von 1634 bis 1705 im Besitz der Herrschaft Wiesent befand. Die goldene Lilie steht für das Marienpatrozinium der seit 1620 als Pfarrkirche nachgewiesenen Kirche Maria Himmelfahrt, des kirchlichen Mittelpunkts der Gemeinde.

Ortsteile

Die Gemeinde besteht aus dem Hauptort Wiesent und den Ortsteilen Kruckenberg und Dietersweg.

Fläche:	26,73 km²
Einwohner:	2 600 (31.12.2021)
Bürgermeisterin:	Elisabeth Kerscher

Fotos: Gemeinde Wiesent

Denkmal für Pater Thaddäus, der als Missionar in Chile und Kolumbien wirkte und als „Wasserdoktor" große Erfolge erzielte

Rathaus der Gemeinde Wiesent

Zwischen Donauebene und Vorwald

Funde von Steinwerkzeugen der Neandertaler deuten auf eine frühe Besiedelung hin. Die erste urkundliche Erwähnung Wiesents stammt aus dem Jahr 780, als ein Hito von Wisint dem Kloster Niederaltaich Grund schenkt. 1433 ist eine Kirche nachgewiesen. 1544 wird Wiesent unter Pfalzgraf Otto lutherisch, im Dreißigjährigen Krieg wird der Ort von der Pest und von schwedischen Brandschatzungen heimgesucht. 1707 erfolgte ein Neubau der Pfarrkirche, die 1801 einem Brand zum Opfer fiel, aber wiederaufgebaut wurde. 1836 kam Wiesent verwaltungstechnisch zum Landgericht Stadtamhof und 1848 zum Landgericht Wörth. Seit 1862 gehört es zum Bezirksamt Regensburg, dem jetzigen Landkreis Regensburg. Am 1. Mai 1903 bekam die Gemeinde durch die Verlängerung der Walhallabahn eine Anbindung an das bayerische Eisenbahnnetz. Seit 1912 wird die Wasserkraft zur Stromerzeugung genutzt. Im Jahr 1905 war der Ort bereits an das bayerische Telefonnetz angeschlossen worden. Wiesent litt wie alle Gemeinden unter der Last der beiden Weltkriege, blieb aber im Zweiten Weltkrieg von Bombardierungen verschont. Die Ortsmitte mit dem Wiesenter Schloss wurde im Rahmen der Dorfplatzsanierung im Jahr 1994 neu gestaltet. Seit 2018 wird das alte Schulhaus nach grundlegender Sanierung mit Anbau eines Sitzungssaales als Rathaus mit Energiebildungszentrum genutzt.

Nepal Himalaya Park

Fotos: Stadt Wörth a.d.Donau

Stadt Wörth a.d.Donau

„Das Wappen zeigt unter einem roten Schildhaupt mit Schrägbalken in Silber auf grünem Dreiberg drei grüne Sumpfpflanzen (Wappen seit 15. Jh.)."

Das Wappen leitet sich aus einem erhaltenen Siegelabdruck von 1560 ab. Das rote Schildhaupt mit dem silbernen Schrägbalken symbolisiert die einstige Zugehörigkeit des Ortes zum Hochstift Regensburg. Die Hauptdarstellung mit dem Dreiberg und den drei Sumpfpflanzen spielt als redendes Wappen auf den Ortsnamen an. „Wörth" bedeutet sprachlich einen etwas höher gelegenen Ort am Wasser, meist bewachsen mit Sumpfpflanzen oder Auwald. Das Wappen stellt somit drei nicht näher bezeichnete Pflanzen auf Erhöhungen dar.

Ortsteile

Gartenroith, Giffa, Hafnerhof, Hintergrub, Hinterzirnberg, Hof, Hofdorf, Hornau, Hungersacker, Kälberhäusl, Kiefenholz, Kirnberg, Kleinkiefenholz, Lohbach, Oberachdorf, Oberelend, Pfraumbach, Piehl, Reichenbach, Reiserhof, Tiefenthal, Unterelend, Vordergrub, Vorderzirnberg, Weihern, Wichenbach, Wörth a.d.Donau, Wörthhof, Zinzendorf

Fläche:	52,24 km²
Einwohner:	5 076 (1.7.2022)
Bürgermeister:	Josef Schütz

Ganzjährig breit gefächertes Kulturprogramm

Im Gegensatz zu vielen anderen kleineren Städten verfügt die Stadt Wörth über einen lebendigen Ortskern mit vielen Geschäften und Dienstleistungen. Herausgeputzt durch vielfältige Maßnahmen im Rahmen der Städtebauförderung, lädt der Ortskern zum Einkaufen und Verweilen ein. Zahlreiche Parkmöglichkeiten schaffen kurze Wege. In den Sommermonaten beleben Veranstaltungen wie das Bürgerfest, das jährliche Freiluftkino oder zwei verkaufsoffene Sonntage mit Flohmarkttreiben die Stadt.

Auch kulturell und gesellschaftlich hat die kleine Stadt einiges zu bieten. In Wörth leben heißt auch Wörth erleben, z. B. bei vielen kleinen und größeren Veranstaltungen wie dem Weihnachtsmarkt oder dem Faschingszug.

Wörth erleben heißt auch Kultur erleben. In dem ganzjährigen breit gefächerten Kulturprogramm K.i.W. (Kultur in Wörth) ist für jeden Geschmack etwas dabei – etwa ein Besuch von Schloss Wörth.

Das eindrucksvolle Schloss thront auf einem Berg über der Ortschaft. Erbaut wurde es in den Jahren 1522 bis 1525 auf den Grundmauern einer um 1200 entstandenen mittelalterlichen Burganlage vom bayerischen Pfalzgraf und Herzog Johannes. Über viele Jahrhunderte war das Schloss im Eigentum des Hochstiftes Regensburg und diente den Regensburger Bischöfen als Sommerresidenz und Verwaltungsmittelpunkt der Herrschaft Wörth. Heute beherbergt es ein Seniorenstift. Im Südflügel, der im Eigentum des Landkreises steht, befindet sich das berühmte Rondellzimmer, wo Fürstprimas Carl Theodor von Dalberg seine Unterschrift zum Beitritt zu Napoleons Rheinbund gesetzt hat. Weiter gibt es den Schlosskeller, die Schlosskapelle St. Martin und die alten Gefängnisräume im großen Bergfried.

Gemeinsam für Ihre Gesundheit

In Wörth a.d.Donau steht den Menschen eine hochmoderne Klinik, in der nach dem aktuellsten Stand der Wissenschaft behandelt und therapiert wird, zur Verfügung. Die Kreisklinik ist Vorreiter in puncto Digitalisierung, verfügt über ein zertifiziertes Qualitätsmanagementsystem und kann eine ganze Reihe weiterer Auszeichnungen vorweisen.

Geschichte

Schon seit mehr als 160 Jahren kümmert man sich in Wörth um kranke Menschen. Ein Ortsgeistlicher sorgte 1859 für die Gründung eines Distriktkrankenhauses am Petersplatz. Die Pflege und Fürsorge der Patientinnen und Patienten übernahmen Schwestern aus dem Orden der Armen Franziskanerinnen (später Mallersdorfer Schwestern). Gut 60 Jahre später entstand 1920 ein neues Bezirkskrankenhaus am heutigen Standort. 40 Patientinnen und Patienten konnten aufgenommen werden. Danach folgten ein Ausbau und eine Modernisierung auf die nächste. 1956 erhielt das Krankenhaus einen großzügigen Bettentrakt mit Bäder- und Massageabteilung. 1972 starteten umfangreiche Modernisierungsarbeiten, in deren Folge ein kompletter Erweiterungstrakt entstand mit OP-Räumen und Ambulanz, Krankenzimmer und eine moderne gynäkologische Abteilung mit Entbindungsstation und Säuglingszimmer. Bereits 1987 wurde erneut großzügig umgebaut und saniert. Ein Anbau für Kardiologie und Gastroenterologie entstand, Eingangs- und Außenbereich wurden neu gestaltet und die Krankenhauszufahrt neu gebaut. Der OP- und Intensivbereich wurde umfangreich erneuert, ein Aufwachraum wurde geschaffen und Teile der Haustechnik erneuert. Im Rahmen der 2002 gestarteten Generalsanierung konnte 2003 die Einweihung des Neubaus gefeiert werden. Hier sind seitdem die Kapelle, die Eingangshalle mit Empfang, ein Bistro und zwei Stationen mit geräumigen und komfortablen Patientenzimmern untergebracht. In den Folgejahren konnten immer mehr neue Räumlichkeiten und Bereiche in Betrieb genommen werden: Krankenzimmer, Schwesternstützpunkte und Aufenthaltsräume; die erweiterte Röntgenabteilung mit neuem Computertomografen, eine großzügig ausgestattete Notaufnahme-Einheit mit Untersuchungs- und Behandlungsräumen und schließlich eine zentrale Aufnahmeeinheit und ein weiterer Operationssaal. Es folgten die Erneuerung der gesamten Gebäudetechnik, die Sanierung der restlichen Patientenzimmer, der Umbau der Küche und der physikalischen Therapie sowie die Sanierung des OP-Bereiches und der Intensivstation.

Foto: Archivfoto Kreisklinik

Foto: Archivfoto Kreisklinik 1954

Foto: Loxon Design München – Christoph Gramann

Foto: Loxon Design München – Christoph Gramann

Foto: Martin Rederer

Ein weiterer wichtiger Meilenstein in der Geschichte der Kreisklinik war im Jahr 2013 die Einweihung eines zusätzlichen Erweiterungsbaus mit integriertem Facharztzentrum. 13 Facharzt(zweit)praxen und etwa 30 renommierte Ärzte der Fachrichtungen Diabetologie, Gefäßchirurgie, HNO, Kinderpneumologie/-allergologie, Neurologie, Orthopädie, Radiologie mit CT und MRT der neuesten Generation und Urologie verbessern die wohnortnahe, fachärztliche Versorgung der Bevölkerung nachhaltig. Eine neue Bettenstation entspannt zudem die räumliche Situation im Krankenhaus. Die Patientenzahlen waren zuvor deutlich gestiegen, und die zusätzlichen Betten sorgen hier für Entlastung.

Als bislang letzter Schritt folgte eine umfangreiche Sanierung der Intensiv- und Endoskopieabteilung sowie die Schaffung eines weiteren (Hybrid-)OPs. Es gibt eine neue Zentralsterilisation, neue Umkleiden, einen erweiterten Kantinenbereich, neue Räume für die Krankenhausleitung im Gartengeschoss, Diensträume und Sprechstundenräume der chirurgischen Chefärzte sowie die neue Zentrale Patientenaufnahme. Acht Intensiv- und IMC-Betten wurden ebenso in Betrieb genommen. Der Aufwachraum wurde auf neun Bettenplätze vergrößert, komplett erneuert und mit einer automatischen Schleuse direkt mit dem OP-Trakt verbunden.

Heute präsentiert sich die Kreisklinik Wörth als bedarfsgerechte, bürgernahe und medizinisch äußerst leistungsfähige Einrichtung für die Zukunft. Die 120 großzügigen, geschmackvoll eingerichteten Zimmer verfügen über eine eigene Dusche mit WC, TV, Telefon und W-LAN. Geplant wird bereits die nächste Erweiterung auf dann 150 Betten.

Medizinische Fachabteilungen

Leistungsspektrum der Kreisklinik:

Akademisches Lehrkrankenhaus
Schon seit 2016 trägt die Kreisklinik den Status „Akademisches Lehrkrankenhaus der Universität Regensburg". Hier können Medizinstudenten ihr Praktisches Jahr im Fach „Innere Medizin" ableisten.

Endoprothetikzentrum der Maximalversorgung
Im Jahr 2014 wurde das Endoprothetikzentrum der Maximalversorgung gegründet. Mit den Facharztpraxen MedArtes – Orthopädisch-Unfallchirurgische Gemeinschaftspraxis und Privatklinik Neutraubling / Mallersdorf-Pfaffenberg / Wörth a.d.Donau, dem OCS Straubing, Dr. Semler, Prof. Ipach, Prof. Mittag und der Kreisklinik Wörth a.d.Donau durchläuft das Zentrum einen jährlichen Auditierungsprozess. Im Jahr 2021 konnte sogar eine Erweiterung außerhalb der Hüft- und Knieendoprothetik in Form des Moduls Schulterendoprothetik erreicht werden.

Durch die Zertifizierung wird den Patientinnen und Patienten ein höchstmögliches Maß an Patientensicherheit und Qualität in der endoprothetischen Versorgung garantiert. Sämtliche Abläufe von der ersten ambulanten Vorstellung über die Überprüfung der Indikation, OP-Planung, Durchführung von der Erstimplantation bis hin zur komplexen Wechsel-Operation, Nachbehandlung bis hin zur Nachsorge

Foto: Kreisklinik Wörth a.d.Donau

sind somit standardisiert und garantieren eine gleichbleibend hohe Versorgungsqualität.

Zentrum für Fuß- und Sprunggelenkschirurgie der Maximalversorgung

Im September 2016 wurde das neu gegründete Fußzentrum Ostbayern mit den Facharztpraxen MedArtes – Orthopädisch-Unfallchirurgische Gemeinschaftspraxis und Privatklinik Neutraubling / Mallersdorf-Pfaffenberg / Wörth a.d.Donau, dem OCS Straubing, Dr. Semler, Prof. Ipach, Prof. Mittag und der Kreisklinik Wörth an der Donau erfolgreich erstzertifiziert.

Foto: Loxon Design München – Christoph Gramann

Im Jahr 2021 konnte im Rahmen der jährlichen Auditierung eine Steigerung zum Zentrum für Fuß- und Sprunggelenkschirurgie der Maximalversorgung erreicht werden.

Trauma-Zentrum, Zentrale Notaufnahme und Beatmungs- und Allergiezentrum

Die Kreisklinik Wörth ist seit 2020 als lokales Trauma-Zentrum zertifiziert und ist nach den G-BA-Richtlinien zur Notfallversorgung der Stufe 1 zugelassen. Somit sind alle Anforderungen an die Behandlung von Notfällen erfüllt. Zusätzlich verfügt die Kreisklinik über Zertifikate als Beatmungs- und als Allergiezentrum.

Qualitätsmanagement

Im Jahr 2000 wurde das Qualitätsmanagement-System der Kreisklinik durch den TÜV zertifiziert. Das Zertifikat wird regelmäßig durch Wiederholungsaudits bestätigt. Zentrale Punkte der Bewertung sind Patienten- und Mitarbeiterorientierung, Sicherheit für Patientinnen und Patienten sowie Mitarbeiterinnen und Mitarbeiter, Führungsverhalten und die Organisation des Qualitätsmanagements. Für die Klinik hat menschliche Zuwendung im Krankenhaus oberste Priorität – egal ob bei stationären Behandlungen oder bei nachstationären Betreuungen. Mitarbeiterinnen und Mitarbeiter sollen möglichst viel Zeit in die Arbeit am und mit dem Patienten investieren können.

Digitalisierung

Mit ihrem Leuchtturmprojekt Digitalisierung ist die Kreisklinik nicht nur in Ostbayern ein Vorreiter. Gibt es schon seit Jahren keine Röntgenfolien mehr, werden in der Klinik mittlerweile auch Patientenverläufe, Diagnosen, Vitaldaten, Fieber- und Blutdruckwerte, Visiten, Medikamenten- und sonstige Anordnungen, Schmerz- und Physiotherapie und Sozialdienst per Computer-Tablet (direkt am Patientenbett), mobil oder auf den stationären Rechnern dokumentiert. Statt Patientenakten haben Schwestern und Ärzte zur Visite ein Tablet dabei. Sogar das Archiv

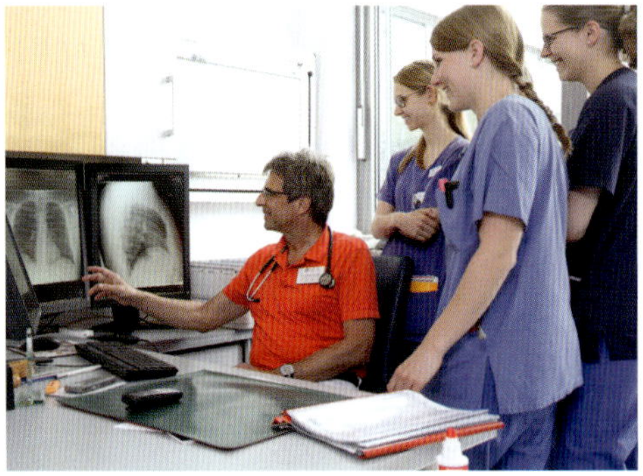

Foto: Loxon Design München – Christoph Gramann

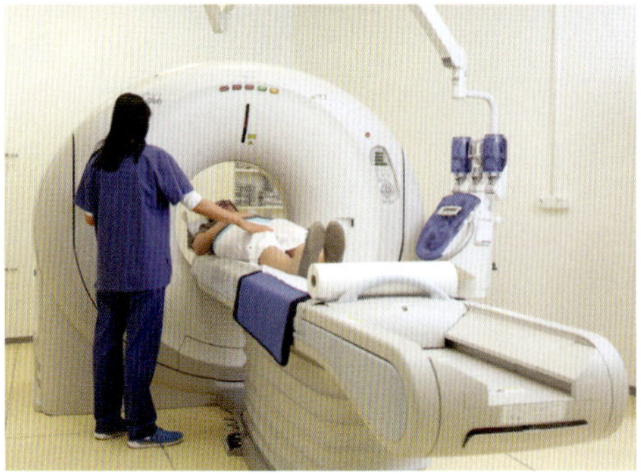

Foto: Loxon Design München – Christoph Gramann

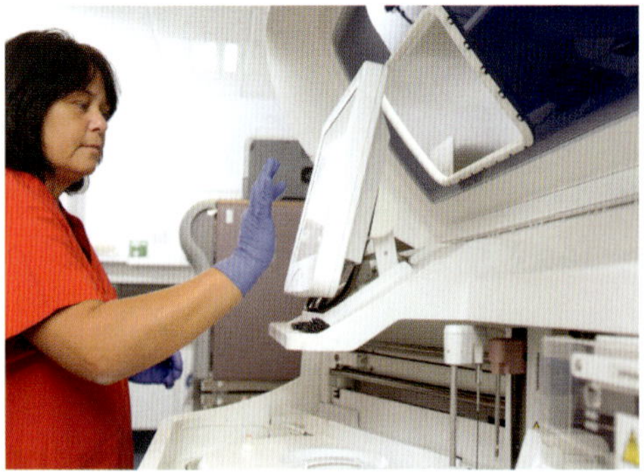

Foto: Loxon Design München – Christoph Gramann

konnte bereits digitalisiert werden, sodass auch frühere Aufenthalte der Patienten auf dem Tablet nachzuvollziehen sind. Darüber hinaus wurde die Software mit einem Zusatzmodul zur Arzneimittel-Therapiesicherheit ausgestattet. Das Modul überprüft die vorhandene digitale Arzneimittelmedikation auf Kontraindikationen, Dosierungen und Unverträglichkeiten. Die Sicherheit der Daten ist natürlich gewährleistet.

Hygiene – Gold-Zertifikat

Die Kreisklinik Wörth a.d.Donau wurde 2021 als eines von nur wenigen Krankenhäusern in Bayern mit dem Gold-Zertifikat der „Aktion Saubere Hände" ausgezeichnet. Dafür mussten wichtige Kriterien erfüllt werden. Unter anderem mussten regelmäßige Hygieneschulungen der Beschäftigten sowie die Etablierung einer Lenkungsgruppe Hygiene und eine entsprechende Ausstattung mit Desinfektionsspendern nachgewiesen werden. Ziel der Aktion ist die Verbesserung und Etablierung der hygienischen Händedesinfektion in allen Einrichtungen des Gesundheitswesens.

Beruf und Familie

Die „Vereinbarkeit von Beruf und Familie" ist für die Kreisklinik Wörth a.d.Donau ein hohes Gut. Um die Attraktivität als Arbeitgeber zu unterstreichen, hat sich die Kreisklinik für eine Auditierung der berufundfamilie Service GmbH entschieden. Dabei werden der Bestand der Angebote zur Vereinbarkeit von Beruf und Familie begutachtet und weiterführende Ziele einer familienbewussten Personalpolitik definiert. Nach der ersten Auditierung 2015 konnten die Ziele auch im Jahr 2021 erfolgreich bestätigt werden, und die Klinik darf bis 2024 das Zertifikat berufundfamilie tragen.

Qualifizierter Nachwuchs

Für den noch jungen Bachelorstudiengang Pflegefachfrau / Pflegefachmann an der OTH Regensburg stellt die Kreisklinik Wörth a.d.Donau Praxisplätze zur Verfügung. Im Vergleich zur klassischen Berufsausbildung bietet das Studium zusätzliche Inhalte aus Wissenschaft und Forschung. In den Praxisphasen erarbeiten sich die Studentinnen und Studenten Berufserfahrung. Sieben Semester dauert der Bachelorstudiengang, an deren Ende die (jungen) Menschen in vielen Tätigkeitsfeldern eingesetzt werden können. So sichert sich die Kreisklinik neben der eigenen Ausbildung weiteren qualifizierten Nachwuchs.

Klimaschutz

Die Kreisklinik Wörth a.d.Donau setzt auf Erneuerbare Energien. Mit einer von der Bürgerenergiegenossenschaft im April 2021 auf dem Dach der Klinik errichteten PV-Anlage können pro Jahr rund 195 000 Kilowattstunden Strom erzeugt und direkt in die Stromversorgung der Klinik eingespeist werden. Neben einer Energiekosteneinsparung werden damit in den nächsten 20 Jahren etwa 100 Tonnen CO_2 vermieden.

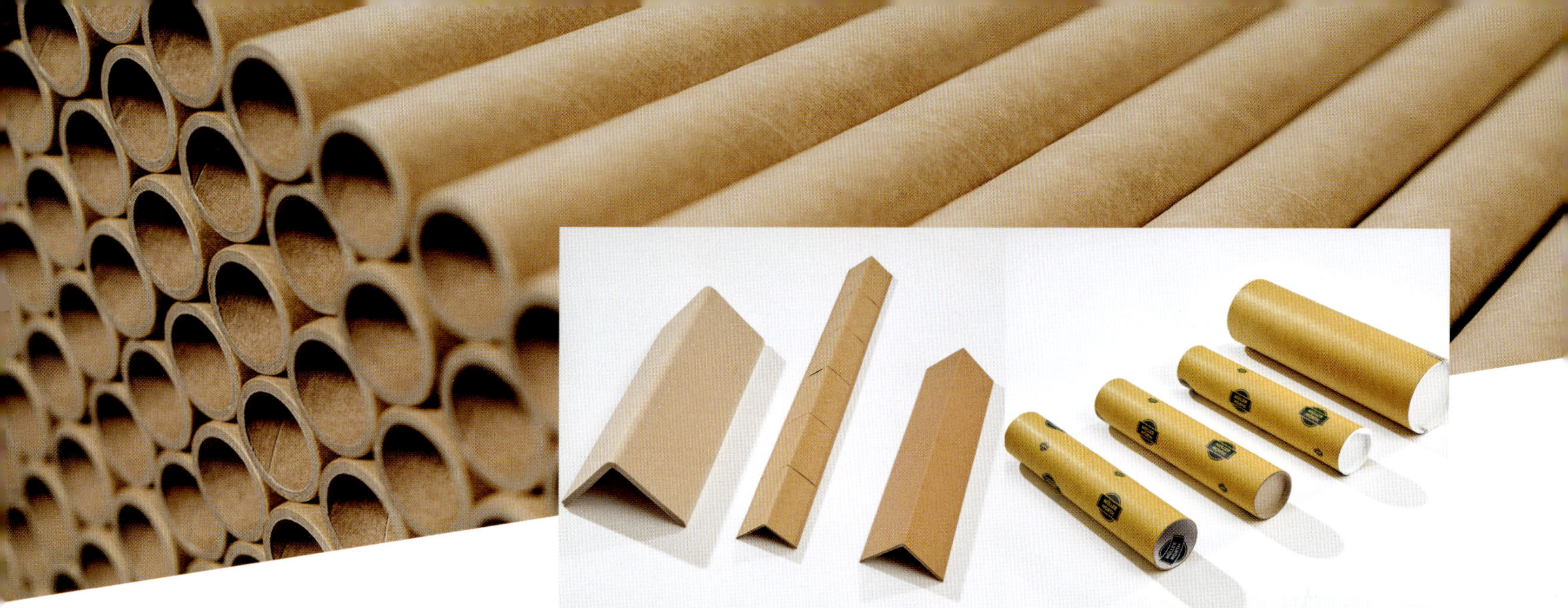

Hartpapierrohre / Kantenschutzprofile / Versandhülsen

KARTONAGEN UND HÜLSENFABRIK ERICH MÜLLER

Erich Müller GmbH & Co. KG

„Müller Wörth" ist ein Begriff, der seit 1897 als Gütesiegel für Qualität gilt. Die wertvollen Produkte der Kunden bestmöglich zu schützen und optimal zu präsentieren, ist seit 125 Jahren Auftrag. Heute ist die Erich Müller GmbH & Co. KG ein etabliertes, mittelständisches Familienunternehmen in vierter Generation. Der Papier verarbeitende Betrieb hat zwei Standorte – im Landkreis Regensburg in Wörth a.d.Donau und in Mühltroff/Vogtland – und beschäftigt zurzeit mehr als 130 Mitarbeiter.

Spezialhersteller von Wickelkernen

Die Erich Müller GmbH ist Spezialhersteller aller möglichen Wickelkerne, von Kantenschutz, Displayrohren, Spulen, Versandhülsen, Behältern, Trommeln und Wickelbrettern und gilt in der Branche und bei seinen Kunden als einzigartiger Ansprechpartner in Sachen Verpackungslösungen.

Beste Wahl bei Verpackungslösungen

Eine Kombination aus vielen Faktoren, die in ihrer Gesamtheit alle auf Nachhaltigkeit, also auf ökologische Verträglichkeit, soziale Gerechtigkeit und wirtschaftliche Leistungsfähigkeit abzielen, macht uns zur besten Wahl in Sachen Verpackungslösungen. Das Unternehmen arbeitet fast ausschließlich mit umweltfreundlichen Leimen aus nachwachsenden boraxfreien Rohstoffen.

Dem eigenen hohen Qualitätsanspruch wird die Firma durch Qualitätssicherung und lückenlose Zertifizierung nach ISO 9001:2015 gerecht. Ständige Investitionen in die Standorte und Maschinen garantieren darüber hinaus, gegenüber dem Wettbewerb erfolgreich bestehen zu können. Deshalb legt die Erich Müller GmbH auch großen Wert auf die Förderung und Weiterentwicklung seiner hoch qualifizierten Mitarbeiterinnen und Mitarbeiter und bildet in den Berufsfeldern Packmitteltechnologe/-in, Anlagenführer/-in und Industriekaufmann/-frau aus.

Die Erich Müller GmbH pflegt eine familiäre Unternehmenskultur, in der sich die Mitarbeiterinnen und Mitarbeiter wohlfühlen, weil alle am Erfolg Beteiligten auf Augenhöhe miteinander arbeiten.

Fotos: Kartonagen und Hülsenfabrik Erich Müller GmbH & Co. KG

Gemeinde Wolfsegg

„Schräg geteilt; oben in Gold ein schwarzer Wolfskopf mit roter Zunge, unten fünfmal geteilt von Silber und Blau."

Das Gemeindewappen gedenkt der wichtigsten Burgherren. Als Erbauer der Burg gelten die Herren Wolf von Schönleiten, von denen der Wolfskopf übernommen wurde. Von deren Besitznachfolgern, den Herren von Laber, kommt die fünfmalige Silber-Blau-Teilung.

Ortsteile

Grabenhäuser, Hermannstetten, Hohenwarth, Käfersdorf, Krippersberg, Oel, Sachsenhofen, Sillen, Stetten, Teufelschlag, Wall und Wolfsegg

Fläche:	15,34 km²
Einwohner:	1 634 (31.12.2021)
Bürgermeister:	Roland Frank

Fotos: Gemeinde Wolfsegg

Überregional bekannte Burg

Die Burg Wolfsegg ist überregional bekannt, auch wegen der sagenumwobenen Weißen Frau. Die mittelalterliche Burg wurde um 1278 erbaut. Heute beherbergt sie ein Burgmuseum, und Führungen durch die Burg werden angeboten. Großes Interesse weckt bei Fachleuten die Burghöhle. Dass dieses bedeutende Denkmal von einer reizvollen Landschaft und zahlreichen Flurdenkmälern umgeben ist, war Anlass für die Schaffung eines Denkmal-Wanderweges. Dabei wurde nicht alleine der Schwerpunkt „Denkmal" gesetzt, sondern auch darauf geachtet, dass der Wanderweg nicht zu kurz kommt. Wenige Teerstraßen, dafür viele natürliche Wege prägen die Route, die am 25. Juli 1992 eröffnet wurde. Weitere Wanderwege in der Umgebung von Wolfsegg sind der Burg-Wolfsegg-Wanderweg, eine etwa elf Kilometer lange permanente Strecke rund um die Gemeinde, der Rundweg durch den Schwaighauser Forst, der auf rund neun Kilometern von der Bergstraße in Wolfsegg durch den Forst führt, sowie die Wolfsfährte zur Weißen Frau. Der Rundweg am Jurasteig führt von Wolfsegg über Stetten und Käfersdorf nach Pielenhofen. Der Rückweg nach Wolfsegg führt streckenweise durch schattiges Waldgebiet. Auch der Burgensteig durch das Naabtal macht in Wolfsegg Station. Wer lieber mit dem Rad unterwegs ist, findet um Wolfsegg ebenfalls genügend Gelegenheit, etwa auf der Radtour „Besuch bei der Weißen Frau".

Den Ort beleben heute Kindergarten, Schule, Jugendtreff und Sportanlagen. Der örtliche Bäcker mit kleinem Laden und Postfiliale, eine Bank, einige Handwerksbetriebe und drei Gaststätten sichern die Grundversorgung. Die örtlichen Vereine und die Kirche prägen das kulturelle und gesellschaftliche Leben.

Landratsamt Regensburg – ein modernes Dienstleistungszentrum

Die Sanierung des Landratsamt-Bestandsgebäudes sowie die Errichtung eines Erweiterungsbaus machten es möglich: Seit Juli 2018 steht den Bürgern des Landkreises Regensburg ein modernes und zukunftsorientiertes Dienstleistungszentrum in der Altmühlstraße 3 in Regensburg zur Verfügung, das alle Service-Angebote unter einem Dach vereint. Auf beinahe 20 000 Quadratmetern sind alle acht Abteilungen und mehr als 30 Sachgebiete untergebracht. Damit wurde der Beschluss des Kreistages aus dem Jahr 2010 umgesetzt, alle Mitarbeiter in einem Haus unterzubringen. Der Neubau bietet Platz für 268 modern eingerichtete Büros, im sanierten Bestandsgebäude sind es 143 weitere Büros.

Neue Maßstäbe bei der Energieeffizienz

Das 1969 bezogene Bestandsgebäude in der Altmühlstraße – der Umzug erfolgte damals von der Andreasstraße im Regensburger Stadtteil Stadtamhof – konnte die Anforderungen eines modernen Bürogebäudes zuletzt nicht mehr erfüllen. Das Platzangebot war sehr beengt, die Energieeffizienz und Energiestandards nicht mehr zeitgemäß. Das hat sich mit der Sanierung grundlegend geändert. Für das Bestandsgebäude konnte der Energiestandard Kfw-70 erreicht werden, damit werden 30 Prozent weniger Primärenergie verbraucht. Der Erweiterungsbau erzielte sogar den Passivhaus-Standard. Der Energiebedarf wird fast ausschließlich aus erneuerbaren Ressourcen gewonnen. Im Sommer werden die Räume nun mit Grundwasser gekühlt, im Winter entsprechend beheizt. Eine Lüftungsanlage mit Wärmerückgewinnung sowie die Wärme- und Kälteverteilung über ein Heiz- und Kühldecken-System sorgen zu jeder Jahreszeit für ein optimales Raumklima.

Umwelt- und Gesundheitsbewusstsein

Moderne EDV-Systeme und ergonomische Büromöbel tragen dazu bei, dass die Mitarbeiter einen wertschätzenden und gesundheitsunterstützenden Arbeitsplatz vorfinden. Im Rahmen des betrieblichen Gesundheitsmanagements wird jährlich ein Gesundheitstag durchgeführt. Auch Nachhaltigkeit wird großgeschrieben. Bestes Beispiel dafür ist die Ausstattung

Das neue Landratsamt – bestehend aus dem Erweiterungsbau (im Vordergrund) und dem sanierten Bestandsgebäude (im Hintergrund) Foto: Julia Knorr

des Fuhrparks, in dem für Dienstfahrten unter anderem Elektro- und Hybridfahrzeuge zur Verfügung stehen. Eine smarte Möglichkeit, stressfrei und kostengünstig zur Arbeit zu radeln, ist das vor Kurzem eingeführte Fahrrad-Leasing.

Karriere in der Verwaltung

Juristen, Verwaltungsfachangestellte, Verwaltungswirte, Betriebswirte, Bauzeichner, Ingenieure, Sozialpädagogen, Gärtner, Sprachmittelnde oder Studierende – im Landratsamt arbeiten sie alle unter einem

Für seine familien- und lebensphasenbewusste Personalpolitik wurde der Landkreis inzwischen dreimal mit dem Zertifikat „berufundfamilie" ausgezeichnet Foto: Verena Knerr

Dach, denn die Vielfalt an Themen und Aufgaben erfordert unterschiedliche Berufsbilder. Der Landkreis unterstützt die berufliche Fortbildung und Qualifikation seiner mehr als 800 Beschäftigten – und damit deren Karriere. Der Besuch von Lehrgängen oder Seminaren wird unterstützt. Weiter bestehen mit den Beschäftigtenlehrgängen I und II, der Qualifizierung zum Verwaltungsbetriebswirt (BSV), der Ausbildungsqualifizierung und der modularen Qualifizierung für Beamte (jeweils Aufstieg von der 2. in die 3. Qualifikationsebene) Möglichkeiten für die berufliche Weiterqualifizierung.

Beruf und Familie. Geht gut bei uns!

Für seine familienfreundliche und lebensphasenbewusste Personalpolitik wurde der Landkreis Regensburg am 15. März 2016 erstmals mit dem Zertifikat „berufundfamilie" ausgezeichnet. Die Re-Auditierung wurde seither zwei weitere Male erfolgreich absolviert. Um Beruf und Familie optimal zu vereinbaren, bietet der Landkreis ein umfangreiches Paket attraktiver Angebote und Möglichkeiten an. So können die Beschäftigten aus mehr als 100 Arbeitszeitmodellen wählen, Telearbeitsplätze werden kontinuierlich ausgebaut und in den vergangenen zwei Jahren wurden die Möglichkeiten für Homeoffice nochmals deutlich ausgeweitet.

Die Option, in Teilzeit zu arbeiten, wurde auf die Führungsebene erweitert. Ältere Mitarbeitende haben zudem die Möglichkeit, Altersteilzeit in Anspruch zu nehmen. Für Beschäftigte in Freistellung oder während längerer Krankheitsausfälle wurde ein Kontakthalteprogramm auf den Weg gebracht. Darüber hinaus bietet der Landkreis Müttern und Vätern in den Sommerferien eine bezuschusste Kinderbetreuung in Kooperation mit der gfi Regensburg an. Die 2015 von Landrätin Tanja Schweiger ins Leben gerufene Initiative „Beruf + Familie. Geht gut bei uns!" ist am Landratsamt Regensburg damit sehr gut umgesetzt worden.

Attraktiver Ausbildungsbetrieb

Der Landkreis bietet Ausbildungsberufe und studienbegleitende Ausbildungen an. Während Ausbildungen wie zum Verwaltungsangestellten im Kommunaldienst in der Regel in Vollzeit absolviert werden, besteht seit 2015 auch die Möglichkeit einer Ausbildung in Teilzeit. Somit können Auszubildende, insbesondere junge Mütter, Familie und berufliche Entwicklung besser vereinbaren.

In Kooperation mit der Hochschule für den öffentlichen Dienst in Bayern bietet der Landkreis seit 2021 den Dualen Studiengang „Bachelor of Arts Digitale Verwaltung" an. Die betriebliche Ausbildung findet dabei im Landratsamt, das Studium an der Hochschule in Hof statt.

Für Schüler, die sich vor der Berufswahl orientieren wollen, hält der Landkreis Plätze für Schnupper-Praktika bereit, ebenso für diverse studentische Pflichtpraktika.

Viele Angestellte des Landratsamtes nutzen die Möglichkeit, im Homeoffice zu arbeiten Foto: Konrad Meier

Fotos: Alexander Harbauer, Simone Kleemann

Gemeinde Zeitlarn

„Geteilt und oben gespalten von Rot und Silber; vorne ein goldener Bienenkorb, hinten ein schwarzes Hufeisen, dem ein schwarzer Hammer unterlegt ist; unten in Blau ein goldener Fisch."

Der Bienenkorb ist beredtes Symbol für den Namen Zeitlarn, der als „Siedlung zu den Imkern" gedeutet wird. Der heraldisch stilisierte Fisch symbolisiert die Lage der Gemeinde am fischreichen Fluss Regen. Hufeisen und Hammer erinnern an die Hufschmiede, die in Zeitlarn schon früh belegt sind; die Darstellung der Werkzeuge lehnt sich an ein Wappenschild auf dem Ölbergrelief in der Kirche von Zeitlarn (um 1505) an.

Ortsteile

Die Gemeinde besteht aus den Ortsteilen Hochstetten, Laub, Mühlhof, Neuhof, Ödenthal, Pentlhof, Regendorf, Riesen, Sandheim, Zeitlarn und Zeitlberg.

Fläche:	16,12 km²
Einwohner:	5 873 (31.7.2022)
Bürgermeisterin:	Andrea Dobsch

Lange und spannungsreiche Geschichte

Die Gemeinde Zeitlarn ist eine aufstrebende Gemeinde mit einer langen und spannungsreichen Geschichte. Sie entstand in der heutigen Form erst im Rahmen der bayerischen Gebietsreform am 1. Mai 1978 durch freiwilligen Zusammenschluss der beiden bis dahin selbstständigen Gemeinden Zeitlarn und Regendorf. Die Entwicklung beider Orte war seit alters her geprägt von der Lage am bedeutenden Handels- und Verkehrsweg, von der nahe gelegenen Freien Reichsstadt Regensburg, in den Norden und Osten des Landes und von der Lage am Fluss Regen.

Im Westen reichen die Ausläufer des Oberpfälzer Jura in einem steil abstürzenden Uferhang bis direkt an den 70 Meter tiefer liegenden Fluss. Sie riegeln das von einem großen Park umgebene Schloss und die sich an den Hang anlehnende Siedlung von beiden Seiten ab. Nicht vom Regen, sondern von diesem „Riegel" stammt auch der Überlieferung nach der Name Regendorf, der in älteren Karten meist als „Regldorf" erscheint und von den Alteingesessenen auch heute noch „Rigldorf" genannt wird. Die älteste Schreibweise lautete „Regelindorf" und stammt aus dem im Jahr 1172 verfassten Testament des Pfalzgrafen Friedrich von Wittelsbach. Regendorf war durch die letzte Erbin Heilika von Pettendorf-Lengenfeld an das Haus Scheyern-Wittelsbach gefallen. Vom 13. bis 15. Jahrhundert hatten die Herren von Regeldorff die Hofmark zu Lehen.

Grenzkarte von Matthäus Stang, um 1600 Foto: Bay HSA

Rathaus Zeitlarn Foto: Hans Bauer

Eisstoß 2011 Foto: Franz Kröninger

50 Jahre Regenbrücke Foto: Karlheinz Dirnberger

Nach dem Landshuter Erbfolgekrieg fiel Regendorf 1505 an das neu errichtete Herzogtum Pfalz-Neuburg, bei dem es bis zur Auflösung des Alten Reiches blieb.

Im Osten ließ der Zeitlberg etwas mehr Raum für eine Straßensiedlung, deren Häuser sich ursprünglich eng zwischen dem Fluss und dem Berghang am alten Handelsweg von Regensburg nach Amberg, Eger und Prag aneinanderreihten. So entstand das Pfarrdorf Zeitlarn, das wohl über eine königliche oder herzogliche Schenkung in den Besitz des Stiftes der „Alten Kapelle" in Regensburg übergegangen war. Die ältesten Schreibweisen des Ortsnamens lauten „Cidelaren" und „Cydelaren" und stammen aus alten Urkunden der Klöster Weihenstephan (1150) und Prüfening (1160) sowie aus der drittältesten Urkunde aus dem Archiv der Alten Kapelle, ausgestellt von Papst Lucius III., aus dem Jahr 1185, in der dieser das Stift und seine Besitzungen unter seinen besonderen Schutz stellt. Der Name „Zeitlarn" leitet sich aus dem mittelhochdeutschen Wort „Zidler", d. h. Bienenzüchter, ab und deutet auf am Ort ansässige Bienenzüchter hin, die wohl das Stift mit Wachs und Honig versorgten.

Das an einer strategisch nicht unbedeutenden Stelle des alten Verkehrsweges gelegene Gericht Zeitlarn wurde im Jahr 1438 von Pfalzgraf Johann von Pfalz-Neumarkt käuflich erworben. Seit 1505 von den Herzogtümern Pfalz-Neuburg und Bayern gänzlich eingeschlossen, war es eine Exklave des Fürstentums der Oberen Pfalz und bildete damit die Vorhut der weit entfernten Kurpfalz zum nahe gelegenen Regensburg mit einem von hier versorgten Stadtquartier „Zeitlarner Hof" am Emmeramsplatz. Bereits 1623 wurde die Kuroberpfalz dem bayerischen Herzog Maximilian vom Kaiser als Entschädigung für seine Kriegskosten im Dreißigjährigen Krieg übertragen. Das Amt Zeitlarn-Sallern gehörte nun zu Kurbayern. Nachdem im Jahr 1777 unter Kurfürst Karl Theodor die bayerischen und pfälzischen Länder vereinigt worden waren, gehörten Zeitlarn und Regendorf zum Kurfürstentum Pfalz-Bayern.

Es war ein schwieriger Prozess, bis die beiden selbstbewussten Gemeinden mit reichhaltiger, eigener Geschichte zueinanderfanden. Dabei zeigt ein Blick in das Salbuch des Gerichtes Zeitlarn aus dem Jahr 1500, dass beide Orte damals bereits unter gemeinsamer kurpfälzischer Verwaltung standen, durch Wittelsbacher Erbstreitigkeiten aber getrennt wurden. Die Annäherung vollzog sich in mehreren Schritten. Schon im Jahr 1691 wurden die Gläubigen von Regendorf, die früher zur Pfarrei Regenstauf gehörten, in die Pfarrei Zeitlarn eingegliedert. Weitere Versuche des Bezirksamtes Regensburg, in den 1920er-Jahren durch Zusammenlegung kleinerer Gemeinden eine Verwaltungsvereinfachung zu erreichen, wurden von beiden Gemeinden strikt abgelehnt. Gemeinsam wehrte man allerdings auch alle Versuche der Stadt Regensburg auf Einbürgerung ab. Erst ein Brückenbau im Jahr 1972 ermöglichte eine Annäherung und schließlich den Zusammenschluss im Rahmen der bayerischen Gebietsreform.

Besuch der Familie Freiherr von Harnier, Nachkommen ehemaliger Schlossbesitzer Foto: Karlheinz Dirnberger

Heute ist aus dem Zusammenschluss eine lebendige Gemeinde entstanden. Die hochwertigen Arbeitsplätze der Region, verbunden mit einer sehr guten Verkehrsanbindung, bilden die Grundlage für eine hohe Wohn- und Lebensqualität des Ortes. Im Ortszentrum grüßt die 1898/99 neu erbaute Pfarrkirche mit dem 1957 erhöhten Kirchturm weithin ins Tal. Das 2021 neu erbaute, mit einem Architekturpreis ausgezeichnete Rathaus lädt mit seinem modern gestalteten Vorplatz und mit dem lang gezogenen Brunnen zum Verweilen und Feiern ein. Alt und Jung trifft sich im Café „Zeitlos“, das wie in früheren Zeiten an der alten Chaussee liegt, die auch schon Goethe auf seiner Reise von Karlsbad nach Italien mit der Kutsche benutzte.

Der Fluss Regen, der mit seinen Überschwemmungen und seinen Eisstößen in der Vergangenheit für Aufruhr sorgte, wird seit einigen Jahren durch systematischen Hochwasserschutz weiter gezähmt. Auf beiden Seiten sind Radwege entstanden. Der Fluss lädt jetzt Jung und Alt zum Angeln, Bootswandern und Radfahren ein. Die auch bei vielen Regensburgern in früheren Zeiten sehr beliebten Badeplätze wurden durch naturnahe Umgestaltung reaktiviert und laden wieder zum Verweilen ein.

Durch die aktive Mitgestaltung der vielen Vereine und durch das ehrenamtliche Engagement der Mitbürger ist es gelungen, ein reichhaltiges Gemeindeleben und eine dörfliche, beinahe familiäre Atmosphäre zu bewahren. Eine Vielzahl von ortsansässigen Handels-, Handwerks- und Dienstleistungsbetrieben und ein Wochenmarkt mit Angeboten aus der Region ermöglichen die täglichen Besorgungen auf kurzem Wege. Seniorenbeauftragte und ein Seniorenforum sorgen sich um die Belange der älteren Menschen. Eine Einrichtung für betreutes Wohnen ist in Planung. Für die Kinder steht ein vielfältiges Angebot an Kindertagesstätten, ein Waldkindergarten und eine Grundschule mit offener Ganztagesbetreuung zur Verfügung. Im Gemeindezentrum befinden sich der Ratssaal für die Sitzungen des Gemeinde- und Jugendgemeinderates, der Jugendtreff, Kegelbahnen und die Mehrzweckhalle, die Treffpunkt für zahlreiche Vereine und Mittelpunkt des kulturellen und geselligen Lebens ist. Im Sondergebiet Brennthal entstehen Leuchtturmprojekte wie z. B. ein Nachsorgezentrum für krebskranke und körperbehinderte Kinder des VKKK und das Zentrum für tiergestützte Therapie Ostbayern des vkm.

Trauungen am Regen

Bürgermeisterin Andrea Dobsch bietet zusätzlich zum Trausaal im neuen Rathaus eine Trauung in der Natur am Fluss an. Dafür stehen Örtlichkeiten am wunderschönen Regenufer in Zeitlarn und Laub zur Verfügung.

Trauung im Freien Foto: Melanie Pfab

Abfallwirtschaft im Landkreis – eine 50-jährige Erfolgsgeschichte

Die Abfallwirtschaft im Landkreis Regensburg umfasst unter anderem die Müllabfuhr, die Entsorgung von Sperr- oder Problemmüll, die Grüngutverwertung sowie den Betrieb von 39 Wertstoffhöfen. Sie zählt zu den Pflichtaufgaben, die der Landkreis Regensburg seit 1972 erbringen muss. Was sich zunächst als eine große Herausforderung darstellte, entwickelte sich in 50 Jahren zu einer Erfolgsgeschichte.

Doch nun der Reihe nach: Mit der Gebietsreform 1972 wurde in ganz Bayern die kommunale Abfallbeseitigung verpflichtend den Landkreisen und kreisfreien Städten übertragen. Für den Landkreis Regensburg bedeutete das zum einen, schnellstmöglich eine flächendeckende kommunale Müllabfuhr zu organisieren, zum anderen musste für die nun notwendige landkreiseigene Mülldeponie ein geeigneter Ort gefunden werden. Nach Jahren intensiver Suche legte sich der Landkreis auf einen Standort bei Posthof in der Gemeinde Pentling fest. Bis zu dessen Fertigstellung und Inbetriebnahme lieferte der Landkreis seine Abfälle weiter auf eine Straubinger Deponie.

Intensive Beschäftigung mit Abfalltrennung

Mitte der 1980er-Jahre wuchsen in ganz Deutschland die Müllberge in unüberschaubare Höhen, denn die meisten Abfallarten wurden über private Mülltonnen entsorgt. Der Landkreis bewies – trotz funktionierender Müllabfuhr und einer neuen Müllverbrennungsanlage in Schwandorf – Weitsicht und entwickelte Konzepte zur Abfallvermeidung. Ziel war es aber nicht nur, das Hausmüllaufkommen zu verringern. Vielmehr sollten auch recycelbare Abfälle der Wiederverwertung zugeführt werden und die Entsorgung von Problemabfällen, wie etwa umweltschädliche FCKW-haltige Elektroaltgeräte, ökologisch sinnvoll erfolgen. Erste Sammlungen von Wertstoffen, wie beispielsweise Altpapier oder Metalldosen, stellten die Anfänge des heute landkreisweit sehr umfassenden, gebührenfreien Entsorgungsangebots dar und zudem auch die ersten Schritte in Richtung Nachhaltigkeit und Umweltschutz. Eine wichtige Ergänzung

Das „Rama dama" im Landkreis ist beliebt bei Groß und Klein und verzeichnet regelmäßig Teilnehmerrekorde. Unser Bild zeigt Landrätin Tanja Schweiger inmitten der Preisträger anlässlich der Jubiläumsveranstaltung „15 Jahre – Der Landkreis räumt auf" Foto: H. C. Wagner

dazu wurde 1987 mit der Einführung eines Umweltmobils geschaffen. Viele haushaltsübliche Problemabfälle konnten von nun an umweltfreundlich entsorgt werden und führten ebenfalls zu einem geringeren Aufkommen an Hausmüll.

Bau von Wertstoffhöfen

Ende der 1980er-Jahre wurden bereits erste Wertstoffarten erfasst, heute sind es mindestens 25 – ein Spitzenwert. Die anspruchsvolle und vorschriftsgemäße Sortierung der Verpackungs-, aber auch kommunalen Wertstoffe benötigte eine entsprechende Logistik – die ersten von 39 Wertstoffhöfen entstanden, verteilt auf die 41 Gemeinden. Aufgrund der sehr hohen Sortenreinheit des Sammelgutes entwickelten sie sich schon bald zu Rohstoffquellen für das spätere Recycling. Seit den 1990er-Jahren sind die Wertstoffhöfe auch zu Open-Air-Klassenzimmern geworden. Schulklassen werden eingeladen, in den Wertstoffhöfen auf Entdeckungsreise zu gehen und spielerisch festzustellen: Abfallvermeidung und Abfalltrennung sind leichter als gedacht!

Duales System, Abfallberatung, bürgerfreundliche Dienstleistungen

Ab 1991 wurden die Hersteller gesetzlich verpflichtet, Verpackungen zurückzunehmen und zu verwerten oder zu recyceln. Vom Gesetzgeber initiiert, sollte parallel dazu ein privatwirtschaftliches Unternehmen Unterstützung leisten: das „Duale System Deutschland“ (DSD), bekannt durch den „Grünen Punkt“. Da der Landkreis Regensburg in der Abfalltrennung und Wertstofferfassung inzwischen weit vorangekommen war, wurde er zum Vorreiter, indem er deutschlandweit einer der ersten Vertragspartner von DSD wurde.

Landrätin Tanja Schweiger (2.v.l.), Bürgermeister Rudolf Graß, Obertraubling (4.v.r.) und Yvonne Hruby, Abfallwirtschaft Landratsamt Regensburg (links), mit ausgezeichneten Obertraublinger Vereinsvertretern bei der Aktion „Der Landkreis räumt auf“ Foto: H. C. Wagner

Gleichzeitig intensivierte der Landkreis seine Bemühungen, um die Bürger bei der Abfallvermeidung und -trennung weiter zu unterstützen und für die Themen Umweltschutz, Nachhaltigkeit und Recycling noch stärker zu sensibilisieren. Die kompetenten Abfallberater, telefonisch problemlos erreichbar oder bei unterschiedlichsten Umweltaktionen des Landkreises anzutreffen, wurden zu gefragten Ansprechpartnern.

Die Abfalltrennung brachte für die Bürger auch sehr angenehme Dienstleistungen des Landkreises mit sich. So wird beispielsweise Sperrmüll gebührenfrei von zu Hause abgeholt oder es werden Pkw-Reifen (ohne

Felgen) bei entsprechenden Entsorgungstouren eingesammelt.

Der Landkreis räumt auf!

Seit dem Jahr 2005 führt der Landkreis alljährlich die Aktion „Der Landkreis räumt auf" durch, um noch stärker für eine saubere Umwelt zu werben und der steigenden Menge an achtlos oder auch absichtlich weggeworfenen Gegenständen zu begegnen. Bürger aller Altersgruppen sammeln freiwillig Abfälle in Fluren und Feldern ein. Der Erfolg ist groß, und die Teilnehmerzahlen steigen stetig. So gingen im Jahr 2017 100 Teilnehmergruppen an den Start, zwei Jahre später waren es bereits 116, darunter 52 Kindervereinigungen. Die Sammelmenge allein für das Jahr 2018 betrug 21 Tonnen Restmüll, die entsorgten Wertstoffe nicht mit eingerechnet.

Rohstoffe nutzen, Ressourcen schonen – der Landkreis führt 2014 auf 39 Wertstoffhöfen die Sammlung von Nichtverpackungskunststoffen ein und ist damit Vorreiter in Deutschland
Foto: Archiv Zellner Recycling

Sammlung von verwertbaren Kunststoffen

Auch gegen die wachsenden Mengen von Nichtverpackungskunststoffen im Abfall, die gutes Recyclingpotenzial beinhalten, wollte der Landkreis angehen. Als erste Kommune der Bundesrepublik Deutschland stellte er deshalb auf allen Wertstoffhöfen Sammelcontainer bereit, um diese Materialien einer entsprechenden Verwertung zuführen und Ressourcen einsparen zu helfen.

Bioabfall, Grüngut und Lebensmittelreste

Ab 2016 konnte auch die Sammlung von Bioabfall angeboten werden. Unabhängig davon wurde die Eigenkompostierung in den Haushalten weiterhin mit Zuschüssen gefördert. Die Sammlung von Grüngut in Eigenregie nutzt der Landkreis, um besonders hochwertigen Kompost (mit RAL-Gütezeichen) herzustellen.

Die Aktion „Gib Dir den Rest!" beinhaltete gebührenfreie Kochkurse für Kinder und Jugendliche, um für die Verwertung von Lebensmittelresten zu werben.

Hohe Auslastung in der Pandemie

Die Wertstoffhöfe waren ab 2015 den gestiegenen Anforderungen angepasst worden: Sie wurden vergrößert, wo es notwendig war – was mit mehr Personal und längeren Öffnungszeiten einherging. Nun sorgten jedoch coronabedingtes Homeoffice und Onlineshopping dafür, dass die Wertstoffhöfe während der Pandemie mehr als ausgelastet waren. Bei Bio- und Sperrmüll sowie Bauschutt wurden deutlich höhere Mengen abgegeben. Auch das Umweltmobil verzeichnete bei der Abgabe von Problemmüll hohe Zuwächse.

Nachhaltigkeit und Verantwortung

Nachhaltigkeit kommt der sozialen Verantwortung zugute: Menschen wird Teilhabe ermöglicht, indem beispielsweise Sammlungen von alten, aber brauchbaren Laptops, Brillen und Verbandskästen auf den Wertstoffhöfen oder im Landratsamt stattfinden. Die Sammlung, Aufbereitung und Verteilung erfolgt in Zusammenarbeit mit karitativen Einrichtungen.

Deshalb ist es nach wie vor eine der zentralen Aufgaben der Abfallwirtschaft, alle Bürger von der Mülltrennung und Abgabe recycelbarer, wertvoller Rohstoffe an den Wertstoffhöfen zu überzeugen – durch Mitmachaktionen, Informationskampagnen für Jung und Alt und als Vorreiter, wie es in den vergangenen 50 Jahren häufig geschehen ist. Denn mit dieser Unterstützung kann der Landkreis auch weiterhin vieles zum Schutz von Mensch, Umwelt und Klima tun.

HAHN KOMPOST

Aus der Natur, zurück zur Natur

Belegt zurück bis ins Jahr 1301, liegt Gut Maiszant in Pfatter bei Regensburg eingebettet in die Natur. Seit jeher galten die Eigentümer als Vorreiter zukunftsweisender Landwirtschaft, so wie die heutigen Besitzer – die Familie Hahn. Naturverbunden führen die Eheleute Silvia und Wolfgang Hahn mit Sohn Michael auf dem ehemaligen Gutshof einen zeitgemäßen Kompostier- und Altholzaufbereitungsbetrieb. Sie beweisen innovativen Weitblick und Mut zu Investitionen. 1993 gründeten Alfons, Elisabeth und Wolfgang Hahn die Firma, die sich als anerkannter Fachbetrieb für das Recycling organischer Abfälle fest im Raum Bayern und Österreich etablierte. Mit den Jahren folgten die Rindenmulch-Produktion, ein Containerdienst sowie die Aufbereitung von Altholz und Biomasse.

Selbstredend wuchsen Produktionsanlagen und Firmengebäude mit der betrieblichen Entwicklung.

Stets am Puls der Natur ...

... und immer einen „Hahnenschritt" voraus erkennt HAHN KOMPOST, was Zeit und Umwelt brauchen. Biomasse wird für die Wärmegewinnung, etwa für die Warmwasseraufbereitung zur Reinigung des Fuhr- und Maschinenparks, verwendet. Moderne Umwelttechnik schützt die Natur, spart Ressourcen und vermeidet Müll. Der Entsorgungsfachbetrieb ist zertifiziert mit dem DEKRA-Siegel nach § 56 KrWG für die Bereiche Sammeln, Befördern, Lagern, Sortieren und Verwerten von natürlichen Abfällen.

HAHN KOMPOST – die Produkte

Bei HAHN KOMPOST werden in natürlichen Verfahren aus organischen Abfällen wertvolle Substanzen zurück in den biologischen Kreislauf geholt. Diese werden von Privatkunden, Gewerbebetrieben und Landwirtschaft aufgrund der Qualität sehr geschätzt. Was Abfall war, verlässt das Gut als Kompost, Humussubstrat, Dachgartensubstrat, Rindenmulch, Pflanz-, Hochbeet- oder Blumenerde.

Wertvolle Rohstoffe – die Basis

All das, was Gärtnerherzen höherschlagen lässt, kommt häufig auch aus Gärten zu HAHN KOMPOST. Die Internetseite www.hahn-kompost.de informiert über die Abfallarten, die zur Verwertung kommen, und vieles mehr. Dazu zählen u.a. Gras, Laub, Grüngut, Mäh- und Rechengut, Wurzel-, Obst- und Friedhofsabfälle oder Äste sowie Altholz. Detaillierte Infos gibt es bei den Profis von HAHN KOMPOST – für die Menschen, die Zukunft und die Natur.

Foto: Hahn Kompost e.K.

MEINDL ENTSORGUNGSSERVICE GMBH

Spezialist für Entsorgungsdienstleistungen

Die in der Gemeinde Lappersdorf ansässige Firma Meindl ist ein modernes Dienstleistungsunternehmen im Bereich Abfallentsorgung, Wertstoffsammlung und Recycling. Angeboten werden sämtliche Entsorgungsdienstleistungen für Kommunen, für überregionale Rücknahmesysteme wie z. B. „Der Grüne Punkt" – Duales System Deutschland GmbH sowie für Industrie, Handel, Verwaltung, Dienstleistung, Gewerbe und Privathaushalte.

Entwicklung der modernen Abfallwirtschaft

1952 in Lappersdorf als Fuhrunternehmen gegründet, gelang dem Unternehmen ein entscheidender Entwicklungsschritt mit der Übertragung der Zuständigkeit für die Abfallwirtschaft von den einzelnen Gemeinden auf den Landkreis Regensburg und den Gewinn des Großauftrages für die Durchführung der Haus- und Sperrmüllabfuhr im Landkreis Regensburg im Jahr 1977. Damit war man in den meisten Gemeinden im Landkreis Regensburg als Entsorger tätig und konnte das Dienstleistungsangebot Schritt für Schritt erweitern.

Für jede Art der Entsorgung hält die Firma Meindl das passende Fahrzeug vor

Neben der reinen Hausmüllabfuhr wurden nach und nach auch Entsorgungsleistungen für Industrie- und Gewerbebetriebe, ein Containerdienst für Baustellen und Privatkunden sowie weitere Entsorgungssparten wie Schadstoffsammlung, Sondermüllentsorgung, Wertstoffsammlung und Recycling angeboten.

Spezialist für alle Entsorgungslösungen

Mit dem Wirtschaftswachstum und der industriellen Entwicklung in der Region Regensburg wuchsen auch die Aufgaben des Entsorgungsunternehmens. Der steigende Wohlstand verursachte steigende Abfallmengen, und ein zunehmendes Umweltbewusstsein erforderte weitere Entsorgungslösungen. Ab Ende der 1980er-Jahre begann die Zeit der Abfalltrennung. Die ersten Wertstoffhöfe wurden eröffnet, und getrennte Wertstoffsammelsysteme wurden aufgebaut.

Innovation und Digitalisierung

Als vorausschauendes Unternehmen, das heute in dritter Generation von den beiden Brüdern Richard Meindl jun. und Reinhard Meindl geführt wird, bereitet man sich schon jetzt intensiv auf die zukünftigen Herausforderungen in der Entsorgungsbranche vor. So arbeitet man bereits seit einigen Jahren sehr erfolgreich an der Digitalisierung der Entsorgungsprozesse. Auch in der internen Auftragsverwaltung, Fahrzeugsteuerung und Tourenplanung setzt man sehr stark auf digitale Abläufe. Alle Fahrzeuge sind mit Telematik-Technik ausgestattet, die eine ideale Lenkung und Nachverfolgbarkeit der Entsorgungsprozesse garantiert. Mithilfe von Tourenoptimierungsprogrammen können Einsparungen an Energieverbrauch und CO_2-Ausstoß realisiert werden.

Fotos: Meindl Entsorgungsservice GmbH

Gemeinde Alteglofsheim
www.alteglofsheim.de
Seite: 10

Gemeinde Altenthann
www.altenthann.de
Seite: 13

Gemeinde Aufhausen
www.gemeinde-aufhausen.de
Seite: 15

Gemeinde Bach a.d.Donau
www.bach-donau.de
Seite: 18

Gemeinde Barbing
www.barbing.de
Seite: 19

Markt Beratzhausen
www.beratzhausen.com
Seite: 24

Gemeinde Bernhardswald
www.bernhardswald.de
Seite: 25

Gemeinde Brennberg
www.brennberg.de
Seite: 27

Gemeinde Brunn
www.gemeinde-brunn.de
Seite: 28

Gemeinde Deuerling
www.gemeinde-deuerling.de
Seite: 31

Markt Donaustauf
www.vg-donaustauf.de
Seite: 36

Gemeinde Duggendorf
www.duggendorf.de
Seite: 39

Gemeinde Hagelstadt
www.hagelstadt.de
Seite: 40

Stadt Hemau
www.hemau.de
Seite: 42

Gemeinde Holzheim a. Forst
www.holzheim-a-forst.de
Seite: 49

Markt Kallmünz
www.kallmuenz.de
Seite: 51

Gemeinde Köfering
www.koefering.de
Seite: 52

Markt Laaber
www.markt-laaber.de
Seite: 54

Markt Lappersdorf
www.lappersdorf.de
Seite: 60

Gemeinde Mintraching
www.mintraching.de
Seite: 62

Gemeinde Mötzing
www.gemeinde-moetzing.de
Seite: 67

Stadt Neutraubling
www.neutraubling.de
Seite: 68

Markt Nittendorf
www.nittendorf.de
Seite: 88

Gemeinde Obertraubling
www.obertraubling.de
Seite: 92

Gemeinde Pentling
www.pentling.de
Seite: 106

Gemeinde Pettendorf
www.pettendorf.de
Seite: 107

Gemeinde Pfakofen
www.pfakofen.de
Seite: 108

Gemeinde Pfatter
www.pfatter.de
Seite: 122

Gemeinde Pielenhofen
www.pielenhofen.de
Seite: 124

Markt Regenstauf
www.regenstauf.de
Seite: 128

Gemeinde Riekofen
www.gemeinde-riekofen.de
Seite: 131

Markt Schierling
www.schierling.de
Seite: 136

Gemeinde Sinzing
www.sinzing.de
Seite: 152

Gemeinde Sünching
www.suenching.de
Seite: 154

Gemeinde Tegernheim
www.tegernheim.de
Seite: 162

Gemeinde Thalmassing
www.thalmassing.de
Seite: 163

Gemeinde Wenzenbach
www.wenzenbach.de
Seite: 164

Gemeinde Wiesent
www.wiesent.de
Seite: 167

Stadt Wörth a.d.Donau
www.stadt-woerth.de
Seite: 168

Gemeinde Wolfsegg
www.wolfsegg.de
Seite: 174

Gemeinde Zeitlarn
www.zeitlarn.de
Seite: 177

Porträts beteiligter Unternehmen und Institutionen

arganprodukte.eu
ein Unternehmen der
ETI GMBH
Brunnstraße 10
93098 Sengkofen
www.arganprodukte.eu
Seite: 12

B-Horizon GmbH
Bruckdorfer Straße 34
93161 Sinzing
www.b-horizon.com
www.b-neo-sensors.com
Seite: 73

Das Hörhaus GmbH & Co. KG
Marktplatz 2
93086 Wörth a.d.Donau
www.das-hoerhaus.de
Seite: 83

ELEKTRO GRÖSCHL GmbH
Am Kuffholz 12
93138 Lappersdorf
g.groeschl@t-online.de
Seite: 82

Auto Weißdorn GmbH
Seidenbuschstraße 78
93089 Aufhausen
www.autoweissdorn.de
Seite: 16

BRITA Vivreau GmbH
Neugablonzer Straße 1
93073 Neutraubling
www.brita.de/wasserspender
Seite: 75

Donau-Speditions-Gesell-schaft Kießling mbH & Co. KG
Gutenbergstraße 15
93128 Regenstauf
www.kiessling-spedition.de
Seite: 87

Geschmacksfestspiele by Peter Schlegl
Scheuerkreuzweg 2
93173 Wenzenbach
www.geschmacksfestspiele.de
Seite: 81

Autohaus Praller GmbH
Regensburger Straße 35
93180 Deuerling
www.praller.de
Seite: 35

Broll Systemtechnik KG
Am Langwiesfeld 12
93083 Obertraubling
www.broll-systemtechnik.com
Seite: 84

DüKa
Düngekalkgesellschaft mbH
Gewerbepark A 8
93086 Wörth a.d.Donau
www.dueka.de
Seite: 80

Götz-Management-Holding AG
Hofer Straße 10
93057 Regensburg
www.goetz-fm.com
Seite: 86

GSB Gebäude Schadenservice GmbH
Standort Regensburg
Germanenstraße 6
93098 Mintraching
www.gsb-schadenservice.de
Seite: 66

Hofmann Druck & Verlag
Werner-von-Siemens-Straße 1
93128 Regenstauf
www.beeindrucken.com
Seite: 130

Kartonagen und Hülsenfabrik Erich Müller GmbH & Co. KG
Ostenstraße 11-15
93086 Wörth a.d.Donau
www.huelsen-mueller.de
Seite: 173

Kwitek Krane GmbH
Thanhof 16
93173 Wenzenbach
www.kwitek-krane.de
Seite: 166

Gutthann HIW Architekten GmbH
Jahnstraße 16
93093 Donaustauf
www.gutthann-hiw-architekten.de
Seite: 38

HOLMER Maschinenbau GmbH
Regensburger Straße 20
84069 Schierling/Eggmühl
www.holmer-maschinenbau.com
Seite: 142

Kreisklinik Wörth a.d.Donau
Krankenhausstraße 2
93086 Wörth a.d.Donau
www.kreisklinik-woerth.de
Seite: 169

LABERTALER Heil- und Mineralquellen Getränke Hausler GmbH
Sebastian-Hausler-Straße 1
84069 Schierling
www.labertaler.de
Seite: 140

Hahn Kompost e.K.
Maiszant 1
93102 Pfatter
www.hahn-kompost.de
Seite: 183

Holzbau Semmler GmbH
Rieb 5
93155 Hemau
www.semmler.bayern
Seite: 44

Krones AG
Böhmerwaldstraße 5
93073 Neutraubling
www.krones.com
Seite: 76

LIKE-ICE Science GmbH
Ludwig-Erhard-Straße 5
84069 Schierling
www.like-ice.com
Seite: 139

Meindl Entsorgungsservice GmbH
Baierner Höhe 2
93138 Lappersdorf
www.meindl-entsorgung.de
Seite: 184

Pöllinger Leder & Tracht OHG
Kirchengasse 8
93155 Hemau
www.poellinger-tracht.de
Seite: 43

Richter+Frenzel Regensburg GmbH
Ernst-Frenzel-Straße 4
93083 Obertraubling
www.r-f.de
Seite: 94

Sanitätshaus Röger GmbH
Bahnhofstraße 14a
93167 Falkenstein
www.sanitaetshaus-roeger.de
Seite: 115

Metzgerei und Partyservice Brunner
Am Silbergarten 12
93138 Lappersdorf
www.metzgereibrunner.com
Seite: 135

Reitenspies GmbH & Co. KG Schädlingsbekämpfung
Hölzlhofstraße 16
93173 Gonnersdorf / Wenzenbach
www.reitenspies.de
Seite: 165

Saatzucht Bauer GmbH & Co. KG
Landshuter Straße 3a
93083 Obertraubling
www.saatzucht-bauer.de
Seite: 96

Seniorendomizil Haus Josef
Pfarrer-Brumbach-Weg 2
93173 Wenzenbach
www.compassio.de
Seite: 165

Naturalis Energiesysteme GmbH
Oberreiselberg 3
93155 Hemau
www.naturalis-gmbh.de
Seite: 46

REWE Uwe Steidel OHG
Regensburger Straße 5
93152 Nittendorf
www.rewe.de/uwe-steidel
Seite: 91

Sammüller GmbH
Deuerlinger Straße 10
93152 Nittendorf
www.sammuellergmbh.com
Seite: 90

Seniorendomizil Haus Maria
Minoritenweg 8
93161 Sinzing
www.compassio.de
Seite: 165

Seniorendomizil Haus Urban
Schulstraße 2
93105 Tegernheim
www.compassio.de
Seite: 165

Thomas Wiser Haus
Hauptstraße 11-15
93128 Regenstauf
www.thomas-wiser-haus.de
Seite: 114

Zweckverband zur Wasserversorgung Landkreis Regensburg-Süd
Aukofener Straße 17
93098 Mintraching
www.wzv-regensburg.de
Seite: 64

Silberhorn Blechtechnik GmbH
Breiten-Nord 1
93164 Brunn
www.silberhorn-blt.de
Seite: 30

Unger GmbH
Gewerbering Ost 5a
93155 Hemau
www.unger-cnc.de
Seite: 78

Tele Radio GmbH Funkfernsteuerungen
Flurweg 12
84069 Schierling
www.tele-radio.com
Seite: 138

Zimmermann Sanitäts- und Orthopädiehaus GmbH
Kumpfmühler Straße 9
93047 Regensburg
www.zimmermann-vital.de
Seite: 83

Weitere Chroniken im WIKOMmedia-Verlag

Bonner
Stadtgeschichten
ISBN: 978-3-98223-082-5

Im Wandel der Zeit
„Gießen"
ISBN: 978-3-98223-083-2

Geschichte im
Wandel der Zeit „Heidelberg"
ISBN: 978-3-98193-405-2

Im Wandel der Zeit
„Kirchheim unter Teck"
ISBN: 978-3-98223-085-6

Im Wandel der Zeit
„Limburg an der Lahn"
ISBN: 978-3-98193-400-7

Im Wandel der Zeit
„Reutlingen"
ISBN: 978-3-98193-403-8

Im Wandel der Zeit
„Schorndorf"
ISBN: 978-3-98223-084-9

Im Wandel der Zeit
„Siegen"
ISBN: 978-3-944157-23-8

Im Wandel der Zeit
„Sigmaringen"
ISBN: 978-3-98193-409-0

50 Jahre Kreisreform
„Straubing-Bogen"
ISBN: 978-3-94998-698-7

Im Wandel der Zeit
„Tübingen"
ISBN: 978-3-98223-088-7

Im Wandel der Zeit
„Worms"
ISBN: 978-3-98193-401-4

„Süßen" Momentaufnahmen
aus über 100 Jahren
ISBN: 978-3-98223-080-1

Städte im Wandel der Zeit Wusstén Sie, dass...?

STÄDTE IM WANDEL DER ZEIT
WUSSTEN SIE, DASS...?

Unter dem Motto „Wussten Sie, dass...?“ stellen wir Ihnen regelmäßig interessante Themen zum Mithören aus den unterschiedlichen Chroniken unseres Verlags vor. In unseren Podcast-Episoden behandeln wir Unbekanntes, spannende Anekdoten und werfen einen Blick hinter die Kulissen von Landkreisen, Städten, Unternehmen und Institutionen.

Was haben Christkind, Osterhase und Angler mit dem Bundestag gemeinsam?

In dieser Episode wird ein Familienunternehmen aus Nürnberg vorgestellt, dessen „Klang“ vermutlich jeder schon einmal gehört hat. Ob an Spielzeug, beim Nürnberger Christkind, auf Mittelaltermärkten oder im Bundestag ...

Gleich reinhören unter
www.staedtechronik-podcast.de